침몰하는 자본주의

인문의 샘 01

침몰하는 자본주의

회생의 길은 있는가

초판 1쇄 인쇄 2013년 4월 22일
초판 1쇄 발행 2013년 4월 30일

지은이 | 황병태
펴낸이 | 허경회
펴낸곳 | IBL (더나은세상연구소)

디자인 | 우보미 · 노혜지
편 집 | 안영진

출판등록 | 2011년 12월 28일(제2011-000092호)
주소 | 서울시 용산구 한강대로 205, D-1107(용산파크자이)
전화 | 070-8818-6038 팩스 | 02-749-8383
이메일 | ibledu@naver.com

ISBN 978-89-968085-8-9 (04320)
978-89-968085-7-2 (세트)

이 도서의 국립중앙도서관 출판시도서목록(CIP)은 서지정보유통지원시스템 홈페이지(http://seoji.nl.go.kr)와 국가자료공동목록시스템(http://www.nl.go.kr/kolisnet)에서 이용하실 수 있습니다. (CIP제어번호 : CIP2013001760)

침몰하는 자본주의

회생의 길은 있는가

황병태 지음

IBL

| 목차 |

3부 자본주의, 시험에 빠져들다

4부 경제학, 자폐에 빠져들다

5부 자본주의, 금융 열풍에 휘말리다

6부 자본주의, 재부상할 길은 있는가

7부 자본주의, 성공 스토리가 생생하다

8부 자본주의, 침몰이냐 회생이냐

자폐 경제학은 가라

산에 가면 골이 있고 마루가 있다. 경제도 마찬가지다. 경기 호황을 경제의 마루라 한다면 불황이 골을 이룬다. 지난 세기까지만 해도 세계 경제에는 마루와 골, 호황과 불황이 일정한 주기를 두고 번갈아 찾아 왔다. 그런데 세기가 바뀌면서 경제가 불황의 소용돌이에 갇힌 채 좀처럼 빠져 나오지 못하고 있다. 일찍이 겪어보지 못한 불황의 일상화가 세계 경제를 짓누르고 있는 것이다.

20세기 세계는 한동안 한 지붕 두 체제 살림을 해 왔다. 그러던 것이 1989년 베를린 장벽이 붕괴되고 이어서 구소련이 해체되면서 세계는 한 지붕 한 체제시대로 접어들었다. 자본주의가 지구상의 유일한 체제로 등극하게 된 것이다. 이에 이르기까지 적지 않은 연륜을 쌓으며 풍상을 헤쳐 와야 했음은 물론이다. 서구 근대 중상주의 시기 때부터로 치면 400년, 애덤 스미스Adam Smith 의 『국부론』*An Inquiry into the Nature and Causes of the Wealth of Nations* 에서부터 헤아려도

230여 년이라는 적지 않은 해를 넘기며 발전을 거듭해 왔다. 잘 알듯이 그 길이 순탄한 것은 아니었다. 한편으로는 이러저러한 대안 체제 이념이 각 세운 저항이나 도전을 뿌리쳐내야 했고, 다른 한편으로는 체제 자체 내 결함에 따른 기능 장애의 위기도 슬기롭게 헤쳐가야 했다. 그리고 마침내 20세기 말 지구상의 대안 없는 유일한 체제로 두루 공인받기에 이르렀다. 그것도 체제 경쟁자에게 총 한 번 쏘지 않고 거둔 명예로운 승리 아니었던가.

그런 지가 이제 겨우 스물한두 해, 새로운 세기에 접어든 지 여남은 해. 오늘 자본주의 경제가 경기 순환의 생체 리듬을 상실한 채 불황과 침체 속에서 허우적거리고 있는 것이다. 왜 이런 사단이 일어난 건가? 도대체 그동안 무슨 일이 있었던 것인가?

경제 세계에는 여러 극점들이 대립적으로 존재한다. 개인이 한 극을 이룬다면 그 대척에 공동체가 있다. 시장이 한 극이면 정부가 대척점으로 존재하고 금융이 한 극이면 다른 극에 재정이 있다. 한 극에 효율이 있고 다른 한 극에 형평이 있다. 이들 대립적 극점들이 외따로 존재하는 것은 아니다. 밀고 당기며 서로 작용하는 관계 안에 존재한다. 그 안에는 늘 긴장이 흐르는 가운데 갈등과 협력이 분출하다 스러지고 다음 순간 또 분출한다.

오늘 자본주의가 불황의 일상화에서 벗어나지 못하고 있는 이유는 다른 데 있지 않다. 바로 경제 세계 내 존재하는 이들 여러 극점 간 교통에 이상이 발생한 탓이다. 극점 간 관계가 균형을 잃었기 때문이다. 상호 협력은커녕 갈등 속에 상대에 대한 불신감을 키워가고 상대를 지워갈 궁리에 몰두하고 있기 때문이다.

그러면 이러한 병리 현상이 고개를 들게 된 이유는 어디에 있는가? 그 이유를 찾고 처방을 내놓아야 할 책무를 진 자가 다름 아닌 경제학자이고 경제학이다. 그런데 그러한 부름에 답하는 경제학자를 찾을 길이 없다. 그런 자신의 소명에 응하는 경제학이 잘 보이지 않는다.

사실은 어제오늘 일이 아니다. 경제학이 과학적 환원주의 scientific reductionism 의 유혹에 젖어든 것은 이미 오래되었다. 한계효용학파 이후 경제학은 수식 모형의 틀에 들어맞지 않는 경제 현상은 과감히 사상 捨象 해 왔다. 20세기 후반 신자유주의 경제학이 주류로 자리 잡으면서는 급기야 외면한 채 자신만의 모형 틀 안에 틀어박혀 경제 현실과의 소통을 단절하는 자폐증에 빠져들었다. 학문이 그러하다 보니 정책도 무기력에 빠져들었다. 국제 금융자본이 '작은 정부, 큰 시장' 논리로 밀어붙이는 자본자유화·국제화·구조조정·시장만능주의의 요구에 항변 한번 제대로 해 보지 못하고 유효한 정부 역할과 재정 수단을 방기해 버렸다. 예전에는 불황이 오면 머잖아 호황으로 나아가던 자본주의 경제가 자기 복원력을 상실한 채 불황의 늪에서 허우적대고 있는 것은 바로 그런 자폐 경제학 탓이다. 무기력한 경제정책의 직무유기 탓이다.

시간이 많지 않다. 경제학이 예전의 현실적 문제의식을 되찾는 일이 시급하다. 앞서 말했듯 자본주의 경제는 개인과 공동체, 시장과 정부, 금융과 재정의 양 극점들이 상호작용하는 여러 운동들로 이루어진 세계이다. 그들이 이루는 관계 속의 균형 조건들을 파악하고 그에 걸맞은 시의적절한 수단을 찾아 제시하는 것, 거기에 바로 경제학의 존재 이유가 있다. 아니, 경제학이란 태생적으로 그러한 학문이다.

일찍이 애덤 스미스는 시장 속의 개인과 공동체 속의 시민, 그리고 산업 생산 및 유통 금융을 함께 아우르는 비전 위에 경제학을 탄생시켰다. 뒤이어 앨프레드 마셜 Alfred Marshall 은 '냉정한 머리와 따뜻한 가슴'을 가진 경제학을 주창하면서 개인, 시장 그리고 금융 세계의 냉정한 논리와 공동체, 정부 그리고 소비자의 따뜻한 윤리를 조화롭게 융합할 것을 역설했다.

그러나 안타깝게도 그들 위대한 경제학자들의 융합적 비전은 1929년 세계 대공황의 광풍이 몰아치면서 소멸의 운명에 처하고 만다. 존 메이너드 케인스 John Maynard Keynes 는 시장과 정부 관계에서 총수요관리에 의한 재정 역할을 앞세우면서 생산과 소비 관계에 있어 소비함수와 저축성향과 같은 수요 측면을 강조했다. 그 결과 한동안 경제학은 경제 세계를 정부와 소비 축으로 쏠리게 만들었다.

이러한 케인스 혁명의 쏠림은 또 다른 쏠림을 예비한 역혁명을 불렀다. 1970년대의 스태그플레이션과 오일쇼크로 세계 경제가 휘청하게 된 것을 기화로 밀턴 프리드먼 Milton Friedman 의 시카고학파가 경제학을 주도하기 시작했다. 그들은 공동체와 동떨어진 개인, 정부의 간여가 없는 시장 그리고 금융자본의 수익 추구 및 시장 논리를 경제 세계의 중심에 세웠다. 시민 공동체와 정부의 역할은 물론 복지 후생도 경제 세계 바깥으로 밀어냈다. 본래 자본주의 경제 안에서 양 극점 간 균형을 이루던 관계가 개인, 시장, 수익 쪽으로 확 기울어 버리게 되었다. 그 결과 경제가 피도 눈물도 없이 오로지 수익만을 추구하는 돈놀이 판으로 변질되어 버렸다. 경제학은 투자 수익의 극대화를 위한 기술을 찾아내는 금융공학으로 전락하였고, 그 밖의 세상과는 아예 눈도 마주치지 않는 자폐증에 빠져 버렸다. 바로 신자유주의 경제학의 인식론적 현주소이다.

신자유주의 경제학의 비호 속에 오늘의 자본주의 경제는 탈국가적 transnational 금융 세계화의 광풍에 휘말려 버렸다. 글로벌 거대 금융자본은 월가와 IMF 그리고 미국 재무성을 손에 쥐고 세계 자본주의를 입맛에 맞게 변형시켜 가고 있다. 어떤 산업도 어떤 기업도 월가의 눈 밖에 나면 미래가 없다. 글로벌 거대 금융 자본은 수익 극대화를 위해서라면 투기 도박성 금융 놀음을 마다하지 않는다. 건전한 산업자본주의가 설 곳을 잃고 카지노 자본주의로 전락해 가고 있다. 미래를 내다보는 장기 투자는 단기 수익을 노리는 투기성 단타 투자에 밀려났다. 일자리를 만들어 근로 노동자들에게 안정된 수입을 제공하는 산업의 투자가 점점 줄어들고, 임시직 근로자를 고용하는 서비스업의 투자는 늘어나고 있다. 소득이 양극화되면서 사회 계층화가 뒤따르고 이에 따라 중산층이 몰락하고 있다. 이러한 현상은 날로 심해져 이제 자유민주주의의 근간마저 흔드는 상황으로까지 치닫고 있다.

엄청 큰 문제이다. 매우 심각한 문제이다. 자본주의 체제 존립의 문제일 뿐 아니라 인류의 지구 공동체의 사활이 걸린 문제이다. 해법은 무엇인가? 자본주의 경제학을 그리고 자본주의 경제체제를 아예 다른 비전과 철학을 가진 대안 경제학, 대안 체제로 바꾸어 버려야 하는 것인가? 그런 고민도 해야 할 만큼 오늘의 자본주의는 참으로 위태롭다. 하지만 지난 4세기 동안 인류가 몸에 익혀온 자본주의적 생활양식의 뿌리가 너무 깊다. 현재의 자본주의 경제학과 체제를 완전히 뒤엎기가 현실적으로 불가능한 것이다. 그렇다면 우리에게 어떤 선택이 있는 것인가?

경제학을 금융공학으로 변형시켜 버린 신자유주의 자폐 경제학과 함께하는 한 우리에게 희망은 없다. 경제학을 다시 새롭게 구축해야 미래가 있다. 흔히들 말하는 새로운 패러다임의 경제학이 절실하다. 말이 쉽지 새로운 패러다임의 경제학을 어느 누가 혼자서 혹은 몇몇이 모여 한두 해만에 뚝딱 만들어 낼 수는 없는 노릇이다. 그래도 새로운 경제학이 추구해 가야 할 길마저 눈에 보이지 않는 것은 아니다. 경제학을 창시하여 자본주의의 주춧돌을 깔았던 위대한 경제학자들이 그랬듯, 경제학을 다시 인문사회학의 토대 위에 세울 일이다. 그리하여 인간의 경제생활 전반을 깊고 폭넓게 이해하고 그 이해 위에 개인과 공동체, 시장과 정부, 생산 효율과 소비 형평, 재정과 금융 등 경제 세계 내 존재하는 여러 양 극점들이 상호 균형을 유지해 갈 수 있도록 유효한 정책들을 제시해 가야 한다. 그런 경제학의 르네상스가 살 길이다. 그래야 경제의 금융자본화, 금융자본의 탈국가화에서 연유된 자본주의 경제의 기능 부전 병리 현상을 치유해 갈 수 있는 것이다.

경제학, 어디서 무엇을 하고 있는가

1부

01
언제까지 꽁무니를 빼려 하는가

이 책을 쓰게 된 동기는 두 가지이다. 하나는 2012년 1월 홍콩에서 발간되는 『아주주간』亞洲週刊 에 실린 기사이고 다른 하나는 같은 달에 열렸던 스위스 다보스포럼 Davos Forum 이다.

『아주주간』은 2008년 8월 리먼 브라더스 파산을 계기로 폭발한 글로벌 금융 위기 때 이야기를 게재하고 있다. 당시 영국 런던정경대학 London School of Economics and Political Science 은 건축물 낙성을 기념하는 모임을 개최했다. 내로라하는 세계적 경제학자와 전문가들이 다 모인 자리였다. 엘리자베스 영국 여왕이 축하 메시지를 낭독하면서 좌중에 물었다. “왜 아무도 그 일을 예고하지 못했나요?” Why did nobody notice it? 일순 무거운 정적이 흘렀다. 진정 훌륭한 경제학자라면 세계 경제가 금융 위기의 쓰나미에 휩쓸리기 전에 미리 이를 알아차리고 예방을 위한 처방을 내려야 하지 않았느냐고 힐문을 한 것이다.

다보스포럼은 잘 알다시피 세계 정치와 경제계를 대표하는 지성과 당국자들이 자리를 함께하는 모임이다. 그러나 오늘 세계 경제가 당면하고 있는 불황을 타개해 갈 방안에 대해서는 뚜렷한 어떤 것도 제시하지 못하고 있다. 성과가 있었다면 일부 전문가들 사이에 자유주의적 시장 자본주의와 대치 관계에 있는 G2, 즉 중국의 국가자본주의 체제의 향방에 대해 앞으로 보다 깊은 관찰과 논의가 있어야 할 것이라는 인식이 있었다는 정도였다.

참 심각한 일이다. 오늘의 세계 경제 즉 자유 시장 자본주의의 질서와 체제가 심대한 도전을 받을 만큼 위기 상황에 처해 있는데도 정작 이런 문제들에 대하여 발언하고 대안을 제시해야 할 경제학계가 침묵으로 일관하고 있다. 금융 자본의 돈벌이를 위해 고등수학과 통계학을 동원한 각종 이론과 모델들을 개발하는 데 열을 올리고 있다. 반면 세계 자본주의 체제는 "월가를 점령하라."라는 거리 데모가 상징하는 극단적인 양극화의 궁지에 빠져 제대로 기능을 발휘 못하는 기능 장애의 상태에 빠져 있다.

이는 비단 자본주의 체제만의 문제가 아니다. 세계가, 인류의 미래가 위태로운 것이다. 예전에는 위기 때마다 자본주의를 대체하려던 마르크스주의를 비롯하여 수많은 개혁·혁명 이론이 나왔지만 1991년 공산체제의 붕괴 이후 세계는 이렇다 할 대안 사상과 제도를 가지고 있지 못한 상황이다. 자본주의가 학술 이론이나 혁명 세력이 아니라 거리로 몰려나오는 분노의 시위에 휩싸여 제 기능을 못하게 될 상황으로까지 악화될지도 모른다는 우려가 현실이 되고 있다. 일찍이 이 같은 상황을 예견한 사람은 없다. 하지만 그것은 이미 우리들 코앞에 들이닥치고 있는 현실이다.

무릇 모든 경제 현상과 제도는 경제 현상을 논리적으로 생각하고 분석하면서 어떻게 하는 것이 경제를 만인의 생활 복지를 향상시키느냐의 문제를 다루는 경제학이 앞서서 경제 상황의 진단과 경제 방향의 제시 등의 이론을 정립하면 여기에 맞추어 경제 운영의 시스템이 결정되어 왔다. 애덤 스미스의 경제 이론의 정비에 맞추어 거기에 맞는 경제 운영의 시스템으로 자연스럽게 생성되고 발전해 온 것이 자본주의 질서와 체제이다.

애덤 스미스 경제학을 바탕으로 한 자본주의 질서와 체제는 지난 230여 년 동안 좌로는 마르크스주의를, 우로는 파시즘을 물리치고 20세기 대번영의 황금기를 구가하는 데 없어서는 안 될 결정적인 역할을 하면서 번영해 왔다. 그런데 최근의 리먼 브라더스 파산으로 번진 세계적 금융 공황과 더불어 제 역할을 하지 못하는 기능 장애를 겪고 있다. 그 원인은 크게 두 가지이다.

첫째, 자본주의의 이론적 기초를 제공했던 경제학이 금융공학적 자연과학화하면서 경제 현상을 싸고 있는 사회적인 문제를 도외시하고 개인과 공동체, 시장과 정부 그리고 생산 능률과 복지 형평의 양면성을 단절하는 네오콘 neocon 신자유주의에 휩싸여 경제·사회 문제와 공동체 문제, 정부의 재정 문제를 방기함으로써 경제학이 마치 껍질 속으로 쏙 들어가 버린 달팽이처럼 바깥세상과 차단된 자폐 상태에 빠져든 탓이다.

둘째, 자본주의 질서·체제가 미국과 세계은행 그리고 월가의 합의 사항인 워싱턴 컨센서스 Washington Consensus 의 사슬에 몸을 묶인 탓이다. 전 세계 금융을 탈국가적인 글로벌리제이션의 망으로 덮어 씌워 가는 가운데 빈부의 소득 분포가 1퍼센트대 99퍼센트로 양극화되고 사회가 계층화되는 현상을 야기함으로써 중산층이 몰락하고 자유민주주의의 기초가 흔들리고 있다. 금융 만능으로 국가재정이 뒷전으로 밀리면서 국가가 부도 사태에 빠져드는 가운데 사회복지마저 축소되고 있다. 이렇듯 일찍이 볼 수 없었던 큰 충격들이 전 세계를 휩쓸고 있는데도 다들 손을 놓고 있다. 자본주의가 제 기능을 못하고 있는 것이다.

경제체제·질서가 제 기능을 못하는 상황 혹은 바람직하지 않은 상황이 생길 때면 어김없이 문제를 제기하고 대안을 내놓은 것이 지금까지의 경제학이었다. 칼 마르크스 Karl Marx 의 공산주의 이론이 그랬고 존 케인스 John Maynard Keynes 의 재정 개입 경제 이론이 그랬다. 경제 이론의 현실 비판과 현상 혁신의 경제학이 등장하고 거기에 따른 경제체제·질서가 뒤따르는 것이 지금까지 우리가 보아 온 경제발전의 역사이다. 그런데 지금은 자본주의가 이 같은 경제 이론의 진단과 대안 처방도 없는 상태에서 자본주의 체제·질서가 기능 장애에 빠져 있는데도 대안 체제를 위한 혁신 지향적 아이디어마저 나오지 않고 있는 것이다. 경제학이 자기만의 은신처에 숨어서 복잡하고 시끄러운 바깥세상에는 나 몰라라 하는 자폐증에 빠져 있기 때문에 오늘의 도전은 경제학적 아이디어의 빈곤과 체제·

질서의 방향 상실증에 있다고 보아야 하는 것이다.

경제학이 자폐증에 빠지고 체제·질서인 자본주의가 기능 장애의 위기에 빠지는 쌍둥이 병리 현상이 경제 지식 세계와 경제 운영 세계를 똑같이 엄습하고 있는 상황이 전개되고 있다. 그런데 작금의 사회 담론을 보면 이 같은 경제학과 경제 시스템의 위기 상황에 대한 진단과 대처에 있어서 진단은 있으되 대처 방안이 없다. 진단에 있어서도 경제학자나 경제 이론가가 아닌 저널리스트들의 직관이나 관찰, 비평이 있을 뿐 대안 제시가 없는 시사 비평과 사건 논평이 주를 이루고 있다. 대중의 궁금증을 풀어 주고 해설하는 데 그칠 뿐 체계적인 학문 이론에 의한 학술적 대안 제시는 없는 것이다.

『악마들은 모두 다 여기에 모여 있다』*All the Devils Are Here*, 『미국의 대강도』*The Great American Stickup*, 『녹아내린 2조 달러』*The Two Trillion Dollar Meltdown*, 『대마불사』*Too Big to Fail*. 뉴욕타임스에 오른 베스트셀러 경제 서적들의 제목들이다. 금융 자본주의 체제에 대한 증오와 분노가 들끓고 있는 미국 사회의 반자본주의 정서와 규탄·고발을 읽을 수 있다. 그런데 이들 저자들 모두가 저널리스트들이며 경제학자라곤 찾아 볼 수가 없다. 경제학의 자폐증이, 자본주의의 기능 장애가 얼마나 심각한 정도에 이르렀는지를 보여 주는 단적인 사례가 아닐 수 없다.

의식 있는 경제학자라면 이 같은 상황에 대해 더 이상 나 몰라라 할 수는 없다. 이제라도 자유민주주의 정치와 함께 자라고 번영해 온 자본주의 체제가 어떻게 그리고 어떤 경로로 오늘의 위기적 상황에 봉착하게 되었는지를 살펴보아야 할 일이다. 아울러 현재의 위기적 국면을 어떻게 돌파해 가야 할 것인지에 대해서 깊이 고민하고 서둘러 유효한 대안을 모색해야 할 일이다.

02
마냥 감싼다고 될 일인가

2008년 9월 리먼 브라더스의 파산은 세계를 금융 위기로 몰아넣었다. 이후 세계 경제는 좀처럼 불황에서 빠져 나오지 못하고 경제 위기가 일상화하는 조짐을 보이고 있다. 일반인들은 물론 지식인 사이에서도 자본주의 시장경제 체제에 대한 회의론이 고개를 들고 있다. 자본주의가 얼마나 더 버텨낼 수 있을 것인가. 이제 새로운 체제로 대체되고 마는 것이 아닐까. 그렇다면 어떤 체제가 뒤를 잇게 될 것인가. 논의는 사변적 지적 담론 수준을 넘어서 현실적 민생 담론으로 발전해 가고 있다. 일찍이 볼 수 없었던 부의 양극화와 사회 계층화로 중산층이 붕괴되고 빈곤층이 확대일로에 있다. 어느 나라라고 할 것 없이 전 세계적으로 실업, 특히 청년 실업이 급증하면서 지구촌 전체가 경제·사회적 위기 상황에 처해 있다. 부인한다고 문제가 없어지지 않는다. 그렇다. 지금 자본주의 시장경제 체제는 대불황 great recession 의 소용돌이 속에 휩싸여 있다. 지난 230

여 년 동안 잘 작동해 오던 자본주의 시장경제가 정통성 legitimacy 의 위기를 맞고 표류하고 있는 것이다. 왜 이런 일이 일어난 것인가?

첫째로 자본주의 시장경제의 존립 기반인 중산층이 몰락한 탓이다. 경제 문제를 합리적이고 실용적으로 다루는 자본주의 시장경제는 18세기 중반 산업혁명과 함께 인류의 역사에 등장했다. 그동안 인류에게 역사상 유례없는 물질적 번영과 풍요를 가져다주었다. 공산주의의 도전과 전체주의의 위협을 이겨내고 달리 마땅한 대안이 없는 유일 체제로서 자유민주주의와 함께 역사의 끝 end of history 까지 존속할 것으로 기대를 받아 왔다. 그런데 역사의 끝은커녕 오늘날 자본주의 시장경제는 1퍼센트대 99퍼센트로 갈린 양극화 사회를 만들어내면서 대중의 분노와 저주의 대상으로 전락해 버린 것이다.

둘째로 경제학이 자신의 소명에 제대로 부응하지 못한 탓이다. 2008년 발발한 금융 위기 때 엘리자베스 2세 영국 여왕의 따가운 힐문에 아무런 대꾸도 못할 정도로 그동안 자신들만의 세계 속에 스스로를 가두어 온 자폐증 경제학계의 탓이 크다. 더러 자본주의 시장경제의 위기에 대한 변명이나 해명을 시도한 학자가 전혀 없지는 않았지만, 현재 세계 경제가 직면해 있는 파국의 원인을 제대로 규명하고 전개 과정까지 밝혀낸 이는 없다. 그런 까닭에 결국 세계 경제학계는 2009년 영국 중앙은행의 경제학자들을 비롯한 명망 있는 학자들 중심으로 금융 위기를 예측하지 못한 것에 대해 정중히 사과하는 서신을 여왕에게 보낼 수밖에 없었던 것이다.

셋째로 매해 스위스에서 열리는 다보스포럼도 일단의 책임을 면

할 수는 없다. 세계 경제계를 이끄는 자본주의 시장경제학자와 정치인, 그리고 기업가들이 모이는 이 연례토론회는 2012년 1월 자본주의 시장경제의 문제점과 해결 방향을 두고 토의를 벌였다. 그러나 기능 장애에 빠진 자본주의 시장경제를 마비시킨 원인을 규명하고 대책을 마련하기 위하여 세계적인 두뇌와 지도자들이 온갖 지혜를 모았어도 뾰족한 분석과 해답을 내놓지 못했다. 다만 일부 참가자들 사이에서 시장 자본주의 시장경제와 대립해 있는 중국식 국가자본주의 시장경제에 대한 진지한 논의가 이루어졌다는 점이 그나마 주목할 만한 일이었다.

자본주의 시장경제와 사회주의 시장경제의 비교는 다시 세계적인 관심 대상으로 떠올랐다. 로버트 라이시 Robert Reich 교수 같은 사람은 시장에 모든 것을 맡기는 시장 지상 자본주의 시대는 막을 내렸다고 선언한다. 이제 국가가 개입하는 자본주의로 전환하지 않고는 현재 미국의 정치 및 경제체제가 국민 90퍼센트의 분노 앞에 붕괴될 수밖에 없다고 주장하면서 국가의 역할을 강조한다. 국가가 개입하지 않고는 총수요 부족으로 침체된 경제를 운영하기 어렵다고 진단한다. 소득 양극화와 사회 계층화, 빈곤층 확대가 낳은 대중의 분노와 저항은 중산층이 지탱하던 자유민주주의 정치체제를 뒤흔들고 폭발적으로 증가하고 있는 실업과 빈곤층은 시장 자본주의의 경제체제를 망가뜨릴 것으로 단언한다.

이른바 '자본주의 4.0'으로 요약되는 자본주의의 방향 재설정 논의가 일고 있는 것도 관심을 끈다. 논이는 애덤 스미스의 『국부론』 위에 정립된 고전자본주의를 '자본주의 1.0'으로 표현한다. 국가 총수요관리를 내세운 케인스의 혼합자본주의가 '자본주의 2.0'이며, 밀턴 프리드먼 Milton Friedman 이 제시하고 로널드 레이건 Ronald Reagan 신보수주의 neo-conservatism 정부가 채택한 시장 만능의 신자유주의 neo-iberalism 가 '자본주의 3.0'이다. 이 '자본주의 3.0'이 궁지에 빠지면서 그 탈출구로서 '따뜻한 자본주의 4.0'을 모색하자는 주장이 학계와 언론에서 큰 호응을 얻고 있다.

'따뜻한'이라는 형용은 영국의 경제학자 앨프레드 마셜 Alfred Marshall 이 경제학 하는 사람의 태도로 내세운 '냉철한 머리와 따뜻한 가슴'에서 유래한 표현이다. '냉철한 머리'는 논리적이고 과학적인 이성을, '따뜻한 마음'은 형평을 맞추고 동정심을 갖는 심성을 말한다. 마셜은 경제학자에게 냉철한 이성으로 관찰하고 탐구하여 법칙을 찾아내는 과학적 두뇌 그리고 따뜻한 감성으로 안아주고 보듬어주며 정감이 통하는 심성을 결합하는 자세를 갖추어야 한다고 설파한 것이다. 그에게 경제학은 인간의 생활을 더욱 행복하게 하는 인간적 학문 humanistic discipline 이었다.

그로부터 한 세기 남짓 흐른 오늘날의 경제학은 영 딴판이다. '따뜻한 마음'은 온데간데없고 오직 골수에 '냉철한 머리'만 가진 학문이 되었다. 이제 냉정한 과학 지식을 실증할 뿐이며, 수익 극대화를 위한 공학적 지식만을 추구한다. 이런 경제학과 동전 앞뒷면을 이루고 있는 시장 만능 자본주의는 개인과 기업의 시장 이익 증대에만 골몰할 뿐 공동체 정신 communal ethos 에 입각한 형평과 복지·

온정 따위는 가차 없이 쳐내버리는 냉혹한 체제를 구축하고 있다.

'자본주의 4.0'의 따뜻한 자본주의는 바로 이러한 외곬 경제체제에서 벗어나 한편으로는 냉철한 이윤을 추구하면서도 다른 한편으로는 따뜻한 복지 형평도 구현하는 균형 잡힌 시장경제 체제를 만들자는 운동이다. 오늘날의 자본주의 시장경제는 실업과 저임금이 낳은 소득 양극화에 의해 90퍼센트 이상의 대중이 빈곤감과 소외감에 빠지면서 그 존립마저 위태로운 상황에 직면해 있다. 게다가 자본주의 경제 질서와 구조를 이론적으로 떠받쳐야 할 자본주의 경제학이 제 기능을 하지 못한 채 자폐증에 빠지면서 체제와 이론의 기능 마비가 겹치는 심각한 위기에 봉착해 있다.

자본주의 시장경제와 이를 뒷받침하는 시장주의 경제 이론이 어쩌다 이토록 불신과 조소의 대상으로 전락하게 되었는가? 제도와 체제가 제 기능을 하지 못하는 상황이 문제라면 그 기능 장애의 원인은 무엇인가?

운전하는 사람의 조작 미숙 같은 운영상의 문제인지, 아니면 기계의 구성이나 제도·조직이 잘못된 구조상의 문제인지를 먼저 확인할 일이다. 운영상 문제라면 조작 매뉴얼을 바꾸면 될 일이지만, 구조상 문제라면 기계 체제와 제도·조직의 구성을 새롭게 짜야 한다. 자본주의 경제체제를 학문적으로 뒷받침하는 경제학도 새로운 패러다임 위에 다시 세워야 한다.

다보스포럼에 참석한 많은 정치·경제계의 지노사, 석학, 경제인과 언론인들은 중국의 국가자본주의에 호기심을 보인 일부를 제외하면 대부분 현재의 위기를 일시적인 자본주의 경제의 기능 장애 현상으로 진단한다. 자본주의 경제의 체제·질서에는 문제가 없고, 그것을 운영·조작하는 정부당국과 기업과 경제인들에게 잘못이 있다고 본다. 유기체로서의 자본주의는 다른 대안이 없는 유일 체제인 만큼, 본연의 원리에 맞게 조작한다면 여전히 미래의 인류에게 두루 행복을 가져다 줄 수 있다는 시각이다.

그 대표적인 사람이 『자본주의는 우리를 어떻게 구할 것인가』*How Capitalism Will Save Us*를 쓴 미국 경제평론지 포브스Forbes의 CEO 스티브 포브스Steve Forbes이다. 그는 자본주의야말로 개인의 이기심과 기업의 이윤 추구의 극대화를 위한 최선의 제도 장치라고 재확인한다. 자본주의 시장 논리에 충실한 수익 극대화의 정점에 있는 금융 자본가의 투기 금융이 생산된 부의 99퍼센트를 1퍼센트의 슈퍼리치super rich에게 돌리고, 이 같은 부의 양극화가 성난 민중을 거리로 내몰아 월가 점령 시위를 불러일으켜 마침내는 자본주의 체제의 근간인 민주정치를 흔들고 있는데도, 자본주의를 옹호하는 이들은 시간이 지나면 자본주의에 대한 오해와 편견이 없어지고 위기도 진정되어 갈 것이라고 기대한다.

그러나 그렇게 마냥 감싸고돈다고 풀릴 일이 아니다. 오늘날 자본주의의 기능 장애 위기는 운영 조작상의 경과 차원에서는 해결할 수 없고, 이미 널리 퍼진 자본주의의 존립 이유에 대한 근본적인 회의와 실망을 바탕으로 자본주의의 구성을 새롭게 정비할 각오로 접근해야 해법을 찾을 수 있다. 현재의 자본주의 제도·체제의 구성을 재구조화 restructuring 하지 않고서는 자본주의는 기능 장애를 넘어 기능 마비 상태에 빠질 수밖에 없다.

노벨경제학상 수상자이며 뉴욕타임스의 고정기고가로 활발히 활동 중인 미국 경제학자 폴 크루그먼 Paul Krugman 교수는 현재 월가에서 광신적인 돈놀이에 빠진 금융인들이 펼치는 흡혈귀와도 같은 잔혹한 이윤 추구 행위는 종신형을 받고 복역 중인 매도프 Bernard Madoff 의 폰지 사기 Ponzi Scheme 보다 별로 나을 게 없다며 월가 금융자본에 놀아나는 미국 경제에 매서운 비판을 가한다. 월가가 대표하는 시장 만능의 자본주의는 이제 경제적 기능성이나 효율성 차원을 넘어 도덕적으로까지 거부되고 매도되고 있다. 이렇듯 자본주의 경제체제와 질서는 그 골격을 새로 만들어 다시 조립하지 않고서는 구제를 희망할 수 없는 상황에 굴러떨어져 있는 것이다.

이러한 상황을 바로 이해하기 위해서는 18세기에 등장한 이후 오늘에 이르기까지 끊임없이 발전해 온 자본주의의 역사를 돌이켜 볼 필요가 있다. 잘 알다시피 그 역사는 결코 평탄한 것이 아니었다. 자본주의 경제체제는 경제생활의 기틀을 자본주의적 구조물로 할 것인가 다른 구조물로 할 것인가를 두고 전 세계에 치열한 이론적·사상적 대결을 불러 일으켰다. 그러나 자본주의는 자신을 타도하여 대체하려는 여러 이데올로기적 도전들을 이겨냈다. 스스로 지닌 약점과 미비점을 보완하여 자신의 기능성을 꾸준히 제고시켜 옴으로써 공산주의와의 체제 경쟁에서 승사가 되었다. 자본주의 경제체제가 현재 처해 있는 절박한 기능 장애의 곤경으로부터 벗어나 제 기능을 다시 회복하고 정상화를 이루게 하고자 한다면 그 역동적 생존의 역사부터 되돌아보자. 거기에 교훈이 있고 길이 있기 때문이다.

자본주의, 시련을 견뎌내다

2부

03
애덤 스미스, 자본주의의 이론 틀을 세우다

자본주의는 경제체제이다. 하지만 자본주의의 존재 의의는 경제 영역에 한정되지 않는다. 자본주의는 인류 역사의 전 영역에 걸쳐 전면적 변화를 가져 왔다. 예수의 탄생처럼 인류 역사에 신기원의 획을 긋는다. 예수 탄생 이전을 기원전 BC, 이후를 기원후 AD 로 기록하듯이 역사는 자본주의의 대두 이전을 전근대, 이후를 근대로 기록한다. 그럴 만큼 큰 혁명적 변화를 가져 왔기 때문이다.

자본주의가 가져온 혁명적 변화는 예전과는 비교할 수 없을 정도로 엄청난 생산력에서 비롯한다. 18세기 영국에서 일어난 산업혁명은 자본주의를 잉태하고 낳은 자본주의의 어머니이다. 새롭게 형체를 갖추기 시작한 경제체제에 과학 지식을 산업적으로 활용하여 자연의 제약을 극복해 가는 DNA를 심어 주었고 활성화시켰다. 그 결과 물질적 생활양식이 크게 변화했다. 변화는 거기에 그치지 않았다. 모든 것이 바뀐 것이다. 경제가 바뀌고 바뀐 경제생활은 사회를 전반적으로 바꾸어갔다. 사회에 이어 국제관계도 전면적으로 바꾸어갔다. 칼 폴라니 Karl Polanyi 가 말한 것처럼 근대화의 대변혁 Great Transformation 이 일어난 것이다.

산업혁명 이전 인류 역사는 빈곤과 궁핍으로 점철된 역사이었다고 해도 지나친 말이 아니다. 인류에게는 자연을 지배하여 기근과 질병, 전쟁과 자연재해를 이겨낼 만한 과학 지식과 기술이 없었다. 토머스 맬서스 Thomas Malthus 는 산업혁명이 막 시작된 즈음에 태어난 사람이다. 후에 『인구론』에서 그는 주장한다. 사람들이 끼니를 이어갈 식량은 산술적으로 증가한다. 반면 사람의 수는 기하학적으로 증가한다. 따라서 인류는 빈궁과 결핍의 악순환 고리에 갇혀 있을 수밖에 없다. 이러한 맬서스의 비관적 비전은 큰 호응과 반향을 동시에 불러 일으켰다. 그러나 산업혁명은 이미 과학 지식과 기술을 경제적으로 활용하고 확산시켜가는 DNA를 자본주의 체제에 확실히 심어 가고 있었다. 그 덕에 인류는 빈곤의 사슬을 끊고 풍요와 인구 증가라는, 맬서스가 전혀 예기치 못했던 새로운 역사를 엮어왔다. 이것이 바로 자본주의와 함께한 근대 인류의 역사이다.

이 역사를 되돌아보고자 발원지까지 좇아 올라갈 때 어김없이 만나게 되는 이가 있다. 다름 아닌 애덤 스미스이다. 익히 알다시피 애덤 스미스는 1776년 『국부론』을 펴냈다. 『국부론』은 사람이 먹고 사는 문제를 연구의 대상으로 삼고 과학적 체계화를 시도한 책이다. 경제생활을 객관적인 자연현상으로 간주하고 이를 과학의 프리즘으로 관찰하고 개념화하여 경제 법칙을 도출하고자 했다. 애덤 스미스와 함께 비로소 경제학이 새로운 과학으로 명함을 내밀게 되는 것이다.

그 이전까지 경제 지식은 과학이 아닌 도덕 영역에 속해 있었다. 안분지족 安分知足 이라는 말이 있다. 제 분수를 지키며 만족하는, 절제할 줄 알고 작은 것에 만족할 줄 아는 옛 우리 조상들의 생활 규범을 말한다. 아니 옛 우리 조상들만 그리 살았던 것이 아니다. 옛 서구 사람들도 그랬다. 동에서나 서에서나 경제는 도덕률에 의해 규제되어야 하는 것이었다. 하지만 애덤 스미스는 다르게 보았다. 인간의 물질적 욕구를 충족시키는 재화는 천상이 아닌 자연에서 나오는 것인 만큼, 재화를 생산해 내고 이용하는 과정 즉 경제도 과학에 속하는 지식이어야 했다. 종교와 도덕 속에 함몰되어 있던 경제를 발굴해 내, 이를 자연현상처럼 경험적 관찰의 대상으로 삼고 연구했다.

그렇듯 경제학은 자연과학을 모델로 하여 출발했다. 종교적 계율이나 도덕규범, 그리고 동정심 같은 정감 문제는 경제학 연구의 대상에서 솎아내어야 할 것이었다. 연구 대상은 경제적 이익과 개인적 이득을 추구하는 행위로 추려졌다. 이로써 경제학은 근대 과학으로서 나름의 입지를 다져가게 된다.

근대 이전 인간 혹은 사회를 연구 대상으로 하는 학문들은 그렇지 않았다. 인간의 마음 안에는 욕구·소유·만족·향락과 같이 자기만을 챙기는 이기심도 있고 사랑·동정·희생·봉사·자선·기부와 같이 남을 사랑하는 이타심도 있다고 보았다. 흔히 공자 孔子 의 예수·석가·무함마드를 4대 성인으로 꼽는데 이들은 하나같이 인간 안에 있는 이타심을 소중히 여겼다. 또한 이타심을 종교적·도덕적으로 승화해 감으로써 궁핍과 빈곤의 위협에 직면해 있는 비참한 인류의 삶을 풍족하지는 못해도 평화 속에 함께 돕고 나누며 사는 아름다운 인류의 삶으로 바꾸려 하였다. 공자의 인仁과 예수의 사랑, 석가모니의 자비, 무함마드의 금욕 등은 모두 종교적·도덕적 공동체 생활을 지상에서 이룩하기 위한 덕목이었다. 빈궁하여 물질적 욕구를 충족할 수 없는 전근대 사회에서는 금욕과 청빈이 예찬을 받고 생활의 준칙이 되었다. 반면 자신의 물질적 욕구를 채우기 위한 이기적 경제 행위는 '공공의 적'으로 몰렸다. 이기적 경제 행위가 서로 부딪쳐 투쟁을 낳고 공동체 전체를 무너뜨릴 위험이 있기 때문이었다. 이렇듯 전근대 세계에서는 경제가 도덕으로부터 해방되지 못하고 과학이 도덕으로부터 분리되지 못하고 있었다.

이기적 인간들에 의한 부의 축적을 다룬 『국부론』의 저자 애덤 스미스는 인간의 동정심을 다룬 『도덕감정론』의 저자이기도 하다. 이는 전근대에서 근대로 넘어오는 시기의 지식이 과학과 인문학에 양다리를 걸치고 있었음을 보여 주는 좋은 예이다. 그러나 급속한 근대화와 자본주의의 발달로 궁핍한 전근대 세계가 풍요로운 기술세계로 바뀌면서 경제학은 도덕과 감정에서 해방되어 객관적 과학지식의 세계로 옮아가게 된다. 애덤 스미스 경제학은 따뜻한 마음의 인문학적 경제 지식을 냉철한 머리의 과학적 지식과 융합하여 경제를 객관적 현상으로 다루려는 시도였다고 볼 수 있다. 이후 경제 지식의 과학화는 경제학의 주된 조류가 된다. 1848년 칼 마르크스가 프리드리히 엥겔스 Friedrich Engels 와 공동으로 펴낸 『공산당 선언』의 출발점을 이루고 있는 경제결정론 economic determinism 도 거기에서 예외가 아니다. 애덤 스미스와 그의 계승자들이 이기적 이해 추구가 '보이지 않는 손'에 의하여 조화로운 사회로 귀결된다는 것을 자연 법칙으로 주장한 것에 맞서, 마르크스는 시장수급법칙에 따른 경제 운영으로 민중의 착취와 소외를 가져오는 자본주의 경제 체제를 타파하고 공산 사회로 나아가는 것이 역사 발전의 법칙이라고 주장한 것이었다.

애덤 스미스는 독립된 인격체인 개인의 욕구를 도덕적 시각이 아닌 과학적인 시각에서 보고 하나의 자연현상으로 파악했다. 이기적 욕구를 충족하기 위한 경쟁과 시장을 통한 자유로운 경제 활동 보장을 경제생활의 기본 질서로 받아들이면서 경제적 물질 욕구를 충족시키는 질서 공간을 국가 공동체의 법질서로 규정하였다. 자유 시장경제란 그렇듯 시민사회의 법질서를 준수하는 개인과 기업이 시장에서 자유롭게 경쟁하면서 각자의 욕망을 채우는 곳이다. 자본주의란 그들 개인 및 기업들이 자유롭게 자신의 욕구를 충족해 가고 또한 자유롭게 사유재산을 증식해 갈 수 있는 생활 체제·질서를 말한다.

애덤 스미스는 자신의 조국 영국이 그러한 자유 시장경제와 자본주의를 구현해 갈 것을 기대했다. 그에게 경제는 더 이상 도덕규범에 의해 좌우되는 것이 아니었다. 경제는 도덕규범의 세계가 아니라 논리와 법칙의 세계에 속하는 것이었다. 경제활동은 경쟁의 논리와 시장의 법칙에 따라 발현되는 객관적 자연현상이었다. 자본주의란 그러한 경쟁의 논리와 시장의 법칙에 따라 발현되는 경제활동을 보장하는 체제이다. 이러한 인식 위에 애덤 스미스는 자유 시장 경제를 구상하고 자본주의라는 새로운 체제의 청사진을 내놓았다.

애덤 스미스의 자본주의 청사진은 종합적인 것이었다. 체제의 골격을 이루는 요소들을 빠짐없이 두루 챙겨 놓았다.

먼저 애덤 스미스는 자본주의를 합리적이며 과학적인 생산 활동을 보장하는 체제로 상정했다. 인간이 스스로 가지고 있는 지혜와 노동 그리고 근면성을 자연을 극복하고 이용하는 과정 속에서 얻어지는 결과물인 생산 활동을 합리적으로 과학적으로 수행할 수 있게 하는 경제 질서와 사회 제도를 꿈꾼 것이었다. 애덤 스미스에게 경제란 자연을 상대로 과학적이고 합리적인 생산 활동을 벌여 얻는 재화를 최소 비용과 최대 수확의 원칙에 입각하여 획득하는 생산 과정을 뜻했다. 그가 살던 18세기 말 경제의 관건은 오로지 생산 증대였다. 생산이 절대적으로 부족하던 당시 상황에서 생산된 재화가 유통되지 않거나 소비되지 않는다는 것은 상상할 수 없는 일이었다. 애덤 스미스는 생산의 효율성에 관심을 집중했다. 따라서 근로자의 분업과 협업을 강조했다. 유통이나 분배 문제는 인간이 본래적으로 타고난 교환 성향으로 자연히 해결되는 것으로 보았다.

둘째로 애덤 스미스는 자본주의 속에서 공장제 생산과 임노동제가 정착된 체제를 보았다. 그는 핀 제조 공장의 근로자들의 분업 활동을 설명하면서 공장제 생산이 불가피함을 역설했다. 생산 활동이 효율적이기 위해서는 생산수단을 소유한 공장주, 즉 자본가가 소유한 생산시설인 공장 안에서 노동력을 임금과 교환하여 고용된 임노동자들이 조직적으로 생산 활동을 해야 하는 것이었다.

셋째로 애덤 스미스는 불황이 없는 경제 체제를 구상했다. 그는 생산 자체가 수요를 창조한다는 '세이의 법칙' Say's law 에 따라 자본주의 체제 안에서 생산과 소비가 과부족 없는 균형 상태를 늘 유지한다고 보았다. 과잉공급이나 과소비에 의한 불균형은 아예 문제될 일이 없다고 본 것이다.

넷째로 애덤 스미스에게 자본주의는 정부가 아니라 민간이 중심이 되는 체제였다. 그에게 있어서 경제 활동의 주역과 주체는 시장경쟁을 통하여 욕구의 충족과 소유의 확보에 매진하는 개인과 기업이다. 정부는 민간의 활동을 방해하지 않도록 외부로 물러나 국방과 치안에 집중함으로써 시장의 수급 법칙에 따른 경제 운영의 질서를 유지하는 역할만 수행하면 그만이다. 하지만 민간 중심 경제 활동의 결과물이 쌓이면 국가 공동체의 집합적 재화, 즉 국부가 되는 만큼, 개인과 기업의 이기적인 활동이 국가적 체제·질서 내에서 이해의 일치를 이룸으로써 개인과 국가 공동체가 조화로운 발전을 이루어 간다고 상정하였다.

다섯째로 애덤 스미스에게 자본주의는 민족 공동체적 국가를 단위로 하는 경제체제였다. 경제 활동이 개인과 기업 중심으로 이루어지되 이는 국가의 보호 체제를 전제로 하는 것이었다. 경제활동은 민족국가 단위로 이루어져 국부를 증대시키고, 타국와의 경제교류는 국가 간의 거래로 확장되는 것이었다.

이와 같은 애덤 스미스의 자본주의 청사진은 현실로 구체화되었다. 산업혁명과 맞물려 인류 역사에 유례가 없는 생산증대와 소득향상을 가져왔다. 이데올로기 측면에서 또한 기능 측면에서 경쟁 상대가 없는 유일한 근대 경제체제로서 19세기의 서구 근대화를 주도해 갔다.

애덤 스미스의 『국부론』은 개인의 이기적 욕구 자체를 악으로 보아 억제하려는 전근대적 경제관에서 벗어나 이기적 욕구 충족과 재화의 사적 소유를 위한 과학적 지식과 합리적 활동을 이루어지는 사회 환경을 보장해야 한다는 근대적 경제관을 도덕적·철학적으로 설명한 최초의 이론서였다. 단순한 사유 수준을 넘어 경제의 실체를 규명하고 구체적인 경제생활 지침까지도 제시한다는 점에서 『국부론』은 단순한 과학 지식 이론서가 아니라 규범학이 기도 하였다. 존재 sein 를 분석하고 이해하는 차원의 지식과 함께 행동 sollen 의 규범이 한데 어우러져 있는 이데올로기 서적인 것이다.

『국부론』에 담긴 이데올로기란 모든 경제 활동이 조화롭게 이루어지리라 보는 낙관주의를 말한다. 객관적인 실체인 자연에 대해 인간이 노력을 가하면 자연스럽게 산출물이 나와 생산이 이루어지면서 경제활동이 시작된다. 그 생산물을 얻기 위한 경제주체 각각의 이기적 경제 활동은 경쟁을 낳고, 그 경쟁이 모이면 '보이지 않는 손' invisible hand 이 작동하여 투입·산출과 수요·공급 사이에 균형을 맞추어 준다. 이 조화로운 질서 속에 모든 생산 참여자는 분업과 협력의 연계를 이루어낸다. 생산된 것은 그 자체가 창조하는 수요를 충족하는 데 소비되고, 생산과 소비를 연결하는 시장 역시 '보이지 않는 손'에 의하여 생산과 유통 그리고 소비가 자연스럽게 연계 조절되어 자연스러운 조화를 이루어낸다. 이렇듯 모든 경제 활동이 조화로운 질서를 유지하면서 확대 재생산으로 나아가게 예정되어 있다는 것이 애덤 스미스의 자본주의 경제관이다. 자본주의는 바로 그러한 예정 조화론과 낙관주의에 바탕을 두고 출발한 것이었다.

이데올로기란 본디 현재의 주어진 상황을 거부하고 개혁하기 위한 행동 지향의 지식 이론 체계를 뜻한다. 그러나 애덤 스미스의 자본주의 이데올로기는 그러한 의미의 이데올로기는 아니다. 종교와 도덕 속에 함몰되어 있던 전근대적 경제를 과학 지식의 산업적 이용이 중심이 되는 근대적 경제체제로 독립시키고 나면 여타의 경제의 각 부문은 인간이 자연적으로 향유하는 능력과 취향을 살리는 자연주의적 활동 공간만 있으면 자연스럽게 흘러가는 강물처럼 거침없이 잘 흘러간다고 보는 낙관론인 까닭에 애덤 스미스의 자본주의 이데올로기는 변혁의 투쟁을 밀어붙이는 이데올로기와는 본질적으로 다른 것이었다. 그의 『국부론』은 현실 속에 두 다리를 굳건히 내디디고 있는 가운데 행동 방향을 제시하는 이데올로기적 경제 이론이었지만 자연주의적 낙관론에 바탕을 둠으로써 변혁 지향의 투쟁적 이데올로기 학문은 아니었던 것이다.

04
칼 마르크스, 관념 속에 이상향을 그리다

애덤 스미스의 자본주의 청사진은 유효했다. 산업혁명으로 불당겨진 경제발전은 세기를 넘어 19세기에도 지속되었다. 경제발전과 함께 서구는 섬뜩했던 맬서스의 비관적 예언을 보란 듯이 떨쳐냈다. 자유 시장경제 구상도 현실 속에 점점 깊이 뿌리내려 갔다. 물론 시간은 걸렸다. 1815년 영국은 나폴레옹 전쟁을 자국의 승리로 종결시켰으나 곡물가 폭락으로 인한 농업공황을 겪어야 했다. 영국 의회는 지주 계층의 압력에 굴하여 곡물의 수입을 제약하는 곡물법 Corn Law 을 제정해야 했다. 그러나 지주의 이익을 위해 비싼 빵을 먹어야 하는 일반 대중들의 줄기찬 반대가 이어지면서 1846년 결국 철폐되기에 이른다. 이를 기점으로 자본주의는 산업혁명이라는 기존의 날개 외에 자유무역 경제라는 또 다른 날개를 달게 되면서 인류 역사의 큰 물줄기를 형성하면서 거침없는 발전을 거듭하게 된다.

그러나 빛이 밝으면 그늘도 짙은 법. 19세기 중엽 인류를 빈곤에서 건져내고 윤택한 생활로 이끌어 가던 자본주의는 이면에 모순과 갈등을 키워 가고 있었다. 이러한 역사 국면에 등장한 사람이 마르크스이다. 그는 1848년 『공산당 선언』 *The Communist Manifesto* 을 펴내면서 자본주의 경제체제의 반역사성과 반인간성을 폭로하고 규탄하는 데 앞장섰다. 인간을 비인간화하는 악의 화신인 자본주의는 응당 타도되어야 할 것이었다. 이를 공산 사회체제로 대체하는 것, 그것이 인류 역사를 완성하는 길이었다.

마르크스는 자본주의 경제학의 과학적 방법론을 차용하였다. 그는 자본주의 체제 안에서 자본가와 노동자라는 두 개의 대립적 계급이 존재함을 보았다. 전자는 자본의 힘으로 후자의 노동을 착취하고 비인간화시키기 마련이다. 그리고 자본주의적 경제 관계는 결국 노동자 계급에 의해 타도되어 종말을 고하게 되어 있다. 이러한 역사 전개는 자유 의지에 따른 기회와 선택의 문제가 아니라 객관적 역사법칙에 따라 반드시 일어나게 되어 있는 불가피한 과정이었다.

마르크스는 인간 사회를 복층 구조의 틀로 파악한다. 경제 관계·질서라는 하부 구조 위에 정치 관계·질서라는 상부 구조가 세워져 있다. 모든 변화는 상부가 아닌 하부 구조에서 출발한다. 상부 구조인 정치 관계·질서는 하부 구조인 경제 관계·질서가 변하면 종속적으로 변하기 마련이다. 이 같은 경제결정론도 기회와 선택의 영역에 속하지 않는다. 그것은 인간의 자유 선택으로는 어떻게 할 수 없는 자연과학적 진리이다. 자본주의가 지양되고 종내는 공산주의로 대체되는 것 역시 준엄한 역사발전의 객관적 법칙에 따른 것이다.

이렇듯 마르크스는 애덤 스미스의 과학적 객관주의를 거스르지 않았다. 하지만 둘의 과학적 객관주의가 속까지 빼닮은 것은 아니었다. 애덤 스미스의 객관주의가 물의 자연스런 흐름을 거스르지 않고 그대로 좇는 자연적 객관주의라면 마르크스의 객관주의는 파괴를 수반하는 혁명이 전제된 투쟁적 객관주의였다. 마르크스에 따르면 자본주의 경제체제는 자본가 계급이 국가라는 폭력으로 무산계급인 노동자 계급을 압박 수탈하기 위하여 만든 전前 역사 pre-history 의 유물이다. 이 유물을 영구히 땅 속에 파묻어 버리는 것이 역사 발전의 법칙에 따른 역사 발전의 당연한 수순이다.

같은 과학적 객관주의의 토양에서 나왔음에도 애덤 스미스와 마르크스가 보여 주는 그러한 차이는 자본주의 경제 세계에 대한 인식의 차이에서 비롯된 것이었다. 애덤 스미스가 자본주의 경제 세계를 협력과 조화가 있는 평화 공동체로 보았음에 반하여 마르크스는 대립과 갈등으로 점철된 적대적 투쟁의 공간으로 인식한 것이었다.

애덤 스미스는 자본주의 경제 세계에서 생산과 유통과 소비가 자연 조화적 연계를 맺는다고 보았다. 그 관계 속에서 사람들이 자기의 영역에서 분업과 협업의 네트워크를 만들어 꾸준히 생활수준을 향상시켜 가는 가운데 평화롭게 살아간다고 보았다. 인간의 욕구와 소유를 위한 경쟁은 시장 안에서 '보이지 않는 손'에 의해 저절로 조화를 이루게 되어 있다. 따라서 자본주의 경제체제는 인류 역사와 함께 영구히 존재하고 발전해 갈 것이라고 보았다.

반면 마르크스는 자본주의 경제 세계에서 노동자와 자본가 계급으로 분열되고 대립·투쟁하는 사람들이 일으키는 적대적 대립의 세계를 보았다. 착취와 피착취의 갈등 속에서 소수인 자본가 계급이 절대다수인 노동자 계급을 수탈하고 궁핍으로 몰아가는 반목과 투쟁의 세계를 보았다. 마르크스에 따르면 인류는 끊임없이 대립과 갈등으로 점철된 투쟁의 역사를 이어왔다. 수렵과 목축 사회를 지나 봉건적 농경사회로 넘어 오고 이어서 자본주의 사회로 이행해 왔지만 계급 간 투쟁의 전前 역사는 지속되고 있으며, 그로 인해 진정한 인류 해방의 역사 도래가 방해받고 있다고 보았다. 따라서 자본주의는 유지·발전시켜가야 할 것이 아니라 혁명으로 파괴할 대상이었다. 절대다수인 노동자 계급의 사람들을 착취와 소외의 쇠사슬에서 해방시키기 위해서는 노동자 계급이 주도하는 혁명적 독재 체제가 필요하다고 보았다.

마르크스는 프롤레타리아 혁명을 통해 자본주의 체제가 붕괴되고 공산 사회가 도래하게 되어 있다고 보았다. 그리고 이 때 비로소 인류 역사는 그 너머로 새로운 발전이 진행되지 않는 역사의 종착점에 도달함으로써 완성되는 것이었다. 마르크스는 이러한 역사 전개를 필연적 역사 발전 법칙으로 보았다.

애덤 스미스가 구상한 자본주의는 개인의 복지 증진이 곧 민족과가 공동체의 복지 증진으로 연장되는 세계이다. 개인의 이해와 사유가 국가 공동체의 부로 자연스럽게 집적된다고 본다. 마르크스는 개인의 이해와 사유를 인정하지 않는다. 그에게는 개체와 전체와의 이해의 일치나 조화 같은 개념이 없다. 국가 공동체 안에는 계급 간 대립이 있거나 착취·수탈만이 존재할 뿐이다. 아니 궁극적으로는 국가 공동체라는 개념 자체가 존재하지 않는다. 마르크스에게 국가는 공산 사회로 넘어가는 전 단계인 경과적 사회주의 단계까지만 존재할 뿐이다. 공산 사회로 이행하게 되면 국가는 역사의 뒤안길로 영원히 사라진다.

국가만 사라지는 것이 아니다. 분업과 임노동의 사슬에 얽매인 자본주의적 인간관계 또한 사라지게 된다. 공산 사회 속 인간은 기능적 인간이 아니고 전인적 인격체이다. 궁핍이 없고 부족함이 없고 모든 것이 다 갖추어져 있어 개인의 욕구나 소유욕이 필요 없다. 아침에 독서하고 낮에는 수렵과 낚시를 즐기고 저녁에는 독서하며 시를 읊는 반신적인 존재 demi-god 이다. 그런 존재들로 구성된 사회에 개인의 욕구 충족의 장인 시장이 들어설 공간은 없다. 국가권력 같은 강제력이 들어설 여지 또한 없다. 그러니 당연히 국가 공동체가 있을 수 없다.

그러나 마르크스의 예언은 들어맞지 않았다. 역사 발전의 법칙에 따라 자본주의가 붕괴된 폐허 위에 솟아오를 것으로 확신했던 공산 사회의 도래가 점점 아득해져 가는 상황이 전개되었다.

자본주의 체제 속에 있던 노동자 계급이 생산 경제의 다각화와 다변화의 과정을 거치면서 기술자·전문인·두뇌노동자·서비스산업 종사자 등 단순 수공 노동자가 아닌 전문직 근로자로 성장해 갔다. 자본가 대 노동자로 사회가 양분되어 가지 않고 두 계급 사이에 여러 직종 종사자가 대두한 것이다. 이로써 사회는 두 계급만의 적대적 대립이 아닌 복합 계층이 혼거하는 상황으로 발전해 갔다. 이러한 변화 속에 계급의식은 점차 흐려져 갔다. 노동자 계급의 생활수준이 향상되어 중산층으로 편입되고 노동조합이 등장하여 노동자의 권익이 보호되고 증진됨으로써 노·사 대립의 계급투쟁이 아니고 사회계층 간 타협의 장이 전면에 부상하게 되었다. 노동조합의 선임 조합원은 그들의 기득권을 보호하기 위하여 신규 참여자의 차상위 계급을 형성함으로써 체제 타파의 혁명세력이 아닌 체제 수호의 정치세력으로 변모해 갔다.

제1차 세계대전이 발발했을 때 각국의 노동자들이 보여 준 모습은 마르크스주의자에게는 실망 그 자체였다. 그들은 국제적 프롤레타리아 연대의식 위에서 자본주의 타파의 계급투쟁에 나선 것이 아니었다. 애국가를 부르며 자기 나라의 보위를 위하여 적대국 노동자를 향해 총을 조준하는 애국주의 시민으로 기꺼이 전장에 나갔다. 그렇듯 노동자 계급의 의식화를 통한 자본주의 타파의 공산사회주의 혁명이 아니라 애국주의적 국방 수호의 전선으로 나서는 프롤레타리아를 보면서 마르크스주의자들은 참담함을 곱씹어야 했다.

마르크스의 이데올로기는 노동자를 자본가 계급의 횡포와 착취에서 오는 핍박과 소외에 치를 떨고 있는 경제동물로 분류한다. 자신들의 노동 가치에 상응하지 않은 부당한 보수에 분개하고 반항하면서 바로 자본주의 계급 타파의 혁명 투쟁에 나서는 자동 기계 인간 automaton 이다. 그러나 인간은 경제적 욕구 뿐 아니라 애국심과 애타심, 봉사와 협력과 같은 비경제적 동인에 따라 행동하는 다면적이며 복합적인 존재인 것이다. 마르크스는 이 같은 인간의 복잡한 행동세계를 간과하였던 것이다.

마르크스의 역사 비전과 공산 이데올로기가 비현실적이라는 비판은 마르크스주의 진영 내에서 마르크스 사후에 곧바로 제기되었다. 마르크스 이론에서 이데올로기 측면을 유지하자는 교조적 공산주의 세력에 맞서 이데올로기 측면을 털어버리고 객관적 현실은 과학적으로 인정하고 거기에 맞추어 수정된 사회주의를 지향하자는 세력이 나타났다.

프롤레타리아 혁명으로 자본주의 체제가 타파되고 계급 없는 공산 사회가 출현할 것이라는 마르크스의 예언은 보기 좋게 빗나갔다. 1917년 러시아 혁명으로 등장한 소련도 마르크스가 상정한 국가 없고 분업이 없는 유유자적의 공산 사회가 아니었다. 익히 알려진 바와 같이 정보기관과 비밀경찰의 감시 속에 자유와 인권이 부인되는 공포 공화국이었다. 결국 마르크스의 이데올로기적 학술이론은 현실세계에서 외면 받게 되었다. 노·사 대립투쟁의 계급전쟁이 아니고 노·사 대화와 타협에 의한 자본주의 체제 안에서 공존을 모색하면서 자본주의 경제의 발전과 함께 노동자의 생활수준이 빈곤과 소외로 전락하기보다는 중산층 시민으로 사회 이동이 이루어지고 다양한 직업군의 등장으로 노·사 양자만이 계급 대립하는 시대는 역사에 존재하지도 못한 채 사라졌다. 계급의식보다 애국 진쟁으로 노·사의 대립이 아니라 시민의식화의 증진과 계급을 넘어서는 애국적 단결의식이 높아가는 산업 사회적 통합이 진행되는 상황이 전개되었다. 여기에 자본주의 경제의 정치 기초인 민주주의 진행이 이루어지면서 마르크스의 계급혁명론은 현실 세계와 동떨어지게 되었다.

이같이 현실 속에 뿌리내리지 못하고 이데올로기적 사유세계와 관념의 세계에서 맴돌게 되면서 마르크스의 공산이론은 노동자 대중에 뿌리내리지 못하고 관념의 세계 속에 갇히게 되었다. 주변의 변화하는 상황과 양립되는 방향으로 마르크스 이론과 이데올로기를 수정하려는 수정주의와 상황 변화를 외면한 채 현실 세계와 떨어진 자기만의 세계에 틀어박혀 자신의 주장을 굽히지 않고 추구하는 교조주의 간 대립이 점차 간극을 더해 가게 되었다.

05
아나키스트, 허무의 늪에 빠지다

자본주의 경제체제·질서를 거부하고 배척하는 운동의 사회 세력화는 마르크스와 그의 신봉자들에 의해서만 주도되었던 것은 아니다. 그들 외에도 피에르 프루동 Pierre Proudhon 이나 미하일 바쿠닌 Mikhail Bakunin 과 같은 아나키스트들이 있었다. 각각 무정부 공산주의와 무정부 사회주의를 대표하는 이들은 19세기 중엽 마르크스와 같은 시기에 서구에서 일어난 반자본주의 운동을 이끌었다. 마르크스와 마찬가지로 이들 또한 자본주의 체제·질서가 바탕으로 하고 있는 사유제와 자유경쟁을 주된 공격 목표로 삼았다. 그들의 눈에 비친 자본주의는 생산수단을 소유한 소수의 자본가 계급이 노동력 외에는 가진 것이 없는 절대다수의 노동자 계급을 착취하고 궁핍의 수렁으로 몰아넣는 반인간적인 체제·질서였다. 이를 인간성의 해방과 궁핍으로부터의 해방으로 평등사회를 실현하는 사회주의 체제·질서로 대체해야 한다는 데에 그들은 마르크스와 생각을 같이했다.

마르크스와 프루동, 바쿠닌은 나이 차가 십 년 안짝인 동년배였다. 그들 셋은 나름의 이데올로기를 갖고 앞서거니 뒤서거니 하며 경쟁적으로 반자본주의 운동에 뛰어들었다. 때는 19세기 중엽으로 자본주의 체제 내에 자본가 계급과 노동계급 간 대립 그리고 가진 자와 못 가진 자의 간 대립이 첨예화되어 사회 갈등 문제가 크게 불거져 간 시기였다. 이 문제는 자본주의 체제가 가져온 생산력의 증대 규모가 커져갈수록 더욱 악화되는 양상을 띠었다. 이 같은 시대 배경 속에서 마르크스는 우리가 일반적으로 아는 공산주의를, 프루동은 무정부 사회주의를 그리고 바쿠닌은 무정부 공산주의를 설파했다.

앞 장에서 살펴 본 바와 같이 마르크스는 자본가 계급을 폭력혁명으로 타파하고 그 자리에 노동자 프롤레타리아 계급의 독재 권력으로 사유재산이 없는 평등사회를 건설하려고 했다. 바쿠닌은 폭력혁명을 수단으로 한다는 점에서 마르크스와 궤를 같이한다. 그러나 마르크스의 프롤레타리아 독재가 곧 권력적 억압이라는 점에서 자본주의적 권위 체제나 사회주의 권위 체제나 모두 타도할 대상이라고 보았다. 대신 인간이 인간을 권력으로 억압하고 통제하는 국가체제 자체를 없애고 자유로운 개인들의 평등한 결합과 협력이 있는 자치적이고 협동주의적인 무정부 사회를 건설할 것을 제창하였다.

프루동은 성장 배경이나 사상에서 이들과 매우 달랐다. 마르크스와 바쿠닌은 대학 혹은 군사학교에서 고등 교육을 받은 그리고 헤겔의 유물론적 역사변증법 철학에 정통했을 만큼 당대의 지식 엘리트들이었다. 반면 프루동은 인쇄소 직공으로 사회생활을 시작하여 현장 학습과 실물 경험으로 세상을 보는 눈을 키운 입지전적 인물이었다. 따라서 학문적 깊이에 있어서는 마르크스나 바쿠닌과는 격차가 꽤 나는 처지였다. 그런 탓에 모든 사유재산을 '도둑질'로 매도할 만큼 반지성적인 급진 사상을 펼치기도 했으나 프루동은 폭력혁명과는 거리를 두었다. 그는 사유나 지배의 세계가 아닌 품앗이를 기본으로 하는 생활협동조합을 설립해 모든 사람들이 평등하게 협동하여 생산하고 분배하고 소비하는 새로운 사회를 구현해 갈 것을 주창했다. 그것도 골수 아나키스트답게 비폭력적·평화적 수단으로 구현해 갈 것을 주창했다. 그에게 무정부는 혼란이 아닌 질서였다. '무정부가 곧 질서'라는 슬로건을 내걸고 프루동은 농민·노동자·시민 모두가 평등하고 자유롭게 상부상조하는 협동사회로 자본주의 경제체제·질서를 대체할 것을 역설했다.

이처럼 길이 다른 만큼 셋 사이에 주도권 다툼이 이는 것은 당연했다. 결과는 싱거웠다. 애당초 체제·질서를 거부하는 자체 속성상 아나키스트들이 공산 사회라는 대안 체제·질서를 구현하기 위해 조직된 세력으로 폭력혁명을 일으키려는 마르크스주의를 당해낼 수는 없었다. 실제 1864년 마르크스는 국제노동자협회 The First International를 주도적으로 결성하면서 바쿠닌의 무정부 공산주의 그리고 프루동의 무정부 사회주의를 비과학적 사회주의로 몰아 밀어내는 데 간단히 성공하였다.

그렇게 반체제의 주도권 다툼에서 밀려난 두 아나키스트 운동은 급격히 변혁에 대한 자신감과 추동력을 잃으면서 허무의 늪에 빠지게 되었다. 혹은 현실 개혁과는 거리가 먼 나약한 지식 담론으로 흐르거나 혹은 자본주의 체제·질서를 전복하는 데는 턱없이 효과가 미약한 단발성 요인 암살 테러나 폭동 등에 나섬으로써 점차 사회 변혁자로서의 위상을 잃어 갔다.

06
베른슈타인, 새 대안을 모색하다

19세기 중엽 이후 자본주의 체제는 위협에 직면했다. 아나키스트들에서부터 마르크스주의자들에 이르기까지 반체제 세력의 공세가 거셌다. 그러나 자본주의 체제는 견뎌냈다. 아니 시간이 흐를수록 오히려 점점 더 탄탄하게 발전하고 세력을 확장해 갔다.

프리드리히 리스트 Friedrich List 는 애덤 스미스의 자유주의 경제 이론에 대항해 역사학파를 일으킨 독일 경제학자이다. 1841년 그는 주저 『정치경제학의 국민적 체계』를 통해 후진 독일 경제를 발전시켜가려면 자유주의가 아니라 보호주의를 채택해야 한다고 역설했다. 실제 독일은 통일 제국 초 대재상 오토 비스마르크 Otto Bismark 의 지도 하에 보호주의 정책을 시행하기도 했다. 그러나 1890년 비스마르크가 물러나면서 서서히 애덤 스미스의 자유주의 경제로 합류해 갔다. 영국을 넘어서 독일·프랑스 등 대륙까지 세력을 확장해 간 자본주의 경제는 유럽을 세계 선진 경제권으로 키워 갔다. 19세기 후반 서구 열강들은 자본주의 체제·질서 하에서 거듭된 산업 발전을 통해 경제력을 축적해 갔고 축적된 경제력을 바탕으로 군사력을 비축해 갔으며 이를 바탕으로 비서구 후진국들을 식민지로 만드는 제국주의 침략 전쟁에 나섰다.

이렇게 승승장구 세계로 뻗어가는 자본주의는 마르크스주의자들에게는 전혀 예기치 않은 모습이었다. 마르크스 이론에 비추어 본다면 자본주의 체제·질서는 계급전쟁으로 내부에서부터 붕괴되어야 하는 것이었다. 그런데 실제 상황은 정반대로 전개되어 갔다. 자본주의 국가들은 붕괴는커녕 저마다 전 세계 곳곳으로 진출하여 식민지를 개척하는 세계열강으로 발돋움해 간 것이었다.

이 같은 뜻밖의 상황 전개로 마르크스주의 진영이 곤혹감을 감추지 못하고 있을 때 구세주처럼 등장한 인물이 있다. 다름 아닌 블라디미르 레닌 Vladimir Lenin 이다. 1916년 펴낸 『제국주의론』에서 그는 마르크스의 『공산당 선언』과 『자본론』 *Capital* 으로는 설명이 안 되는 식민지 확대 속에 번창하는 자본주의 체제의 이유를 설명하였다. 자본주의 경제체제는 본원적으로 자본가 계급이 생산한 생산을 소비할 계층인 노동자의 궁핍화와 대량 실업 사태로 소비되지 못한 과잉생산이 야기되고 이것이 공황으로 치달아 결국 체제 붕괴에 이르게 되어 있는 것이다. 레닌에 따르면 자본주의 경제가 제국주의와 함께 융성하는 모습을 보이는 것은 일시적인 현상에 불과하다. 과잉 생산물의 소비 처분 시장 노릇을 하던 식민지의 소비마저 부족하게 되는 상황이 오게 되기 마련이며 자본주의는 결국은 과잉생산, 과소소비라는 자본주의 경제체제의 근본적인 모순 때문에 붕괴하고 만다고 진단했다. 19세기 말 자본주의 경제가 쇠락이 아니라 번창을 구가하고 있는 것에 대해 이렇게 『제국주의론』으로 임시변통해 넘어갔지만 마르크스주의는 실상 민족국가 시대의 도래 그리고 민족국가 단위의 자유 시장 확대라는 두 개의 큰 물결 앞에서 위축의 길을 걸을 수밖에 없었다.

민족국가 단위의 현대화 혁명 속에서 공산주의 혁명 행동대로 기대한 노동자 계급이 국적 없는 만국 萬國 노동자 계급이 아니라 민족국가의 시민 노동자가 되어 갔다. 자유민주주의의 진행으로 소외되고 열외에 있다고 보았던 피해자 노동자들이 투표권을 가진 시민으로서 국가권력 구성의 주체자로 변하는 정치 환경이 조성되면서 폭력혁명이 아닌 투표 혁명의 정치과정 속에서 대립과 투쟁이 아닌 대화와 타협으로 생활조건을 변경·향상시킬 수 있는 길이 생김으로써 체제 타파를 부르짖는 혁명적 노동계급이 아니라 체제 내 개혁을 도모하는 개혁적 노동계급이 되어가기 시작한 것이다. 이로써 자본주의 정치·경제체제와 질서를 혁명으로 타도하고 대체하려는 마르크스주의적 혁명 이론은 발을 딛고 설 현실적 토대를 상실하게 되었다. 이 같은 상황에 빠진 마르크스주의는 현실 여건을 있는 그대로 받아들이고 거기에 새롭게 적응해 가야 한다는 수정주의와 변하는 주변 상황을 도외시하고 머리와 펜대로 생각하고 체계화해 가는 이념의 세계 속으로 함몰하는 교조주의로 갈라서게 된다. 이러한 흐름 속에서 에두아르트 베른슈타인 Eduard Bernstein 의 진화적 사회주의 evolutionary socialism 가 등장한다.

마르크스가 그의 지지 세력을 규합하여 조직한 반자본주의 노동자 운동 단체인 국제노동자협회는 『공산당 선언』의 선풍에 힘입어 유럽 여러 나라에서 정치 정당으로 변신해 가고 있었다. 독일의 경우 이러한 반자본주의적 사회주의 정당이 1870년대부터 조직되어 활동을 하기 시작했다. 독일의 사회주의 정당은 마르크스주의를 골자로 하는 독일사회주의노동당으로 출발하면서 선거에 적극적으로 참여하기 시작했다. 아나키스트 바쿠닌은 사회주의 운동이 이같이 정치적 권위체인 정당 활동에 관여하고 선거에 참여하는 것을 반대했다. 이에 따라 사회주의 운동은 마르크스주의를 따르는 세력을 중심으로 각국의 의회 선거에 참여하였다. 꾸준히 의회 선거에 참여하던 독일사회주의노동당은 1877년 49만 3천여 표를 얻었으나 10년 후인 1887년에는 그 두 배 가까운 96만 3천여 표를 얻게 될 만큼 의회주의 정치 체제에 적극적으로 참여하였다.

이처럼 독일의 사회주의 정당이 정치 세력화하면서 일찍이 유물사관의 변증법적 논리에 따라 폭력적 계급투쟁의 결과로 멸망해 갈 것으로 보았던 자본주의 경제가 멸망은커녕 식민지 경쟁에 나설 만큼 번창해 가는 현실 앞에서 마르크스 이론은 심대한 타격을 받게 되고 마르크스주의에 대한 회의와 이견이 생겨나기 시작했다. 어찌 보면 이는 사상 체계가 지닌 불가피한 다이너미즘이었다. 그 여파로 독일 사회주의 정치운동은 마르크스 적통을 잇는 그룹과 현실 타협에 무게를 두는 그룹이 세력 다툼을 하는 과정을 겪게 된다.

마르크스주의에 충실한 강경 그룹인 아이제나흐 Eisenach 파와 현실 타협적인 온건 그룹인 라살레 Lassalle 파가 대립하게 된 것이다. 마르크스는 1875년 5월 그 두 파가 모여 독일사회주의노동당의 정강인 고타 강령을 최종 결정하기 3개월 전 『고타 강령 비판』 *Critique of the Gotha Program* 을 작성해 라살레 온건파를 매도하고 아이제나흐 강경파를 적극 지원했다. 그러나 아이제나흐파에 속하면서 마르크스주의의 열렬한 옹호자였던 리프크네히트 Liebknecht 까지 마르크스가 통박한 고타 강령을 채택하는 데 동조함으로써 독일사회주의노동당은 마르크스주의의 적통을 잇는 아이제나흐의 강성 노선이 아니라 라살레의 온건 노선을 채택하게 되었다. 시간이 흐름에 따라 마르크스주의를 고수하는 강경한 이분법적 시각은 세를 잃어 갔고 취합주의의 온건한 시각이 세를 더해 갔다.

베른슈타인은 바로 이 같은 추세 전환기에 등장했다. 1850년 태어난 그는 학교 졸업 후 은행 직원으로 일하던 1872년 독일사회주의의 아이제나흐 계파에 참여하면서 정치 활동을 시작했다. 그러나 그가 소속한 아이제나흐파 정당이나 라살레파 정당이나 선거에서 다수당이 되지 못하자 베른슈타인은 1875년 두 파를 통합하는 대회를 주선하는 등 사회주의 현장 정치에 활발히 관여하였다. 독일사회주의노동당이 날로 세력을 확장해 가게 되자, 비스마르크 수상은 1878년 반사회주의자법을 제정하고 사회주의 정당을 불법화하고 억압하기 시작했다. 사회당 인사가 개인 자격으로 의회 선거에 참여하는 것은 허용되었으나 사회당이 단체로서 활동하는 것은 금지되었다. 사회주의 운동권 정당은 강력하게 반정부 캠페인에 나섰고 베른슈타인은 그에 대한 체포 영장이 발부되자 스위스로 망명길을 떠났다. 그 후로 20년 이상을 스위스와 영국을 오가며 망명 생활을 하게 되는데 영국 런던에서 그는 마르크스의 평생 동지인 엥겔스와 교분을 갖게 되면서 마르크스주의에 심취하기도 했다. 다른 한편 그는 영국의 사회주의 운동인 페비안 소사이어티 Fabian Society와 교류를 넓힘으로써 영국적 시각의 사회주의 운동에 눈뜨고 스위스 취리히로 돌아와 이를 구체화 해가기 시작했다.

망명 기간 동안 베른슈타인은 활발한 언론 활동과 저서 활동을 하면서 '사회주의 문제'라는 시리즈 논문을 발표하였다. 이 발표로 인해 독일 사회당 내에서는 수정주의 문제가 들끓기 시작했다. 독일로 다시 귀국하기에 앞서 1899년에는 자신의 생각을 총정리한 『사회주의의 여러 전제와 사회 민주주의의 각종 임무』를 펴냈다. 이 저서에서 베른슈타인은 마르크스주의가 현실경제 상황으로부터 괴리된 오류의 진단 이론이라고 규정하고 반박했다. 그에 의하면 인간의 사회 활동은 마르크스가 상정한 것과 같이 물질적 생산관계 속에서 계급 대립적 이기심의 각축 뿐 아니라 정치이념, 종교신앙, 도덕 양심과 같은 비물질적, 비이기적 요소도 크게 작용한다는 전제 하에서 마르크스주의의 노동가치설, 계급 대립과 착취, 노동계급의 궁핍화와 비인간화 등이 오류임을 지적하였다. 계급투쟁의 혁명적 파괴로 자본가 계급과 자본주의 경제가 멸망하는 것이 아니라 자본 소유의 확산과 노동자의 시민화와 중산층화가 진행되고 경제·사회 문제에 대한 정부의 정치적 개입이 가능해지면서 오히려 건실해지게 된다고 주장했다.

베른슈타인은 노동자의 중산층화와 함께 계급 대립의 사회투쟁이 아니라 국가의 노동시간 규제, 노년연금, 건강보험과 같은 사회복지 정책에 의한 노사 간의 협력 관계의 증진으로 노·사 대립의 투쟁이 아니라 국가가 중간에 들어선 규제·타협의 협력 관계가 노동자들의 시민 선거정치 참여의 확대 속에 이어진다고 보았다. 계급 대립 투쟁이 아니라 계급의 타협 협력으로 자본주의 체제의 멸망이 아니라 모든 계급이 함께 정치 절충에 참여하는 민주주의적 생존 관계에 들어서게 된다고 보았다. 이 길이 비록 정통 사회주의 노선과는 달라도 사회주의가 자본주의의 타도 속에서가 아니라 자본주의를 통하여 이루어지게 되면 노동자의 소리는 줄어들고 노동자의 권리가 증대됨으로써 혁명의 근거도 없어진다고 보고 있다. 그는 사회주의의 최종 목표는 의미가 없고 오직 그 목표를 향한 진행이 의미 있다고 보았다.

이 같은 베른슈타인의 주장은 진화적 사회주의 혹은 수정주의 사회주의라고 지칭되게 된다. 계급투쟁에 의한 혁명으로 자본주의를 타도·전복하고 사회주의 사회를 일거에 건설함을 추구하는 마르크스의 사회주의에 대립하여 주변 정세의 변화에 적응하면서 점진적으로 노동자의 정치 참여를 확대해 감으로써 마르크스주의가 지향하는 사회주의 사회를 건설하자는 온건하고 현실 타협적인 사회주의의 그림을 제시한 것이었다. 이데올로기가 단호하게 상정했던 진행 과정이 예상치 않았던 주변 상황의 변화에 부딪쳐 현실 적응의 행동 이념체로 변신하지 못할 때, 선택의 기로에 서게 되고 선택은 둘 중 하나일 수밖에 없게 된다. 현실에 적응하는 유연성 있는 이념 체계가 되느냐 아니면 당초의 체계를 고수하는 옹고집 이념 체계가 되느냐 하는 것이다. 베른슈타인은 바로 전자의 길을 택하여 진화적 사회주의라는 유연성 있는 사회주의이념 체계를 발전시켜 갔으며, 레닌은 현실 세계를 떠난 지식인의 이데올로기적 옹고집으로 결국 러시아 혁명을 성공시킨 혁명가로 역사에 남게 된다.

베른슈타인의 수정주의는 당시 확대일로에 있던 민족국가 건설의 근대화의 진행과 시민의 정치 참여를 확대하던 시민민주주의의 진척이라는 시대 변화에 적응하는 유연한 사회주의 이론이었다. 당시 영국 경제학계의 태두였던 앨프레드 마셜과 아서 피구Arthur Pigou가 점화한 복지경제학과 맞물려 서구 복지국가 체제인 사회민주주의social democracy를 이론화해 가면서 애덤 스미스가 이론화한 생산과 시장 중심의 자유민주주의와 대칭해 맞서는 질서체제를 구축하게 되었다. 노동자 혁명으로 자본주의를 타도해 대체하는 계급 국가적 사회주의가 아니고 노·사 공존의 민주적 시민사회주의가 자본주의 체제·질서의 부족함을 보완·보강하면서 사회주의적 요소를 흡수한 사회민주주의가 피어나게 하는 토대를 만들었다.

07
앨프레드 마셜, 자본주의를 보강하다

베른슈타인이 자본주의와 사회주의가 나란히 나아가는 병진적竝進的 발전을 전제로 하는 현실 타협적인 진화적 사회주의 이론을 내놓았던 19세기 말, 자본주의 체제·질서는 마르크스 사회주의의 비난과 공격 속에서 정통성이 도전받는 상황이 전개되었다. 자본주의 경제의 최대 취약점은 자본가 대 노동자의 계급 대립 속에 전자의 착취로 후자가 빈궁화하여 이로 말미암아 한 나라 안에 두 개의 사회가 생기는 상황이 전개될 우려가 있다는 것이다. 소득 불평등 이론과 두 계급의 상생 불가론을 앞세워 자본주의 시장경제 체제를 전면적으로 부인하는 마르크스주의의 공격으로 인해 자본주의는 살아남지 못할지도 모르는 상황에까지 처하게 되었다. 이 같은 절박한 상황에 직면한 자본주의가 사회주의의 공격을 이겨내고 시장경제 체제를 유지하기 위해서는 자신의 취약점에 대한 정비가 있어야만 했다.

이 같은 마르크스 사회주의로부터 자본주의 자유 시장경제 체제를 수호하는 방법은 사회주의의 공격을 약화시키는 방법과 자본주의 체제의 대항력을 배양하여 체제를 보강하는 방법이었다. 유럽 대륙의 베른슈타인의 진화적 수정 사회주의 이론은 전자에 해당하는 것으로 사회주의의 공격을 약화시키고 순화하는 역할을 하였다. 애덤 스미스 경제학의 산실인 영국의 마셜과 피구의 복지 경제론은 후자에 해당하는 것으로 대항력 배양과 체제 보강 작업이었다. 영국과 대륙에서 동시에 진행된 사회주의 공격 약화와 자본주의 기능 보강이 있음으로 해서 자본주의는 주변 변화에 적응하면서 장수하는 체력과 내성을 쌓기 시작했다. 대륙의 베른슈타인적 사회주의 공격 약화라는 정치 활동에 비하여 영국에서 진행된 기능 보강은 대학의 상아탑 속에서 이루어진 학문 활동으로 진행되었다.

마셜은 케임브리지대학의 경제학 교수로 상아탑 세계를 떠난 적이 없는 순수한 경제학자였다. 그의 경제학 연구의 기본자세는 '냉철한 머리'와 '따뜻한 가슴'으로 경제 현상을 객관적으로 관찰하고 분석하고 이론화하는 이성 세계와 경제생활 속의 인간들의 생활 조건을 개선·향상시키는 따뜻한 형평 윤리의 감성 세계를 함께 하는 경제학의 이론적 연구와 경제의 복지 형평을 취합하는 경제학의 방법론을 제창하였다. 경제학 연구에 앞서 그는 형이상학적 철학 세계를 섭렵하였다. 이 같은 철학 연구를 거쳐 인간이 해야 할 도덕 형평 문제를 연구하였다. 연후에 그는 경제학의 연구에 들어오게 되었다. 왜냐하면 경제학이야말로 자본주의 경제체제 하의 노동자 계급의 경제 복지 향상을 위한 전제 조건을 연구하는 기본 학문으로 보았기 때문이다.

따라서 마셜에 있어서 경제학은 생산 능률과 함께 사회 형평을 다루는 넓은 영역의 인문·사회과학의 영역을 포함하는 것으로 윤리 문제, 사회 문제 그리고 정치 흐름과 밀접히 연계되어 있는 만큼 이러한 큰 문제들을 소홀히 해서는 안 된다고 보았다. 마셜은 빈곤을 퇴치하고 불평등을 해소하는 혁신적 사회 변화를 염두에 두고 있었기 때문에 그에게 있어서 경제학의 의무는 물리적 생산력의 증대에 있었지만 그러한 증대는 사회적 연계와 정치적 연관성과 연계될 때만 물질적 생활 개선이 이루어진다고 보았다. 자유주의, 사회주의, 노동조합, 여성 교육, 빈곤 퇴치와 진보와 같은 그의 다양한 사회적 관심과 활동은 그가 초기에 닦은 사회 철학 연구의 결과물로서 후일 그의 학문 활동과 긴밀히 연결되어 있었다.

광범위한 인문·사회과학 연구 활동의 결과로 마셜은 수익론, 기업론 그리고 복지 후생 등 경제·사회 문제에 대한 해박한 지식을 쌓았다. 이를 그의 제자였던 피구와 존 케인스 John Keynes 가 이어받아 애덤 스미스 경제학을 보완하고 보충하여 시장 경쟁과 기업 이윤의 증대에 편향되었던 고전 경제 이론을 분배와 복지를 포함하는 균형 잡힌 경제학으로 보완했다. 이로써 사회주의의 공격으로부터 자본주의 경제 체제를 보호·보강하고 자본주의 경제학이 부흥하는 기초와 계기가 마련된 것이었다.

애덤 스미스 고전 경제학은 경제 현상을 객관화하고 학문 체계화함에 있어서 인간의 경제 현상을 과학적 연구 대상으로 만드는 데서 시작했다. 그 이전에도 경제 현상은 물리적으로 존재해 왔으나 이를 객관적 현상으로 받아들이지 않고 도덕 생활의 한 단면 현상으로 보아왔기 때문에 독립된 객관 현상으로 취급되지 못하였다. 인간의 생산 활동은 농경사회에서는 자연현상의 연장으로 보았기 때문에 생산 활동도 자연조건의 제약에서 벗어나지를 못했다. 따라서 자연 조건적 한계 생산 속의 사회생활은 자연이 제공해 주는 범위 내에서 살아가기 위해서는 욕망을 억제하고 개인적 돌출 행동을 없애고 가난과 절제의 생활 조건을 운명으로 받아들이고 자연이 제공한 생산물인 식량의 공급을 초과하는 욕구 생활을 도덕적 극기 생활과 질병과 굶주림으로 수요자체를 일정한 한계를 넘지 못하게 하는 식량 공급량의 범위 내에서 맬서스적 빈곤 상태의 반복 속에 살아 왔다.

인간의 욕구를 줄이고 극기 생활의 내면화를 통하여 자연이 제공하는 생산물 범위 내에서 살아갈 수밖에 없는 사회생활에서는 생산 공급의 자연조건을 주어진 운명으로 받아들이고 그 제약 속에서 수요 욕구의 억제로써 살아갈 수밖에 없었다. 따라서 모든 경제생활에 대한 지식은 주어진 자연 여건 속에서 살아가는 생활 지혜 즉 도덕 지식이 될 수밖에 없었다. 경제 지혜는 생활 지혜가 되고 생활 지혜는 극기심과 절제의 도덕 지혜가 될 수밖에 없었다. 자연을 이용 대상으로 보고 인간의 두뇌와 노력으로 이를 극복하고 이용하는 데서 출발한 근대적 과학의 세계는 경제 특히 생산물의 공급을 자연 질서 속에 주어진 것이 아니고 인간의 창조적 노력으로 생산력을 증대할 수 있다는 인식과 지식에서 시작하게 되었다. 이 같은 자연을 인간의 두뇌와 노력으로 변경하여 생산을 주어진 것이 아닌 인공적 노력에 따라 증대할 수 있다는 근대 의식이 도덕 인식론에서부터 독립하게 됨으로써 경제 현상은 자연현상의 틀에서 벗어나 인간 노력에 의해 변화가 가능한 대상으로 자리 잡게 되었다.

일찍이 애덤 스미스는 경제 현상을 자연현상이 아닌 인문 현상으로 보았다. 경제가 도덕에서 분리되는 과정 속에서 경제생활을 자연과학적 연구대상으로 자리 잡도록 하기 위하여 경제 특히 생산 활동을 과학적 연구 대상으로 삼고 도덕 생활과 분리된 경제생활을 객관적으로 관찰하고 연구한 최초의 근대적 경제학자였다. 그와 함께 경제학은 도덕으로부터 경제를 분리하여 자연과학적 방법으로 관찰·연구하는 독립된 학문이 되었고 자연에 대한 인간의 지혜와 노력으로 생산물을 증대시키고 이 같은 증대 방법이 16세기부터 영국 사회에서 등장한 과학 기술 지식에 의한 자연 극복의 산업혁명이 진행되던 시기와 맞물려 경제 현상을 객관적 현상으로 파악하고 과학적 방법인 관찰과 연구의 대상으로 하는 근대적 경제학이 체계화되었던 것이다.

이 같은 시대 상황에서 볼 때 1776년 『국부론』을 저술했던 애덤 스미스가 인간의 합리적 노력으로 자연의 제약을 넘는 생산물을 확보하고 이를 활용하여 사람들의 생활 복지를 향상시키는 문제에 관심을 집중했던 것은 극히 당연한 일이었다. 근대경제학의 시발인 그의 『국부론』은 어떻게 인간의 노력으로 자연의 제약을 벗어나 생산물을 증대시키고 이로써 영국이라는 생활 공동체 즉 민족 공동체의 생활 복지를 증대시킬 것인가를 고심한 최초의 학문 연구였다. 『국부론』의 원제는 '국가의 부 富의 본질과 원천에 대한 탐구'이다. 제목처럼 여러 민족 공동체의 부의 본질과 형성 원인을 객관적 관찰과 연구 대상으로 하여 경제적 부의 원천인 생산물의 공급 확대 방법과 생산 활동의 본질을 규명한 저술이었다.

애덤 스미스 경제학은 부 즉 생산물의 본질과 그리고 생산물의 근원에서 볼 때 인간의 경제활동을 어떻게 하는 것이 생산 증대를 도모하고 이것으로 생활 복지인 부를 어떻게 확대하는가에 대한 설명이 중심을 이루는 것이었다. 생산된 것이 어떻게 유통되고 소비되는 것인지에 대해서는 크게 다루지 않았다. 노동자의 공장 생산의 증대 문제와 관련하여 핀 pin 공장의 생산 현장에서의 분업과 협업의 합리적 노동 활동으로 핀의 생산량이 개인이 혼자서 하는 작업에 비하여 비약적으로 증대되는 것을 예시로 들면서 생산 증대에 초점을 맞추었다. 생산된 것이 유통, 소비되는 경제의 순환 과정 전체를 들여다보아야 할 정도까지 경제 상황이 발전하지는 못했던 만큼, 당시 경제학은 자연현상적, 도덕 생활로부터 물질적 생산 경제를 독립 부각하는 데서 출발할 수밖에 없었고 애덤 스미스 경제학도 그러한 시대 상황의 제약 속에 있었다고 보아야 할 것이다.

이렇듯 창립 초기 경제학에서 인간의 분업 협동과 과학 지식으로 생산 공급을 증대하는 측면이 중심되면서 분배와 복지의 소비 측면은 상대적으로 소홀히 다루어질 수밖에 없었다. 자연 제약으로부터 그리고 도덕 계율에서 해방된 생산 활동으로 생활 공동체의 부를 증대하는 데 초점이 있었다. 중세를 풍미하던 종교전쟁과 도덕 지배 아래서 오랫동안 생활해 오던 영국 사회를 산업혁명의 논리에 맞추어 경제생활을 자연 제약과 도덕 계율의 틀에서 벗어나게 하기 위한 생산의 증대 문제를 처음으로 학문적으로 그리고 과학적으로 다룸으로써 근대경제학의 새벽을 연 애덤 스미스 경제학의 기여와 공로는 아무리 높게 평가해도 모자람이 없다.

하지만 애덤 스미스 경제학이 경제 시스템의 운영 문제와 각 부문 간의 연관성 등의 문제에는 깊이 연구하지 못했던 것 또한 사실이다. 이 점이 사후 그의 경제학에 대한 여러 갈래의 비판을 불러일으켰다. 그 첫째가 공장 노동자의 효율적 생산을 위한 시스템인 공장제와 여기에 파생되는 공장 노동자와 자본가 간의 계급 대립의 출현의 문제를 들고 나온 마르크스는 시장 경쟁 체제와 계급 착취 문제를 치고 나왔다. 이어서 프루동과 바쿠닌을 중심으로 한 아나르코생디칼리슴 anarcho-syndicalism 운동이 일어나 이윤 추구와 사유재산제의 억압성을 규탄하였다. 세 번째로 경제학의 학문 영역의 보강·보완을 통해 애덤 스미스의 생산주의적 낙관주의를 수정하려는 운동이 일어났다.

애덤 스미스의 고전 경제학은 개인의 욕구 충족을 위한 시장 경쟁에 참여하고 시장에서의 가격 형성 과정과 수급 조정을 거쳐 생산 활동이 과학적 개념 위에서 이루어지는 일련의 합리적 경제행위를 '보이지 않는 손'에 의한 자연 질서로 규정하고 있다. 이러한 자연 질서는 국가나 권력자의 간섭과 개입이 없는 자유방임의 시장 경쟁에서 이루어진다고 보고 있다. 이처럼 애덤 스미스 경제학은 자연주의와 도덕주의에서 경제를 독립시키면서 시장의 경제 현상을 자연 질서로 인정함으로써 시장의 경제 활동의 흐름에 대한 간섭이나 관리를 배제하고 국가권력은 경제의 외부 환경 즉 국방과 치안과 같은 공공체제·질서를 관리·운영하는 것으로 제한하고 경제 행위의 자연주의적 흐름은 자유방임에 맡기는 시스템으로 정착되었던 것이다.

마셜은 자연주의적 방임 정책으로 불거진 빈부 격차와 노동자의 빈곤과 같은 것도 자연현상처럼 방임하는 것이 생산 효율의 증대를 통한 부의 생산 확대에 최선의 선택이라고 보는 애덤 스미스의 자연주의 자유 경제관에 반발하였다. 그는 물자와 용역의 생산 효율과 함께 빈곤 추방과 빈부 격차 해소의 정치·사회적 가치문제도 함께 다루는 경제학이 되어야 한다는 입장이었다. 애덤 스미스 경제학에서 보듯이 차가운 머리가 지배하는 논리의 세계가 아니라 따뜻한 마음의 배려가 함께하는 인문학적 경제학을 제창하였다. 경제 질서는 자연현상이 아니라 인간의 가슴과 동정이 함께하는 인문·사회현상이 되어야 한다는 입장이었다. 마셜은 애덤 스미스의 자연과학적 경제학을 생산 논리의 문제 뿐 아니라 복지 윤리 문제도 함께 다루는 인문과학적 경제학으로 확대시킴으로써 마르크스 사회주의와 바쿠닌, 프루동의 아나르코생디칼리슴의 혹독한 도전과 파괴로부터 자본주의 경제학을 보호하고 신장시키는 기초를 마련하게 되었다.

마셜은 1908년 케임브리지대학 경제학 교수직을 피구에게 물려주었고 피구는 마셜 경제학의 방법론을 계승·발전시켰다. 피구도 마셜과 마찬가지로 철학 연구에서 시작하여 경제학으로 옮겨온 학자였다. 피구의 경제학 이론은 도덕과학이라고 할 수 있는 철학과 윤리의 가치관이 경제학 연구의 기저에 깔려 있었다. 1903년에 펴낸『산업 평화의 원리와 방법』*Principles and Methods of Industrial Peace* 는 그의 첫 저작이다. 이 책은 애덤 스미스적 시장 경쟁의 생산효율 문제에 경제 복지와 사회 문제를 결합하여 함께 다루고 있다.

이처럼 마셜의 뒤를 이어 피구도 처음부터 노동·임금·복지·노사·노동시장·고용·실업 문제 등 복지 경제 연구에 초점을 맞추었다. 애덤 스미스가 초점을 맞추었던 생산 효율·시장 경쟁·경제 자유화와 같은 생산 측면을 넘어 경제학의 관심 영역을 산업 평화와 복지 문제로 확장해 갔다. 산업 평화 경제학과 복지 경제학을 정통 경제학에 삽입하여 자본주의 경제를 싸고 있는 주변 상황의 도전을 경제학 내부에서 수정·보완하여 대응하고 응전하는 경제 이론 기반을 만들었다. 영국에서 발원한 근대경제학에 대한 유럽 대륙의 마르크스주의와 아나르코생디칼리슴의 저항과 도전에 대해 사회운동과 정치 활동을 통한 물리적 대항이 아닌 경제 이론의 수정·보강을 통한 학문적 응수로 자본주의 경제체제와 질서를 수호해 간 것이었다.

마셜의 『경제학 원리』*Principles of Economics*는 바로 이러한 애덤 스미스 경제학의 편협성을 수정·보완하기 위한 내부 수정의 한 과정이었다. 마셜은 생산적 측면에 집중하는 자연과학적 '냉철한 두뇌' 만으로는 자본주의 경제가 사회주의 세력의 공세로 봉착한 위기 상황을 헤쳐 가기 어렵다고 보았다. 위기 상황을 극복해 가기 위해서는 애덤 스미스 이래 생산 효율과 시장 경쟁 측면 치중해 온 자본주의 경제학에 복지와 후생을 고민하는 '따뜻한 마음'을 불어 넣어야 한다고 보았다. 마셜은 '따뜻한 마음'과 '냉철한 머리'로 복지 윤리 문제와 생산 논리 문제를 한데 아우르는 보완 작업을 통해 자본주의 경제학이 마르크스주의 도전과 무정부 사회주의의 공격에도 견딜 수 있는 이론 체계를 갖추어 가게 하였다. 마셜이 제시한 이러한 새로운 경제학 패러다임을 바탕으로 피구는 후생경제학이라는 독립된 경제학 연구방법을 구축하였다. 나아가 케인스는 생산과 복지소비의 연구 영역의 보강의 단계를 생산과 소비 수요 간의 불균형에서 오는 자본주의 경제 시스템의 기능 장애를 유효수요 이론으로 새롭게 경제학 체계를 재정비하는 역사적 기여를 하게 되었다.

마셜과 피구 그리고 케인스의 케임브리지 3대 경제학자는 마르크스주의와 무정부 사회주의라는 강력한 외부의 정치·사회적 공격을 자본주의 경제학의 울타리 안에서 정치운동의 방법이 아닌 경제학의 학문 개혁의 방법으로 자본주의 체제·질서를 방어하는 궤도를 깔아 놓았다. 오늘의 경제학이 존재하기까지 이들의 경제학적 기여와 공로는 실로 컸다. 18세기에 나온 자본주의 경제학이 19세기, 20세기 그리고 21세까지 건장하게 버티고 발전하는 데 있어서 이들의 보완·수정 작업이 절대적 공헌을 하였다.

이들이 나오기 전까지 자본주의는 시장의 자유 경쟁과 효율을 중시하고 국가와 정부의 개입과 역할을 최소한으로 하고 시장 경쟁과 효율이 지배하는 경제체제와 질서였다. 이들은 냉정한 경쟁 논리의 시장을 통한 생산력 증대와 함께 생산된 재화와 용역을 분배하고 소비하는 과정에서 따뜻한 복지후생의 균형이 이루어지도록 시장과 함께 국가와 정부의 간여와 규제가 공존하는 균형 잡힌 경제 체제·질서를 유지·발전시키지 않고는 자본주의 경제가 더 이상 존립할 수 없다는 시대적 정치 감각과 사회의식을 경제 이론화하였다. 계급투쟁과 사회 궁핍으로 황폐화되어 가던 19세기의 자본주의 경제를 생산 효율과 복지 후생의 균형 잡힌 20세기 자본주의 경제로 전환하는 기틀을 만든 것이었다. 이들의 경제 이론은 개인과 공동체, 시장과 정부, 경쟁과 복지, 논리와 형평, 냉정한 두뇌와 따뜻한 가슴이 공존·발전하는 20세기 자본주의 경제체제를 뒷받침하였다. 동시에 사회민주주의 복지 경제의 시발점이 되기도 했다.

마셜은 자본주의 경제학이 예전 애덤 스미스의 시장 경쟁 중심의 경제학에서 시장과 정부의 양다리 위에서 서는 경제학으로 전환해 가는 새로운 패러다임을 제공했다. 그는 경제의 자연법칙 세계를 앞세워 경제학의 독자 학문의 길을 열었던 애덤 스미스의 자유 시장경제 편향성을 정부가 간여하는 성장과 복지가 아우르는 균형 경제학으로 수정·보강하였다. 이렇게 보강·수정된 영국의 경제 이론은 때마침 유럽 대륙에서 바람을 일으키기 시작한 마르크스주의 수정 노선인 베른슈타인의 진화적 사회주의와 부딪치게 된다. 이 둘은 서로 엉켜지면서 한편으로는 마르크스 사회주의 시대가 베른슈타인의 수정주의 시대로 옮겨가고, 다른 한편으로는 비스마르크의 선제적 사회 입법 정책의 영향으로 마르크스 사회주의가 사회민주주의로 대체되는 시대 변화를 선도하게 된다. 학문 이론의 세계에서는 케임브리지 3대 경제학자와 경쟁하거나 이들을 넘어서는 마르크스 경제학의 발전은 없었다. 그만큼 이들의 경제학 이론은 자본주의 경제학의 기틀을 단단하게 마련하였고 사회주의 경제 이론이 상대하지 못하는 높은 수준의 정교함과 세련됨을 갖추었다.

자본주의, 시험에 빠져들다

3부

08
이웃끼리 서로 치고받다

자본주의 체제·질서는 어떤 한 사람이 구상하고 설계한 것도 아니고 어떤 혁명가가 의도하여 만든 것도 아니다. 18세기 영국에서 본격화된 산업혁명이 가져온 경제·사회적 변화의 소용돌이 속에 나타난 새로운 생활양식이 제도화하면서 대두된 것이었다. 산업혁명이 가져온 자본주의적 생산력 증대는 일시적이고 특수한 현상이 아니라 산업혁명의 생활화 속에 자연히 배태되고 창출된 지속적이고 보편적인 현상이었다.

이러한 보편적 생활 변화상을 과학적 관찰과 분석으로 이해하려고 한 것이 애덤 스미스 경제학이었다. 『국부론』은 산업혁명이 가져온 막대한 부의 생산 현상을 학문적으로 분석·이해하려고 한 첫 학문적 시도였다. 산업혁명이 있게 되면 그로 인한 물질적 생활 향상은 역사와 문화적 배경의 차이를 넘어 어디에나 공통적인 것으로 보고 장소가 어디든 적용되는 보편 법칙을 찾고자 한 것이 『국부론』이었다. 애덤 스미스에게 있어서 산업혁명은 자연과 인간의 과학 두뇌와의 교호 작용에서 추려내 취합한 일정한 과학적 행동의 집적 속에서 이루어지는 보편적 현상이었다.

애덤 스미스는 이 같은 산업혁명의 생활 측면을 제도화하는 보편적 규범 질서를 찾아내고 이론화하였다. 여기서 얻어지는 관찰과 결과를 학문적으로 정리한 것이 고전 경제학이었고 산업혁명이 진행되는 과정의 논리를 정리하고 이를 보편적 진리로 정착시킨 것이 『국부론』이었다. 『국부론』이 관찰한 보편적 현상인 산업혁명의 논리를 수용하는 사회제도를 체계화하고 개인의 경제 욕구 충족을 자유로운 시장 경쟁을 통해 이루어지게 되는 생활 단면을 종합한 것이 자본주의라는 체제·질서가 된 것이다. 이렇듯 자본주의는 사상가나 이론가가 사색하고 설계해서 생긴 체제·질서가 아니라 산업혁명에 따른 변화된 생활 단면들이 제도화하면서 결과적으로 형성된 체제·질서였다. 이러한 연유에서 자본주의 체제·질서는 산업혁명의 생활화를 추구하는 사회와 국가 속에 자연스럽게 자리 잡게 되었다. 중세를 거치면서 잡다한 생활양식 속에서 형성된 서로 다른 생활 질서와 체제들이 산업혁명의 생활화의 길로 들어서면서 거의 예외 없이 채택되는 경제생활의 질서는 자본주의적 질서로 합류하는 것이 보편적 현상이 되었다.

자본주의 경제는 합리적이고 과학적인 생산 활동이 진행되고 경제활동에 참여해 기여한 만큼의 보수 즉 인센티브가 사유재산제로 보장되고 자유로운 경제활동과 사회활동이 보장되는 보편적 조건이 갖추어지는 곳에서는 자연적으로 생겨나는 생활 질서이기 때문에 자본주의는 근대적 합리적 경제생활이 이루어지는 곳에서는 자연스럽게 발생하여 발전하게 된 경제체제였다. 이 같은 경제 논리를 최초로 설파하고 여기에 따라 체제·질서의 구축을 제창한 것이 『국부론』이었던바, 애덤 스미스는 비록 자본주의의 창안자는 아니었지만 산업혁명의 생활화 속에 나타나는 생활 현상을 학문적으로 집대성하고 이론화한 학자였다. 이 같은 배경에서 18세기 이후의 세계의 모든 근대화된 경제생활은 어느 곳 할 것 없이 『국부론』이 정합 整合 한 자본주의적 체제·질서의 궤도를 밟기 시작했다. 산업혁명의 생활화가 있는 곳에는 자본주의적 체제·질서가 자연스럽게 등장하게 된 것이다.

산업혁명의 과정에 있는 사회가 자연스럽게 채택하게 되는 보편적 생활 질서가 자본주의라는 것을 학문적으로 이론적으로 뒷받침한 『국부론』이 자본주의 경제체제와 질서의 원형을 18세기 영국에서 벤치마킹함으로써 영국 경제가 자본주의 경제의 모델이 되었다. 영국에서 번져 나간 『국부론』의 학문 이론과 영국의 자본주의 모형이 보편화되면서 자본주의를 공격하고 파괴하려는 반자본주의적 사회주의 운동이나 아나키즘 운동은 영국의 자본주의 경제 시스템을 표적으로 삼게 되었다. 마르크스가 공격 목표로 하였던 자본주의 경제의 병폐 현상이나 바쿠닌과 프루동이 표적했던 아나키즘 혁명의 대상이나 다같이 18세기에 우뚝 선 영국 자본주의 사회였다. 산업혁명의 진행의 결과로 평준화되기 시작한 자본주의 체제·질서를 압축적으로 대표하고 있던 영국의 자본주의는 산업혁명에 의한 근대화 혁명을 거친 유럽 대륙의 모든 나라에서 개발 표준형이 되어갔다. 사회주의와 아나키즘은 영국의 자본주의를 이상형 ideal type 즉 표준으로 삼았다. 반자본주의 운동의 공격 대상 또한 그만큼 좁아지게 되고 그만큼 고강도 공격이 집중되었다.

이같이 『국부론』과 자본주의를 치고 넘어뜨리는 사회주의, 아나키즘 공격이 1890년대에 들어오면서 영국을 넘어 독일과 프랑스 등 후발 자본주의 국가를 겨냥하게 되었다. 이들 후발 경제들도 산업혁명의 생활화가 점차 본격화되면서 활동 공간을 국내시장을 넘어 식민지 시장 구축 경쟁에 나설 정도로 성장되고 발전하면서 영국의 자본주의 경제를 공격 표적으로 삼았던 반자본주의의 공격은 성공은커녕 내부의 분열로 인하여 전열이 흐트러지고 산업혁명이 가져오는 자본주의 체제·질서의 보편화가 더욱 확장되면서 점차 힘을 잃어가기 시작했다. 여기에 케임브리지대학의 3대 경제학자가 자본주의 경제 이론을 보수·보강하여 자본주의의 체제 내 개혁을 뒷받침함으로써 반자본주의 도전과 공세는 힘을 잃어가게 되었다.

1914년에 발발한 제1차 세계대전은 반자본주의 진영에 회복할 수 없는 타격을 안겨 주었다. 마르크스가 소리 높여 외쳤던 "만국 노동자여, 일치단결 궐기하라!"라는 사회주의 구호가 반향 없는 메아리로 사라지게 되었다. 애국 전선에 출정한 노동자·농민의 군대가 상대방 부르주아 국가의 노동자·농민을 향해 총부리를 겨누는 광경 앞에서 사회주의나 아나키즘의 혁명은 설 자리를 잃게 되었다. 자본주의를 타도하고자 했던 세력들의 돌이킬 수 없는 패배였다. 이로써 자본주의 체제·질서를 둘러싼 대립·투쟁은 역사의 뒷무대로 사라지고 대신 자본주의 국가 간의 경제력 경쟁과 무력 충돌이 전면으로 부상하게 된다. 자본주의 세력 대 반자본주의 세력 간의 충돌·대립이 아니라 자본주의 국가 간의 충돌·대립이 역사의 전면으로 등장하게 된 것이다.

자본주의 체제·질서는 20세기 들어와 그러한 새로운 정치·경제적 상황 속에서 몇 가지 새로운 도전과 문제점을 안게 되었다.

첫째, 근대화된 민족국가 체제를 갖춘 선진 자본주의 국가들은 레닌이 그의 『제국주의론』에서 설파한 것처럼 자본주의 생산 체제가 생산한 재화를 소비할 새로운 시장을 필요로 하게 되었다. 국내시장의 포화상태로 인한 과잉생산물을 처분하기 위해 해외 영토를 개척·확장하여야 했다. 경제활동 영역의 확장을 위해 식민지 쟁탈에 뛰어드는 정치적 이해 충돌이 절정에 다다르는 상황이 전개되었다.

둘째, 자본주의 경제체제가 창출해 내는 생산력과 소비력 간의 불균형 상태가 악화되면서 경제 운영의 차질 문제가 심각한 상황에 이르게 되었다. 각국은 대외무역 관계 속에서 타국을 희생시켜 자국의 이득을 극대화시키는 이른바 '이웃 궁핍화 정책' beggar-thy-neighbor policy 을 앞다투어 채택하였다. 이 같은 봉상 선생은 유럽 뿐 아니라 아시아의 일본에 이르기까지 광범위하게 번져 갔다.

셋째, 전제군주정의 전근대적 정치권력과 민주주의의 근대적 국가권력 간 세 대결이 본격화하였다. 독일과 오스트리아, 헝가리, 오토만제국 내 잔존해 있던 구체제의 정치 세력과 영국, 프랑스, 미국 등 민주주의적 정치 세력 간 대결이 결국 제1차 세계대전을 촉발하게 되었다.

이 같은 정치적 세력 간 대립에서 전쟁으로 폭발한 제1차 세계대전은 1919년 민주주의 세력의 승리로 끝을 맺었다. 무력 전쟁은 그렇게 일단락되었으나 국가 간 분쟁이 사그라진 것은 아니었다. 전후 배상 문제를 둘러싼 영국·프랑스·독일 간 긴장 갈등관계는 자본주의 경제 시스템의 기능을 마비시켜 버릴 정도로 악화되었다. 1920년에서부터 1939년까지의 1차, 2차 세계대전의 전쟁 중간기 동안 자본주의 국가의 경제는 경제적 보복과 보호무역과 같은 대외 분쟁 뿐 아니라 자본주의 경제 시스템의 기능 장애가 극에 달하면서 자본주의 체제의 존립 여부가 불투명한 상태로까지 악화되었다.

1919년 제1차 세계대전의 종전 수습을 위해 프랑스 파리에서 열린 강화회의에서 전승국 영국과 프랑스가 패전국 독일을 상대로 한 전쟁 배상 문제로 갈등을 빚게 되면서 자칫 유럽의 평화가 붕괴될지도 모르는 상황으로 번져 갔다. 케임브리지대학의 3대 경제학자 가운데 한 사람인 케인스가 국제무대에 이름을 알린 것도 이때였다. 그는 1차 대전 후 세계 경제 문제에 대하여 영국 정부에 자문하고 있었다. 경제학자이면서 사회주의 등 외부 세력의 공격을 감당하고 물리칠 수 있는 자본주의 경제체제의 보강과 수정 작업에 종사하던 케인스는 파리강화회의에서 보복적 배상이 또 다른 전쟁을 불러일으킬 수도 있다며 주위의 경각심을 고취하였다. 그는 저술 『평화의 경제적 귀결』 The Economic Consequence of the Peace 에서 강화회담이 패전국 독일에 대한 보복적 배상으로 결론이 날 경우, 이것이 독일을 포함 유럽과 세계 경제에 미치는 악영향을 분석하면서 배상이 전후 경제 부흥과 질서 회복을 해치지 않은 수준과 내용이 되어야 한다고 역설하였다.

그러나 케인스의 이 같은 주장에도 불구하고 파리강화회의는 패전국 독일의 재기를 봉쇄하는 수준의 배상을 가혹하게 결정하였다. 이후 독일 경제는 케인스가 예고했던 것처럼 1923년 초인플레이션 hyperinflation 으로 초토화되고 말았다. 바이마르 헌법을 통해 탄생한 민주정부가 날아간 데 이어 가혹한 배상을 받아 챙긴 전승국에 대한 복수심 속에 나치스 정권이 탄생하여 결국 제2차 세계대전의 비극으로 치닫게 되었다.

독일 경제가 황폐해지면서 유럽 경제 전체가 파행 상태에 빠지게 되었다. 자본주의 국가들이 당면한 또 다른 문제는 1차 세계대전으로 일시 중단되었던 금본위제를 부활시킴에 따라 금의 보유량에 통화 공급을 기계적으로 연계하고 금값에 환율을 연계하는 고정환율제 하에서 금 보유가 풍부했던 미국과 프랑스를 제외한 여타의 대부분의 국가들은 금 보유의 부족이 통화량 공급의 축소로 연결되고 이것이 유동성 부족에 의한 생산 축소와 실업 확대의 디플레이션 불황을 가져오기 시작했다.

이 같은 제약 조건 하에서 자본주의 국가들이 취한 정책 선택은 통화 부족에서 비롯된 디플레이션 상황을 극복하기 위하여 수입을 줄이고 수출을 늘리는 것이었다. 국내 생산물의 과잉 문제를 해결하려고 '이웃 궁핍화' 보호무역 통상 전쟁과 자급자족적 폐쇄경제 autarchy 즉 자급자족적 경제권 형성을 위한 침략 전쟁을 서슴지 않는 상황이 전쟁 중간기의 자본주의 세계 경제의 실상이었다. 통화 공급을 금 보유량과 연계를 끊고 국내 수요 부족을 수요 관리의 정책 수단으로 해결하는 새로운 경제 운영 메커니즘이 나오지 않은 상황에서 서로가 서로를 잡아먹는 정글의 법칙이 지배하는 세계가 되었다. 1868년 메이지유신 明治維新 으로 근대화 혁명에 성공한 일본도 일찍부터 받아들인 자본주의 경제 체제·질서 하에서 서구 자본주의 국가들과 같은 문제를 안게 되면서 마찬가지 선택을 하게 되었다. 1931년 만주사변을 일으킨데 이어 1937년 중일전쟁을 일으켜 식민지 확장을 위한 침략 전쟁에 뛰어들고 나아가 대동아공영권 大東亞共榮圈 이라는 기치를 내걸고 마침내 1941년 태평양전쟁으로 제2차 세계대전에 뛰어들게 되었다.

09
뜻밖에 공산 체제가 나타나다

자본주의 경제체제는 애덤 스미스의 『국부론』을 이론적 발판으로 삼아 유럽 전역으로 퍼져 갔다. 발상지 영국에 뒤이어 독일·프랑스·네덜란드 등 유럽 대륙 국가들도 빠르게 자본주의 체제로 전환을 이루어 갔다. 이로써 19세기 말 세계 경제는 크게 자본주의라는 근대적 체제·질서를 갖춘 지역과 여전히 전통 농업사회 속에서 전근대적 체제·질서를 이어가고 있는 지역으로 양분되기 시작했다. 애덤 스미스 경제학이 이론화한 자유주의적 시장경제가 확립되지 못한 사회는 근대적 자본주의 경제로 전환해 가지 못했다. 전근대적 농업사회 경제를 근대적 자본주의 경제로 전환시키는 것이 근대화의 시작이라고 볼 수 있을 정도로 자본주의 시장경제는 근대적 국가 통치 질서와 사회 조직·제도와 함께 형성, 발전되어 왔다.

영국의 자유주의 정치 질서와 제도는 1215년의 마그나 카르타 Magna Carta 에서 비롯되었다. 마그나 카르타를 통해 영국은 일찍이 정치권력을 왕실과 귀족이 독점적으로 행사하는 것이 아니라 영향력 있는 지역 토착 세력들과 함께 행사하는 권력 분점의 기틀을 마련하였다. 이후 수차례 변화과정을 거쳐 1688년 명예혁명으로 왕과 귀족, 지역 토착 세력들 간의 권력 분점을 민주적 의회제로 제도화하기에 이르렀고 이로써 지배자의 지배가 사회 제 세력의 동의하에 이루어지도록 하는 의회민주주의가 발전해 갔다.

영국에서 산업혁명이 시작되고 공장제 생산 체제의 근대 경제가 발달하게 된 바탕에는 이러한 자유주의적 정치 제도와 문화가 깔려 있었다. 공장시설의 생산 물리적 측면을 경제발전의 하드웨어라고 한다면 자유주의적 정치·사회 기반은 소프트웨어라고 할 수 있다.

영국은 처음부터 이 같은 하드웨어와 소프트웨어가 결합된 경제발전을 시작했다. 애덤 스미스 경제학의 틀에 따라 운영되기 시작한 경제체제·질서가 곧 자본주의라고 사후적으로 지칭되면서 영국식 경제개발 모델은 곧 자본주의 경제 운영의 패러다임이 되었다. 이 같은 모델과 패러다임을 채택하지 않고는 중세 봉건 체제에서 근대 산업 체제로 변화·발전해 갈 다른 방법은 없었다. 독일 경제학자 리스트가 역사주의 경제학 이론을 바탕으로 옹호한 중상주의적 경제정책도 영국에 비해 뒤져 있는 독일 경제를 근대화해 감에 있어서 중간 단계로 필요한 것이었고 이 단계가 지나자 독일도 영국과 같은 자유무역과 자본주의적 생산 경제로 나아갔다. 메이지 유신으로 근대 국가의 토대를 닦고 이를 바탕으로 국가 주도의 경제개발을 추진한 일본도 독일의 경우처럼 경쟁력 있는 자본주의 체제를 갖추기까지 과도적 단계로 중상주의적 국가 관리의 경제체제에 의존하였다. 중세의 봉건 농업사회에서 근대 산업국가로 발전하는 길은 영국식 자본주의 경제체제와 경제 운영밖에 없다는 인식이 19세기 중반까지 널리 그리고 깊이 번져 있었다.

1848년 마르크스의 『공산당 선언』은 이러한 인식에 대한 최초의 도전이었다. 이를 통해 마르크스는 영국식 자본주의의 보편성을 반박하고 공산 사회주의를 자본주의 경제체제·질서의 대안 체제·질서임을 세상에 선포하고 공산 사회주의라는 미래 유토피아를 설정하고 이를 구현하기 위해서는 자본주의 체제·질서를 타도하고 분쇄하는 투쟁에 나서야 한다고 주창했다. 그러나 마르크스의 공산 사회주의 유토피아는 현실의 경제 여건과 정치 질서 그리고 사회 인식 면에서 벽에 부딪쳤다. 자본주의 경제는 마르크스가 예언한 것처럼 역사의 쓰레기장으로 폐기 처분되어 간 것이 아니라 미래의 광장으로 나아가는 상황이 전개되었고 마르크스주의는 세를 잃어 갔다. 이에 반자본주의 진영은 혹은 국가적 기반을 벗어나 유럽을 떠돌아다니는 유태인 중심의 지식인 혁명주의로 흐르거나 혹은 베른슈타인과 같은 수정주의자들을 중심으로 자본주의 체제 내에서 사회주의의 발전을 모색하게 되었다.

이같이 자본주의를 거부하고 대안 체제·질서의 도래를 믿고 장담하던 마르크스주의는 20세기에 들어오면서 더욱 더 퇴조의 길로 들어서게 되었다. 자본주의 체제·질서가 자리 잡은 유럽 전역에 사회주의적 혁명전쟁이 아니라 자본주의적 애국 전쟁이 번지면서 계급 혁명에 의한 자본주의 타파와 프롤레타리아 독재를 통한 사회주의 국가 건설은 완전히 물 건너간 형국이 되었다. 제1차 세계대전이 민족국가를 지키기 위한 애국전쟁으로 전개되면서 혁명에 의해 사회주의 국가가 등장한다는 것은 가능성이 없는 일이었다.

그런데 뜻밖의 사태가 일어났다. 유럽이 제1차 세계대전의 포화 속에 있던 1917년 유럽이 아닌 후진국 러시아에서 혁명이 일어난 것이었다. 비록 그것이 노동자의 계급투쟁에 의한 것이 아니고 지식인 혁명가들이 조직한 혁명 전위대가 음모와 선동으로 일으킨 반정부 무장 폭동에 의한 것이긴 했어도 혁명의 결과 인류 역사상 최초의 공산 사회주의 국가가 등장하게 된 것이었다.

마르크스 공산주의 이론에 의하면 사회주의 혁명은 농업 사회가 부르주아가 이끄는 자본주의 체제로 바뀌고 이 체제 하에서 생성된 노동자 계급과 자본가 계급 간 대립·투쟁으로 자연스럽게 계급이 없는 공산 사회주의 국가로 이행해 가는 것으로 되어 있다. 그런데 인류 역사상 최초의 공산 사회주의 체제가 들어선 곳은 자본주의 국가가 아니었다. 러시아는 1861년 농노 해방이 있기까지 중세적 농업 사회보다도 후진적인 전제군주 하의 농노 경제체제를 유지하고 있었다. 이후 서구를 좇아 개방해 가자는 표트르 1세 Peter The Great 의 서구 따라잡기 운동이 일어나면서 일부 도시에 자본주의적 생산 공장제가 들어서기도 했지만 기본적으로 암살과 폭동의 음모 정치 문화 속에 정체된 농업 경제 사회를 벗어나지 못하고 있었다.

마르크스 유물변증법적 역사관으로 보나 자본주의화의 과정에서 보나 공산 사회주의 국가가 들어설 수 있는 조건이 아니었다. 그럼에도 러시아 공산 사회주의 국가가 대두하게 된 데에는 레닌이라는 지식인 직업 혁명가가 있었던 때문이다. 레닌이 이끄는 소수의 음모적 혁명 전위대는 당시 러시아가 처해 있던 사회 상황을 매우 잘 이용했다. 제1차 세계대전에 참전하여 지치고 피로하고 기진맥진해 있던 러시아 노동자·농민·군인 등 반체제 불만 세력을 선동하고 조직하고 무장시킴으로써 폭력혁명에 성공했다.

이 같은 러시아 혁명은 마르크스주의 이론에는 없는 돌연변이이다. 성공한 자본주의 근대 경제가 결과하는 산업 노동자 즉 프롤레타리아 계급의 등장과 이들의 권리 의식과 요구와 혁명의 물결에 따라 일어난 것이 아니라 이제 막 서구 자본주의 경제 시스템을 모방·도입해 시행하던 전근대적 후진국에서 일어났기 때문이다. 러시아 혁명은 전제군주의 폭정, 수십만 명이 전사한 제1차 세계대전에 대한 염증, 자본주의 경제의 기반 조성도 없이 도시 중심의 공장 위주로 모래 위의 누각 같은 생산 시설의 급격한 도입에서 비롯된 빈부 격차, 전쟁으로 인한 대량 궁핍 등 폭발 직전에 이른 사회적 대혼란이라는 바탕이 있었다. 여기에 혁명 이론과 혁명 활동에 오랫동안 종사해 온 지식인들이 혁명 전위대를 만들어 도화선을 만들고 불을 붙인 것이었다.

1917년 10월 볼셰비키 혁명을 3개월 앞두고 레닌 자신은 체포를 겁내 혁명을 감행할 준비가 부족하다는 핑계를 대며 핀란드로 망명했다. 이러한 사실로 보아 러시아 혁명이 성공하게 된 데에는 공산주의자들의 활동이 크게 작용했다고 보기는 어렵다. 그보다는 전쟁과 기근과 압제에 항거하여 자연발생적으로 일어난 폭동 반란 사태의 와중에서 발생한 코르닐로프 Kornilov 러시아 군 최고지휘관의 쿠데타 음모의 실패, 멘셰비키 Mensheviki 중심의 페트로그라드 소비에트가 모든 볼셰비키 정치범을 석방하고 직업적 혁명 선동가였던 트로츠키 Trotsky 가 페트로그라드 소비에트의 의장이 되는 등 이미 불만 지르면 폭발하게끔 되어 있던 상황이었다.

그러나 1917년 2월 혁명이 등장시킨 체제 수호의 호헌파인 임시정부와 멘셰비키의 페트로그라드 소비에트의 두 조직이 이끄는 이중 구조의 정치 질서를 보면 공화정의 수립·언론 집회의 자유·인권 존중·의회주의 정부 구성 등 부르주아 민족주의적 시민 혁명을 지향하는 것이었다. 이들 두 조직은 러시아 민족의 단합을 지향하는 개혁적 온건파 세력이었다. 이런 상황이 전개되면서 레닌이 주도하고 있는 볼셰비키 공산당만이 민족 단합론을 거부하는 유일한 사회주의 계급 혁명 정당으로 부상하고 기존 체제에 불만을 품은 시민들의 환영을 받게 되었다. 멘셰비키와 사회혁명당과 같은 온건 세력의 인기가 떨어지면서 볼셰비키가 어부지리를 얻게 된 것이었다.

이렇게 몇 달 만에 정치 상황이 급변하게 되자 핀란드에서 언론 활동과 저서 활동으로 때를 기다리고 있던 레닌은 귀국을 결심하게 된다. 급변한 정세로 볼 때 페트로그라드가 더 이상 자기 신변에 큰 위험을 주지 않을 뿐 아니라 혁명을 이룰 도시가 될 가능성이 큼을 확신하고 10월에 귀국하였다. 귀국하면서 그는 볼셰비키 중앙위원회로 하여금 7월 혁명 후 총리 겸 러시아군 총사령관으로서 임시정부를 이끌던 사회혁명당의 온건좌파 케렌스키 Kerenskii 를 축출하고 권력을 페트로그라드 소비에트로 일원화하는 결의안을 통과시켰다. 이 결의에 따라 볼셰비키 당이 무장 반란을 선동하고 진행하면서 러시아의 10월 혁명이 시작된 것이었다.

레닌이 주도한 10월 혁명은 마르크스의 공산 이론과 거기에 자신의 생각을 덧붙여 저술한 『제국주의론』이 결합된 이른바 마르크스 레닌주의에 따른 음모로 계획된 폭력혁명이었다. 자연발생적이고 계획 없이 혼돈 상태에서 진행되었던 1905년의 혁명과 1917년의 2월 혁명과는 달리 치밀한 군사 작전 계획과 정권 인수 계획을 가진 혁명 쿠데타였다. 레닌은 혁명에 성공하자 1918년 3월, 전쟁 참여로 피로와 절망에 휩싸였던 러시아의 반전 정서를 이용하여 독일과 브레스트 리토브스크 Brest-Litovsk 종전 협정을 체결하였다. 이후 2년여에 걸쳐 공산 적군 赤軍 이 반혁명 세력인 백군 白軍 의 항거를 진압하는 데 성공함으로써 1922년 12월 마침내 소비에트사회주의연방공화국 USSR 이라는 역사상 최초의 공산국가가 탄생하게 되었다.

당시 유럽에서 마르크스주의가 뚜렷한 퇴조를 보이고 있던 상황이었던 만큼, 공산국가의 탄생은 전혀 예기치 못한 역사적 대사건이었다. 이렇게 자본주의 체제가 성숙한 이후가 아니라 자본주의 체제가 자리도 잡기 이전의 후진국에서 볼쑥 공산 사회주의 체제가 들어서게 된 데에는 몇 가지 주목할 만한 배경이 있었다.

첫째, 자본주의 경제체제·질서는 그것이 들어서고 발전해 갈 경제적 기반과 문화적 토양을 전제로 한다는 측면에서 이를 살펴볼 필요가 있다. 러시아는 18세기 초반 표트르 1세 치하에서 자본주의 체제 따라잡기를 시작하였다. 그러나 당시 러시아는 전근대적 문화 토양과 경제 기반 위에다 자본주의적 생산 시설만을 달랑 떼어 세우고자 한 것이었다. 자본주의적 하드웨어만 급조해 갖추어 갔을 뿐 소프트웨어가 제대로 갖추어지지 않은 기형적 자본주의 건물이 세워진 것이었다. 자본주의 경제와 양립할 수 없는 군주 전횡의 전근대적 정치권력 체제와 정치 문화가 버티고 있음으로 해서 러시아 자본주의 경제체제는 애당초 발육부전의 상태에 있었다. 이 같은 전근대적 정치 질서와 풍토 그리고 경제 기반과 문화 풍토 위에 세워진 자본주의 경제의 하드웨어 구축물은 제대로 기능을 할 수 없기 마련이었다.

급속한 우격다짐의 산업화 추진으로 1914년 도시노동자의 40퍼센트 이상이 1천 명 이상 규모의 공장에, 42퍼센트가 1백 명 이상 1천 명 이하 규모의 공장에, 18퍼센트가 1백 명 미만의 공장에 각각 고용되어 있었다. 같은 해 미국의 경우는 그 수치가 각각 18퍼센트, 47퍼센트, 35퍼센트였던 사실에 비추어 보면 러시아가 얼마나 급속히 산업화를 추진해 갔었는지를 알 수 있다. 그 뿐 아니라 이들 공장노동자들이 주로 페트로그라드와 모스크바의 양대 도시에 집중되면서 도시에는 밀집된 아파트촌이 들어서고 아파트의 방 하나에서 6명이 급수 시설도 없는 상태로 대소변을 처리하는 처참한 생활을 했다. 1890년에서 1910년 사이에 페트로그라드의 노동자 수는 1,033,600명에서 1,905,600명으로 거의 배 가까이 급격히 팽창하였다. 1905년의 부르주아 민주 혁명이나 1917년의 2월 혁명이 실패할 수밖에 없었던 정치사회적 후진성으로 말미암아 페트로그라드와 모스크바를 중심한 근대적 생산 공장에 종사하는 근로자들의 체제 반항적 총파업이 일상생활처럼 만연하게 되고 이를 다스리는 국가 권위 체제가 무너지면서 체제 속에 있어야 할 권력이 거리의 광장에 흩어져 있게 되고 여기에다 오랜 차르czar 체제의 혹독한 전제군주제가 배양한 음모와 살인과 폭동이 정치 문화화할 정도로 권위와 권력 체계가 무너지고 있었다.

1905년 혁명과 1917년의 2월 혁명이 민족의 계급 분열이 아니라 민족 단결의 구호 아래 노동자와 농민 그리고 군인 등의 반체제 저항 운동이 촉발되었으나 거리에 흩어진 권위와 권력을 국가체제로 수습할 통치 제도가 없는 상황에서 러시아 민족 단결주의를 내세운 멘셰비키의 온건한 구호는 짓밟히고 노동자 계급독재를 주장하는 볼셰비키의 급진적 무력 투쟁이 앞서는 혼란 상황이 반복해서 일어나고 있었다. 이런 극도의 무정부 상태 속에서 레닌이 중심이 된 볼셰비키는 시가전으로 줍다시피 정권을 탈취할 수 있게 되었다. 정치·사회적 인프라가 갖추어지지 않은 전근대적 농업사회인 러시아에서 자본주의의 건물만을 구축하였으나 이마저도 자본주의 타도를 내세운 세력에 의해 붕괴되고 만 것이있다.

둘째, 마르크스의 낙관적 사회주의 혁명 이론이 음모적 방법에 의한 혁명을 만들어가는 전략적 수단으로 공산당 조직론을 앞세운 레닌주의로 발전해 갔다. 노동자 계급의 계급의식과 혁명 행동으로 역사 발전의 법칙에 따라 자연스럽게 자본주의가 붕괴한다는 마르크스의 소박(?)한 혁명 이론은 낡은 것이었다. 노동자 대중이 아니라 공산당이 선봉이 되어 이끄는 전위대에 의한 전략 전술의 음모와 공작으로 혁명을 수행해 가야 한다는 마르크스레닌주의가 새롭게 등장하였다. 마르크스주의가 몸체가 되고 레닌주의가 수족이 되어 구성된 공산 사회주의 혁명 이론은 혁명을 경제 사회의 여건과 관계없이 혁명 전문의 전위대의 조직 활동으로 만들어가야 한다고 보았다. 이같이 레닌주의라는 수족이 마르크스주의라는 몸체에 결합되면서 러시아 레닌 혁명은 러시아의 사회·경제적 여건과 관계없이 무장 세력의 권력 탈취로 이루어지게 되었다. 레닌의 혁명 이론은 음모와 무력으로 혁명을 제조해 가는 혁명 공학 이론이었다. 레닌의 혁명 공학이 러시아 혁명성공과 함께 공산주의 인터내셔널, 즉 코민테른 Comintern 을 통한 공산 혁명 수출의 길을 열게 되면서 레닌의 혁명 공학은 20세기 국제 공산당의 활동 지침과 요령집이 되었다. 마르크스레닌주의는 바로 이러한 공산 이론과 공산 혁명 공학의 결합물이 되었다.

셋째, 자본주의 생성 발전의 기본 조건은 시장과 정부의 균형 관계이다. 자유 시장이 없는 곳에서는 자본주의가 존립할 수 없고 정부가 없는 곳에서는 시장이 존립할 수 없다. 양자 간 역학 관계는 상황에 따라 달라질 수 있지만 양자가 양 축을 이루는 균형 관계의 틀은 절대적으로 필요하다. 애덤 스미스가 정부 권력과 종교·도덕으로부터 경제를 분리·독립시켜 경제의 독자적 영역을 이론화하면서 자본주의라는 근대 경제체제가 성립·발전하여 왔다. 시장에서의 개인과 기업의 자유경쟁이 있음으로써 자본주의가 성립되지만 이는 필요조건이며 충분조건은 정부의 경제체제에 대한 투자, 즉 국방과 질서 유지 그리고 공공투자와 인프라 구축과 같은 것이다. 이처럼 자본주의 경제는 시장과 정부의 양 축이 온전한 관계 속에 있어야만 제대로 기능을 하게 된다. 이 같은 기본 조건이 갖추어지지 않은 전제군주 국가였던 전근대적 러시아 정치 사회는 국가의 권력의 힘에 맞서는 시장경제가 존재하지 않았다.

전제군주 정치체제와 전근대적 농업 사회에 유럽으로부터 이식해 세운 자본주의적 생산 경제가 제대로 이식되고 제대로 기능할 수는 없는 일이었다. 자본주의적 근대 경제체제를 향유한 모든 근대국가가 안고 있는 최대의 이슈가 시장 자율과 정부 개입이 어떤 균형 관계를 유지할 것인가 하는 문제이다. 오늘 이 순간에도 세계 모든 국가가 안고 있는 최대 정치·경제 이슈도 여기에 있을 만큼 근대적 자본주의 경제체제는 양 축 간 균형 잡힌 역학 관계를 절대로 필요로 한다. 1917년의 러시아는 이러한 양 축 간 균형 관계가 없는 전제군주의 횡포가 지배하는 전근대적 체제였다. 자본주의 경제가 들어설 수 없는 황무지 땅에 자본주의 공장 건물이 들어섰던 셈이다.

끝으로 레닌의 러시아 사회주의 혁명은 자본주의 경제를 마르크스 공산 사회주의로 변화시켜 간 것이 아니라는 사실을 간과해서는 안 된다. 러시아 혁명은 노동자의 계급투쟁에 의한 혁명이 아니라 군사 반란이었다. 자본주의 경제가 들어설 기반이 닦여지지 않은 상태에서 전제군주의 압제와 세계대전이 가져온 정신적 물질적 피폐 그리고 의·식·주가 제대로 해결 안 되는 빈곤에 항거하여 자연발생적으로 일어난 노동자·도시민의 폭동과 항쟁으로 사회가 혼란에 빠진 틈을 타 레닌이 무장 군인 집단의 무력으로 정권을 탈취한 사건이었다. 그런 만큼 러시아 사회주의 혁명으로 인해 유럽의 자본주의 경제체제가 위협과 도전에 직면하게 된 것은 아니었다. 자본주의 경제의 전체 흐름에서 볼 때 레닌의 볼셰비키 러시아 사회주의 등장은 줄곧 변방의 돌출 사건의 위상에서 벗어나지 못했던 것으로 자본주의 경제의 세계적 흐름에 큰 영향을 미치지는 못했다. 1989년의 베를린 장벽의 붕괴 그리고 이어진 1991년의 소비에트 공산 체제의 붕괴는 서구 자본주의 경제에서 볼 때 변방의 돌출 사건이 사라졌다는 것 이상의 다른 특별한 경제사적 의미를 갖지 못하는 것이었다.

10
위기가 들불처럼 번지다

20세기에 들어오면서 세계 경제는 유럽과 미국 중심의 정통 자본주의 경제체제와 러시아 혁명으로 태어난 소련의 사회주의 경제체제로 양분되면서 자본주의 경제권과 사회주의 경제권이 대치하게 되었다. 소련의 사회주의 경제는 전쟁 수습과 백군과의 내전 그리고 황폐화된 경제 복구에 전력을 기울면서도 코민테른을 통한 공산혁명의 수출 확산과 동구권을 지배하는 사회주의 세력권 확대에도 적극적이었다. 공산 경제체제가 갖고 있는 중앙 계획경제 시스템의 경직성과 비능률성으로 인하여 민수 民需 경제는 저성장 정체로 좀처럼 활기를 찾지 못하였으나 중공업 군수산업 부문은 국가 주도로 기술 개발과 투자를 집중하여 막강한 군사력을 확보하는 전시경제 戰時經濟 와 계획경제 체제를 유지·발전해 가는 데 성공하기 시작했다.

제1차 세계대전의 패전국인 독일을 상대로 한 파리강화회의는 영국과 프랑스가 보복적 배상을 요구하여 좌초 위기를 맞기도 했으나 결렬 없이 마무리되었다. 그러나 이때의 과도한 배상 타결이 독일이 재기를 못하게 하는 데 주안점을 두었던 만큼 독일 경제는 물론 독일의 전후 정치체제인 바이마르 공화정마저 위기와 붕괴의 위험 상태에 빠지게 되었다. 케인스가 보복적 배상이 유럽 경제의 파국을 가져올 수도 있다고 경고한 것처럼 유럽에 정치적 경제적 재앙이 들이닥치게 된다. 5년여 동안 지속된 전쟁의 환란을 패전으로 마무리한 독일에 대해 재기 불능의 배상이 결정되자, 독일 경제는 순식간에 초인플레이션에 휩싸였다. 정상적인 경제활동과 투자 활동이 이루어지지 않을 정도로 경제는 침체의 수렁에 빠졌다. 고실업과 고물가에 대한 국민적 저항과 분노가 바이마르 공화국의 붕괴로 이어지고 이 같은 정치 혼란은 결국 영국·프랑스·미국에 대한 복수와 이들과 내통하고 있다고 보았던 독일 내 유태인에 대한 증오심을 기치로 내세운 정치 선동가 아돌프 히틀러 Adolf Hitler 의 등장을 가져왔다. 경제 상황은 투자 재원과 생산 활동의 저하로 초인플레이션과 높은 실업률로 파탄에 직면하게 되었다.

유럽의 중심 국가인 독일의 이 같은 경제 파국은 유럽은 물론 세계 경제 전체에 심대한 충격파를 주기 시작했다. 이때부터 양차 세계대전의 중간 기간 내내 패전국 독일은 물론 승전국 영국·프랑스·미국을 포함한 서구 자본주의 국가들 전체가 혹독한 경제 혼란과 수난을 겪게 되었다. 유럽의 자본주의 경제가 안으로는 실업과 경기 침체, 밖으로는 보호무역주의와 '이웃 궁핍화'의 통화 전쟁을 시발로 세계는 경제 전쟁의 각축전으로 내몰렸다. 전쟁 중간기 간 경기 침체와 실업의 경제 위기를 자본주의 경제체제 내에서 해결할 수 없게 됨에 따라 자유 시장과 자유무역의 자본주의 경제구조 자체가 기능 정지 상태에 빠지기 시작했다.

애덤 스미스의 자유 시장 이론과 데이비드 리카도 David Ricardo 의 비교우위에 입각한 자유무역 이론은 고전 경제학의 양 기둥이고 자본주의 경제체제의 근간을 이루는 것들이다. 전쟁 중간기 동안의 세계 경제는 소련의 공산경제권을 제외하고는 자본주의 경제권 전체가 밖으로는 '이웃 궁핍화' 무역 전쟁 사태에 빠지고 안으로는 시장 소비 수요의 부족으로 인한 생산 위축, 경제 축소와 실업의 사슬에 묶인 채 끝없이 추락하는 상황이었다. 이 같은 자본주의 경제권의 추락을 자유 시장과 자유무역체제로서는 방지할 수 없다는 인식이 확산되면서 자본주의 경제는 최대의 위기를 맡게 되었다. 여기에 1929년 미국에 닥친 대공황으로 미국 자본주의 경제마저도 곤두박질치게 되면서 이 같은 위기는 더욱 현실로 다가왔다.

전쟁 중간기 중에 발생한 자본주의 경제 위기는 독일 경제의 붕괴에서 비롯된 것이지만 1940년에 이르기까지 세계적 규모로 악화일로에 있었던 원인은 자본주의 경제 메커니즘의 기능 차질에 있었다. 자본주의 경제 시스템이 기능 장애에 빠지면서 자본주의 경제는 수명을 다했다는 인식이 널리 퍼지기 시작했다. 패전국 독일뿐 아니라 영국·프랑스·미국 등 승전국마저도 경제 시스템의 파탄이 터지면서 파리강화회의의 잘못을 넘어 자본주의 경제 시스템 자체에 결함이 있는 것이 아닌지를 불안해하는 시대 인식이 확산되었다. 이렇게 자본주의 경제 시스템이 붕괴의 위험에 처하게 된 데에는 몇 가지 원인이 있었다.

첫째, 애덤 스미스의 자본주의 경제는 생산과 유통과 소비가 유기적으로 연결되고 작동하면서 생산된 것은 유통을 거쳐 소비가 자동적으로 되는 시스템을 전제로 하고 있었다. '세이의 법칙'을 전제로 하는 고전 경제 시스템은 저축된 돈이 자본이 되어 생산자에게 주어지면 생산자는 시장에서 소비되는 생산품을 생산하여 공급하고 생산된 재화가 유통 과정을 거쳐 소비 시장에 공급되면서 생산-유통-소비의 순환 과정을 거쳐 다시 다음 단계의 생산-소비의 활동이 시작되는 시스템으로 짜여 있었다. 그런데 소비자의 소득 일부가 저축 형태로 순환 과정에서 빠지게 되면서 순환 시스템의 균형 관계가 차질이 생기기 마련이다. 특히 돈이 그 본래의 기능인 거래 계산의 단위 역할과 교환 수단의 역할만 하면 기능은 선순환적으로 작동하게 되지만 돈의 기능 중의 또 다른 역할인 저축이나 투기 목적에 이용되면 그만큼 순환 과정의 입출 관계에 차질이 나게 마련이다. 저축되거나 투기로 사용되는 소득분은 생산품의 소비 시장에서 빠지게 되니까 그만큼 생산과잉 현상이 생기게 되고 이 생산과잉이 커지고 장기화하게 되면 재고 누적에서 시작되는 경제 위축과 불황이 오게 된다.

따라서 순환 과정에서 빠지는 저축이나 투기가 결과하는 소비 부족은 '세이의 법칙'에 차질을 가져오고 자본주의 경제 시스템의 차질을 가져오게 된다. 애덤 스미스의 경제학은 시장에서 개인과 기업의 자유로운 욕구 추구의 경제행위가 이루어지면 시장의 '보이지 않는 손'의 작동으로 수요와 공급이 균형을 이루게 되는 자연 질서가 생기기 때문에 정부가 시장에 개입하지 않고 자유방임하면 경제는 공동체의 복지 증진에 기여하는 선순환의 경제 질서가 저절로 생긴다고 보았다. 이 같은 애덤 스미스의 '보이지 않는 손'이 작동하는 시장 안에 '자유방임'의 경제행위가 보장되면 경제는 예정 조화 속에 부를 증대시켜 가게 되어 있다고 보았다. 그런데 이 같은 장밋빛 낙관론의 고전 자본주의 경제는 생산 공급과 소비 수요를 연결하는 고리인 분배 유통이 저축과 투기의 독자 세계가 확대되고 유통 경제마저 독자적 영역활동을 증대시키게 되면 공급과 수요의 순환 고리에 고장이 일어나기 마련이었다.

전쟁 중간기에 들어오면서 통화의 활동 무대가 독자적으로 작동하면서 패전국 독일에서는 생산 공급이 수요 소비를 충족시키지 못하는 차질이 발생했고 승전국에서는 수요 소비가 부족하여 경제 순환이 차질되는 상황을 맞게 되었다. 패전국 독일이 보복적 배상의 여파로 맞은 생산력 부족 속의 초인플레이션 경제 혼란은 히틀러 나치 정권이 들어서면서 점차 수습되어 갔지만 승전국인 영국·프랑스·미국의 경기 침체는 시장 수요 부족이 만성화되어 감으로써 침체의 늪에서 벗어나지 못하고 있었다. 1936년 케인스의 『고용·이자 및 화폐의 일반 이론』 *The General Theory of Employment, Interest and Money* 이 나올 때까지 자본주의 경제체제는 시장의 소비 부족 문제를 해결하는 이론과 기법을 발견하지 못한 상태에서 디플레이션의 경제 파국에서 벗어나지 못하고 있었다.

케인스의 『일반 이론』이 나오기 전까지 자본주의 국가에게는 시장 수요 부족에서 오는 경제 침체와 위기를 극복하는 정책으로 두 가지 선택이 있었다. 하나는 레닌이 『제국주의론』에서 밝힌 수요 시장 확대의 군사적 식민지 확장 전쟁이었고 다른 하나는 보호무역을 통한 상대방 국가의 수요 시장 확보였다. 자본주의적 경제 시스템이 안고 있는 최대의 아킬레스건이 바로 과잉생산, 과소소비의 시스템 불균형의 문제임에도 시스템 내에서 기능을 정상화하는 이론과 정책이 없었던 상황에서 전 세계는 소비 시장 확대를 식민지 전쟁의 방법과 무역 전쟁의 두 가지 방법에 매달릴 수밖에 없었다.

이 같은 대외 의존적 자구 노력 이외에 자본주의 국가들의 위기 관리와 탈출을 위한 국내적 수단으로는 통화 증발에 의한 소비 수요의 창출이 있었다. 이는 과잉생산의 경색 경제를 구출하는 데 확실하고 유효한 대책이었으나 애덤 스미스 시대 이후 1930년대까지 자본주의 금융 구조였던 금본위제의 족쇄에 묶여 실제 가동할 수 없었다. 통화 가치의 안전과 국제 결제의 안정성을 위하여 도입되었던 금본위제는 금 보유량에 통화량을 묶어 두는 제도였기 때문에 금을 보유하지 못한 상황에서는 통화의 증발이 불가능하게 되어 있었다. 각국의 금 보유가 국내 금광에서 개발·생산된 것과 무역수지 결제 상의 수입 대금 청산 형식의 금의 이동과 식민지 전쟁에서 금괴의 강탈과 같은 방법 이외는 금의 보유를 확대할 수 없는 구조가 되어 있고 이 같은 방법에 의한 금 보유량과 통화량이 함께 묶여 있기 때문에 경제 규모가 확대되고 경제 관계의 국제화가 진행되면서 세계의 금 보유량이 상대적으로 부족하기 마련이었다. 20세기에 들어오면서 자본주의 경제의 확대 발전의 규모에 비하여 금 보유량은 공급이 제한적이고 보유 분포도 경제력이 큰 나라에 편중하게 되었다.

전쟁 중간기 중 제1차 세계대전의 피해가 거의 없었고 전쟁 수요의 특수 경기를 향유했던 미국으로 세계의 금 보유가 몰리면서 미국이 자국의 금 보유량을 세계 금 보유량의 50퍼센트 까지 늘린 반면 전쟁에 의한 경제 피해와 전쟁 후유증을 앓고 있던 국가 가운데는 프랑스를 제외하고는 영국과 독일 등 모든 나라가 유효수요가 필요로 하는 통화량의 공급 부족과 이로 인한 경기 침체의 늪에서 헤어나지 못했다. 영국의 경우 제1차 세계대전의 발발과 함께 금본위제를 일시 중지하였으나 1925년에 회복하였다가 1931년에 다시 폐기하는 등 금본위제가 가져오는 통화 가치 안정과 경제 안정에 미련을 못 버린 모든 자본주의 경제 시스템이 금본위제에 묶여 물가 안정을 위한 성장 포기의 자승자박에 얽매여 있었다. 이렇듯 대다수 자본주의 국가들은 금본위제 하의 통화 공급의 만성적 부족 현상을 자본주의 경제 시스템의 내부에서 해결하지 못하고 대외적 소비 시장의 식민지 쟁탈전과 무역 전쟁에 의존하게 되었다. 무역 전쟁으로도 해결하지 못하게 되자 금과 통화의 교환 배율인 환율의 경쟁적 평가절하를 통한 통화 전쟁에 발버둥을 치고 있었던 것이 전쟁 중간기 중의 자본주의 세계 경제였다.

자본주의의 수요 부족 문제를 해결하는 것이 화급한 당면 과제가 되면서 수요 확대의 방법으로 등장한 식민지를 수요 시장과 원자재 공급처로 만들고 보호무역을 통해 상대방을 궁핍화로 몰아가는 살벌한 정글의 세계가 모든 자본주의 경제권으로 확대되어 갔다.

일본도 다르지 않았다. 1862년 개국과 함께 등장한 메이지유신의 일본 군주주의도 경제의 기반은 자본주의 체제였다. 다만 후발국가적 핸디캡을 극복하는 수단으로서 국가가 주도하는 자본주의적 경제체제를 위한 중상주의 정책이 활용되었지만 궁극적 목표점은 영국·프랑스·미국이 발전시켜 가고 있던 서구 자본주의 경제체제였다. 경제개발을 시동하는 초기 자본의 축적 및 확보는 마르크스가 『자본론』에서 지적한 농촌 농민의 수탈과 희생 위에서 진행되는 원시적 자본 축적 방식을 따랐고 생산·유통·소비 구조는 애덤 스미스 경제학 이론을 따라 갖추어 갔다.

이렇듯 자본주의적 체제로 정비되면서 일본 경제도 서구의 경제가 당면하고 있는 문제점과 똑같은 수요 시장 부족의 문제에 직면하게 되고 그 해결 방법도 서구 국가를 따라 식민지 전쟁을 통한 해외시장과 원료 공급 기지를 확보하고 국가 관리의 보호무역 전쟁을 통하여 일본 상품의 수요 시장을 확대하는 제국주의적 침략 경제로 경제 위기를 극복하는 방식을 원용하였다.

일본은 1905년 러시아를 상대로 러일전쟁을 벌여 해외 영토의 확장과 시장 확보의 식민지 확대에 적극 나섰다. 이어서 1931년 만주 침략과 1937년 중일전쟁을 일으키고 마침내 동남아 식민지 경략經略을 위해 1941년 미국을 상대로 태평양전쟁을 일으켰다. 일본은 군사적 식민지 확장과 동시에 대동아공영권이라는 자급 경제 블럭을 만들기 위한 보호무역이라는 경제적 침략 정책을 추진하는 등 제국주의 전쟁을 확대하여 마침내 제2차 세계대전을 확전시켜 간 아시아 자본주의 국가가 되었다.

세계가 이처럼 동·서양을 망라하는 세계대전 속으로 빠져들게 된 원인은 여러 가지로 분석·설명될 수 있으나 무엇보다도 성숙 단계에 접어든 자본주의 경제가 과잉생산과 과소소비 문제를 시스템 내부에서 해결하지 못함으로써 경제 침제의 탈출구를 달리 찾을 수 없었던 데 따른 위기 상황이 가장 크게 작용했다고 보아야 할 것이다. 공산 경제체제를 채택한 소련과 동구가 두 차례에 걸쳐 일어난 세계대전의 주된 당사자들이 아니었다는 사실이 그 같은 점을 반증한다. 1917년의 혁명에서 새롭게 출발한데다가 공산당식 중앙계획경제 시스템이 생산성과 생산력의 저하의 문제를 늘 안고 있는 체제이기 때문에 과잉생산, 과소소비라는 자본주의 경제 시스템에서 일어나는 불황·침체나 위기 같은 문제가 처음부터 생겨날 수가 없었다. 다시 말해 소련이나 동구권에는 전쟁 중간기 동안 성숙된 자본주의 경제체제가 겪고 있는 위기 상황이 처음부터 존재하지 않았던 것이다.

자본주의 진영 국가들이 겪고 있는 공통 문제인 소비 수요 부족에 의한 만성적 경제 침체는 좀체 해결될 줄 몰랐다. 식민지 경략·

보호무역 전쟁·환율 조작에 의한 통화 전쟁 등 나름 할 수 있는 방법을 다 동원했어도 1936년 케인스의 『일반 이론』이 나오기 이전까지는 경제 파탄의 위기를 시스템 내부에서 해결하기는 역부족이었다. 수요 증대를 위하여 영국은 1914년 금본위제를 정지했다가 1925년에 회복하고 1931년에 다시 폐기하는 등 국내 경기의 조작을 위한 수단인 통화량의 공급을 금 보유에 제약받지 않은 상태에서 공급 운영을 시도하는 등의 고육지책을 써 보았지만 큰 성과를 거두지 못하고 디플레이션과 실업의 악순환 고리를 끊지 못했다. 제1차 세계대전이 끝나고 모든 나라가 금본위제로 복귀할 때 전쟁 피해가 가장 작았던 미국이 세계 금의 50퍼센트를 확보하고 유럽에서는 프랑스가 긴축정책과 저물가 정책으로 세계 금의 30퍼센트를 확보하고 있었던 반면, 영국이나 독일 같은 나라들은 금 보유의 과소로 통화량을 줄일 수밖에 없었다. 통화량 감소는 곧바로 경기 침체의 불경기로 연결되어 디플레이션과 실업의 경제 불황에서 벗어날 수가 없었다. 남은 정책 대안은 의도적으로 선택한 것은 아니지만 결과적으로 그렇게 될 수밖에 없는 선택은 또 다른 전쟁이었다. 방대한 물자 생산 공급을 필요로 하는 세계대전밖에 달리 방법이 없다는 자포자기적 절망이 널리 퍼져가고 있던 시기가 1930년대였다.

1930년대는 20세기 인류 역사에서 매우 중대한 시기였다. 유럽이 자포자기적 절망에 빠져들고 있는 가운데 대서양 건너 미국은 1929년에 폭발한 대공황 속에 빠져 들었다. 이를 수습·극복하기 위해 미국 루스벨트 대통령의 뉴딜 New Deal 정책이 나왔고 케인스의 『일반 이론』을 기점으로 하여 경제 위기를 극복하기 위한 각종 노력이 강구되었다. 전쟁이 아닌 방법으로 자본주의 경제 시스템의 내부 기능을 조정하여 자본주의의 위기를 극복해 갈 수 있는 혁명적 이론 개발과 정책 활동이 왕성하게 일어났던 때였다.

11
불세출의 백기사가 나오다

1929년 대공황이 미국을 급습하자 전 세계 자본주의 경제는 심대한 충격과 타격에 휩싸였다. 그동안 식민지 시장 확보와 세력권 확장 그리고 무역 전쟁과 통화 전쟁 등 갖은 방법을 동원하여 궁지에 처해 있던 자본주의를 구출하려고 했지만 금본위제에 묶여 있는 통화 시스템의 한계에 부딪쳐 있던 상황이었다. 자본주의 경제 시스템 자체의 내부적 기능의 변혁 없이는 자본주의는 노쇠기에 접어들 수밖에 없었다. 그러던 터에 유럽에서는 독일 나치스가 세력권 확장 정책에 나서고 동아시아에서는 일본이 식민지 영토 확장을 시도함으로써 마침내 또 다른 세계대전이 일어나게 되었다.

1929년 미국 대공황의 엄습은 이같이 궁지에 빠지고 있는 자본주의의 종말을 알리는 조종弔鐘처럼 인식되기 시작했다. 미국의 루스벨트 대통령이 등장하여 뉴딜 정책을 시행하는 등 궁지 탈출을 위한 필사의 노력이 기울였다. 뉴딜 정책은 미국 경제의 근간을 민간 자율과 시장 중심에서부터 시장 규제와 정부 관리로 바꾸는 대변혁의 시작이었다. 미국 국민은 대통령 4선 연임을 허용하면서까지 루스벨트의 대변혁을 받아들이고 이에 동참하는 역사적 전환이 시작되었다.

이처럼 자본주의 경제가 1930년대에 일시에 터져 나온 일련의 위기 상황에 처하게 되었으나 자본주의를 뒷받침하는 경제학 이론은 이렇다 할 출구 대책을 제시하지 못하고 있었다. 고전 경제학이 상정하지 못했던 새로운 상황에 대처하는 이론과 철학의 빈곤 상태가 이어지는 가운데 자본주의 경제는 어쩔 수 없이 세계대전이라는 대재앙 속으로 빨려 들어가는 상황이 되었다.

이때 자본주의를 새로운 시각에서 새로운 방법으로 구조 조정하고 기능 부활을 다지는 경제 이론이 자본주의 본원지인 영국에서 고개를 들고 있었다. 다름 아닌 존 케인스John Keynes와 함께였다. 그는 케임브리지가 낳은 3대 경제학자의 하나로 꼽히는 정도가 아니었다. 그는 말하자면 자본주의 경제를 구원한 백기사였다. 백기사 케인스는 자본주의가 성숙 단계에 들어서면서 필연적으로 오는 시장 자율 기능의 노쇠 현상을 진단하고 분석하고 회생시키는 임상의사의 길을 걸었다. 식민지 개척이다, 세력권 확대다, 무역 전쟁이다, 통화 전쟁이다, 영토 쟁탈이다 하며 경제체제의 바깥에서 탈출구를 찾던 시대 조류를 거부하고 임상 해부 수술의 내부 치료로 자본주의의 노쇠 병을 내부에서 제거하여야 한다는 진단을 내리고 처방을 제시하였다. '냉철한 이론'과 '따뜻한 행동'으로 경제학 이론의 재정비를 시도한 케인스는 자본주의를 회생시키기 위한 처방을 1936년 『일반 이론』에 담아 펴냈다. 이로써 자본주의 경제의 노쇠병을 보는 시각과 대응을 혁명적으로 바꾸는 경제학의 지각 변동이 일어났다. 이른바 케인스 혁명이었다.

케인스의 비범한 안목과 인간애는 1919년부터 2년간 진행된 파리강화회의 때 영국 대표의 보좌관으로 참석하면서 세상에 알려지게 되었다. 당시 회의는 온통 독일에 대한 배상 범위와 방법론이 주제가 되다시피 했다. 이때 케인스는 영국·미국·프랑스 등 승전국 대표단이 결정한 배상이 패전국 독일 경제를 포함하여 전후 유럽 경제 전체가 입게 될 영향을 연구한 『평화의 경제적 귀결』을 발표하여 그의 자본주의 경제관을 처음으로 세상에 알렸다. 저술을 통하여 독일이 감당할 수 없는 수준으로 배상이 결정될 경우 독일 경제의 쇠퇴 뿐 아니라 유럽 경제 전체가 심대한 타격을 입게 될 것임을 경고하고 배상이 감당할 만한 수준 내에서 결정되어야 함을 설파함으로써 '따뜻한 가슴'을 가진 경제학자의 면모를 만천하에 보여 주었다. 그러나 파리강화회의는 보복적 대독 배상을 결정하였고 이로 말미암아 독일 경제가 파탄으로 치닫고 나아가 유럽 경제 전체가 흔들리게 되었다. 파탄 지경에 빠지게 되자 독일 국민들 사이에 승전국에 대한 반감과 분노가 깊고 크게 번져 갔다. 이 탓에 히틀러 나치즘이 득세하게 되고 나아가 제2차 세계대전이 발발하게 되었다. 그만큼 케인스는 경제를 종합적으로 그리고 전후 인과 관계로 보는 탁월한 혜안을 갖고 있었던 것이다.

파리강화회의의 파장에 대한 자신의 분석과 예고가 시간이 흐름에 따라 현실화되어 가자 케인스는 1923년 영국 자본주의 경제가 내부적으로 겪고 있는 곤경과 문제점을 파헤치면서 이에 대한 처방을 담은 『화폐개혁론』*A Tract on Monetary Reform* 을 펴냈다. 책에서 그는 영국에서 1914년에 정지되었다가 이후 1925년에 부활되고 1931년에 다시 폐지되는 등 향후 거듭 오락가락하게 되는 금본위제에 대한 그의 견해를 밝혔다. 한마디로 금본위제를 완전히 폐기시켜야 한다는 것이었다. 케인스는 통화와 물가가 금 보유량에 연계되어 있는 한, 즉 금본위제 하에서는 영국 경제가 고실업과 경기침체의 디플레이션 악순환에서 벗어날 수 없다고 보았다. 금 보유량이 부족하면 경기 확장이나 생산 활동 증대와 같은 성장 정책에 필요한 통화를 공급할 수 없는 상황에 빠지게 된다. 이러한 궁지에서 탈출하는 방법은 금과 통화 간 연계를 끊어 통화 공급량을 신축적으로 운영하는 경제정책뿐임을 강조하면서 이러한 정책 선택의 여지가 없는 금본위제를 폐기할 것을 역설했다. 그러나 영국 당국은 그로부터 2년 후인 1925년에 다시 금본위제로 복귀하는 수순을 밟으며 만성화된 초과공급의 늪으로 다시 빨려 들어가고 만다.

당대 경제 당국이나 경제학자들 모두에게 금본위제를 건드린다는 것은 상상조차 할 수 없는 것이었다. 그만큼 케인스의 금본위제 폐기 주장은 당시로서는 획기적인 발상이었다. 또한 선견지명의 정책 대안이었다. 자본주의 경제가 성숙기를 넘어 완전히 무르익는 난숙기에 이르면 공급 초과, 수요 부족의 디플레이션 현상이 나기 마련이었다. 성장 발달 단계의 자본주의가 왕성한 수요를 충족할 수 없는 공급 부족으로 인플레이션에 시달리는 것과는 달리 난숙기에 이른 자본주의 경제는 디플레이션이라는 노쇠 현상에 빠지게 된다는 것을 간파하고 공급 부족과 인플레이션에 시달리던 성장 발달 시기의 자본주의 때의 정책과 수요 부족의 디플레이션에 빠지게 되는 난숙한 자본주의가 필요로 하는 정책이 같을 수 없다는 인식에서 전기 단계에서 유효했던 금본위제를 후기 단계에서는 폐기해야 한다는 주장을 한 것이었다.

애석하게도 현실 경제는 케인스의 처방을 따르지 않았다. 그 결과 세계 경제는 디플레이션 경제 침체에서 벗어나기는커녕 1929년 미국 대공황의 폭격을 맞게 된다. 이에 이르러 케인스는 배상 문제나 통화제도 개혁과 같은 부분적 개혁으로는 사태를 수습할 수 없다고 보고 1936년 마침내 필생의 역작인 『일반 이론』을 내놓게 된다.

『일반 이론』은 디플레이션 침체 하의 만성화된 실업, 그리고 금본위제 하에서 금리 정책의 무력화, 과잉 공급과 과소 수요의 불균형 문제와 같은 자본주의 시스템 내부의 기능성과 구조 문제 등 전반적인 개혁 정책의 기본 골격과 운영 방향의 이론적 근거를 종합적으로 밝힌 저술이었다. 이 책에서 케인스는 고용과 금리 그리고 통화 문제를 한데 묶어 난숙한 자본주의 경제의 고질병이 된 만성적 공급 과잉, 수요 부족의 디플레이션을 퇴치할 종합 처방전을 제시하였다. 칠흑같이 어두운 밤 숲 속에서 우왕좌왕하던 경제학계와 정책 당국에게 돌연 밝은 아침 햇살과도 같은 눈이 번쩍 뜨이는 새로운 경제 이론이었다.

『일반 이론』은 성숙한 자본주의가 난숙기에 들어서면서 필연적으로 만들어내는 과잉 공급, 과소 수요 간의 불균형의 원인과 형성 과정을 분석하였다. 이러한 현상은 시장 자유의 '보이지 않는 손'으로 자연 치유되는 것이 아니라 새로운 수요를 창출하고 증대시키는 정부의 재정 개입 그리고 통화 공급과 금리의 금융 조작의 개입 없이는 치유될 수 없는 구조적 문제라고 진단했다. 따라서 정부의 재정, 금융 정책만이 과잉 공급과 과소 수요의 불균형 문제를 해결해 갈 수 있다고 보았다.

애덤 스미스 이래 경제학은 시장의 '보이지 않는' 자율 조정 기능으로 자본주의 경제가 뻗어갈 수 있다고 보는 자연주의적 낙관론에 기반을 두고 있었다. 케인스는 그러한 낙관론이 19세기 초기 자본주의의 성장 발전기에서는 통용되지만 20세기 난숙 자본주의의 시기에서는 통용될 수 없다고 진단했다. 정부나 외부의 간섭이 없는 자연 조화의 19세기 경제관은 공급·수요의 불균형이 일상화된 20세기 경제에는 통용될 수 없다고 결론 내렸다. 정부의 재정과 중앙은행의 금융 조절로써 난숙 경제의 만성병인 공급·수요의 불균형을 해소하지 않으면 자본주의는 역사의 현장에서 밀려 나간다고 진단했다.

정부의 재정 지출로써 수요를 창출하는 이른바 '총수요관리'를 통하여 시장 자율에 의한 경제 운영이 만성적 디플레이션 침체 속에 빠져들고 있는 자본주의 경제를 구제하고 살릴 수 있다고 진단하였다. 시장 자율이 해낼 수 없는 수급 불균형 문제를 정부가 재정 지출에 의한 수요 창출로 해결하지 않고는 자본주의는 운신할 수 없는 경제 시스템임을 설명하고 이를 해결하기 위하여 고용과 금리 그리고 통화 문제들을 하나의 이론 체계로 묶어 엮은 것이 케인스의 『일반 이론』으로 케인스 혁명의 경전 역할을 하게 되었다.

케인스의 수급 조작을 위한 정부의 재정 개입에 의한 수요 창출이 제시되면서 경제학의 인식에 혁명적 변화가 일게 되었다. 그때까지 자본주의 경제의 한계를 혹은 식민지 경략 혹은 보호무역 혹은 통화 평가 절하 혹은 세력권 확보와 같은 시스템 외부에서의 해결책으로 극복하려 했으나 이를 시스템의 기능조절과 시장과 정부의 역할과 같은 내부적 조치로 바꾸었다. 내부적 조치로 자본주의를 회생시키고 발전시키는 수단과 방법을 제시한 『일반 이론』의 등장으로 자본주의에 대한 회의와 비난으로 일관했던 러시아 공산 사회주의의 좌파 공격과 예단 그리고 파시즘과 군국 제국주의의 우파 공격과 예단이 모두 빗나갔음을 깨닫게 하는 계기가 되었다. 케인스의 『일반 이론』과 이의 활용을 실행에 옮겼던 프랭클린 루스벨트 대통령의 뉴딜 정책에의 참여 활동 그리고 제2차 세계대전이 끝나면서 미국의 해리 화이트 Harry White 재무부 대표와 공조하여 만든 작품이며 전후 세계 경제 질서의 초석이 된 브레턴우즈 Bretton Woods 체제 등을 통한 그의 행동적 경제 이론은 제2차 세계대전의 종료와 함께 20세기 자본주의 경제의 제2의 개화기를 가져온 케인스 혁명을 형성하는 골간이 되었다.

자본주의 경제는 애덤 스미스의 『국부론』이 발간된 이후 공산 사회주의와 같은 대안 체제 도전을 물리치고 승승장구하게 번창하여 오다가 러시아 공산혁명으로 타격을 받았으나 체제 자체는 별문제 없이 제1차 및 제2차 세계대전의 전쟁 중간기를 견디어 냈다. 그러나 그동안 자본주의 세계 경제 질서를 지탱해 주던 금본위제가 역기능을 하게 되고 난숙한 자본주의 경제의 수급 불균형의 불황이 발생하는 등 기능 장애가 일어났다. 여기에다 19세기까지 자본주의 세계 경제 시스템을 지탱해 주던 영국 경제의 조정역이 영국 경제의 쇠락으로 더 이상 자본주의 세계 질서를 관리하지 못하는 상황이 제1차 세계대전을 계기로 새로운 여건 변화가 일어났다. 영국 주도의 팍스 브리태니카 Pax Britanica 세계 질서가 붕괴되면서 이를 이어받은 대안 질서가 형성되지 못함으로써 자본주의 세계 경제는 질서 조정을 맡는 지도 국가가 없는 혼돈 상황이 발생했다.

이처럼 자본주의 세계 경제 시스템의 관리자가 없어진 전쟁 중간기가 등장되면서 운전수 없는 자동차처럼 갈지자걸음으로 흔들리다 보니 자본주의 국가들은 각자 자기만이 살기 위하여 상대방을 망가트리는 정글의 세계가 되어 가기 시작했다. 식민지 쟁탈과 세력권 확보, 보호무역과 통화 전쟁 등 상대방을 허물어뜨리고 자기만이 살겠다는 험악한 상황이 전개되었다. 살기 위한 만인 대 만인의 경제 전쟁의 시대가 되었다. 자본주의 경제의 쇠락과 정체 상황은 오히려 이러한 만인 대 만인의 경제 전쟁으로 더욱 악화되어 가면서 전쟁을 통하여 상대방을 쓰러트리는 방법밖에 다른 대안이 없다고 보는 자포자기의 상황으로 치닫고 있었다. 이러한 암울한 상황을 자본주의 경제 시스템의 내부에서 평화적으로 해결할 수 있는 길을 이론과 정책의 양측에서 제시한 것이 케인스의 『일반 이론』이고 혁명이었다. 자본주의 경제의 병리 현상으로 나타난 수급 불균형과 시장과 정부의 기능 불균형을 경제 외적 정글의 세계가 아니라 시장과 정부의 역할 조정이라는 내부 시스템의 운영 체계를 개혁하여 수급 불균형 문제를 해결하여 자본주의의 노쇠 현상을 퇴치하는 케인스의 진단과 처방은 애덤 스미스 이후 누구도 생각하고 제시한 적이 없는 새로운 경제학의 접근법을 제시하고 미국 경제의 뉴딜 정책으로 실증되고 제2차 세계대전을 수습하는 브레턴우즈 체제 구축으로 이어지면서 경제학의 새로운 지평을 열었다. 1950년대의 미국 경제의 회복과 발전이 케인스적 경제 내부의 정책 조절로써 자본주의 경제가 다시 황금기를 맞이하게 되자 앨빈 한센 Alvin Hansen 하버드대학 교수와 리처드 닉슨 Richard Nixon 미국 대통령이 '우리 모두가 케인스주의자' 라고 할 정도로 전쟁 중간기의 우울하고 불안했던 자본주의 경제는 사라지고 새로운 성장력으로 비약하는 자본주의 경제 시대가 브레턴우즈 체제·질서 속에서 오게 됐다.

12
개혁이 보수 반동을 부르다

제2차 세계대전 이후 경제학자들이 너도나도 '우리 모두가 케인스주의자'라고 할 정도로 케인스 경제학은 경제학계를 풍미하게 되었다. 그러나 하나의 학설이 지배적 위치에 오르면 거기에는 반동 운동이 일어나게 마련이다. 학문의 세계는 어느 한 패러다임의 영원한 지배하에 있는 것이 아니라 언제나 반동과 대체 운동이 일어나는 세계이다. 그럼으로써 학문 세계는 다이내믹한 변화의 연속에 있게 된다.

케인스 경제학도 애덤 스미스의 고전 경제학에 대한 비판과 반동의 산물이라고 할 수 있다. 애덤 스미스는 종교 도덕 속에 혼재해 있던 경제생활을 분리하여 독립된 객관 세계에 위치하게 한 최초의 학문적 시도였다. 애덤 스미스는 종교와 도덕 세계의 신의 섭리와 초자연주의와 선악주의로부터 경제생활을 자연적 객관세계로 분화, 독립시키는 데 있어서 경제를 자연현상적 객관 세계의 과학 법칙의 지배를 받는다는 주장을 가지고 출발했고 그렇게 하여 자연과학적 학문의 기치로 『국부론』을 저술하고 이를 통해 경제학을 창시하였다. 애덤 스미스와 함께 경제학은 비로소 자연과학적 연구 방법이 가능한 객관 학문으로 출발한 것이었다. 이러한 배경에서 애덤 스미스는 경제학을 첫째는 종교·도덕 세계로부터의 경제의 분화와 독립을 강조할 수밖에 없었고 당시 유럽 사회를 지배하고 있던 중상주의적 국가권력으로부터의 해방, 독립을 강조할 수밖에 없었다. 개인의 욕구 충족을 위한 시장의 자유로운 활동을 강조함에 있어서 '보이지 않는 손'에 의한 자연 조화가 이루어진다고 보았고 시장에서의 선택과 처신은 국가의 간섭이 없는 자유로운 상태에서의 자유방임으로 자연적으로 조화를 이루게 된다고 주장하였다. 경제를 자연현상적 객관 세계로 의제하고 경제학의 학문적 위상을 확보한 애덤 스미스가 이같이 하지 않고서는 경제의 분리·독립이 불가능한 시대 배경에서 경제학을 법칙과 논리의 과학적 학문으로 하려고 하는 것은 극히 당연한 것으로 볼 수 있다. 이렇게 애덤 스미스 경제학이 사회과학으로서의 위치를 확보해 가는 과정에서 고전적 경제 세계는 인정이나 동정심, 윤리와 같은 가치 세계가 아니라 논리와 법칙의 세계가 될 수밖에 없었다.

이같이 애덤 스미스적 자본주의가 인정과 동정, 정감이 없는 냉철하고 논리적인 경제 세계를 상정한 데에 대해 반기를 든 마르크스 경제학은 자본주의를 철천지원수처럼 대했다. 자본가의 냉정한 착취에 항거하는 노동자 계급의 한 품은 복수감을 부추겨 폭력혁명을 주장하였다. 이에 자본주의의 본고장 영국에서 마셜과 피구가 나와 따뜻한 가슴의 인정 있는 복지를 경제 세계에 불어넣음으로써 차가운 애덤 스미스 경제학을 따뜻하고 훈훈한 경제학으로 수정·보완하고자 하는 자본주의의 연성화 반동이 있었다. 한걸음 더 나아가 케인스는 『일반 이론』을 통해 경제 운영의 차질을 전면적으로 개혁하는 작업에 나섰다. 실업자와 노동자, 경제적 약자와 빈곤층을 위해 정부의 재정 지원을 통한 사회적 지원 네트워크를 만들어 감으로써 냉정하고 논리적인 자연과학적 경제학과 따뜻하고 윤리적인 인문과학적 경제학을 양립시켰다.

고전 경제학은 '보이지 않는 손'에 의한 자연 조화적 역할과 '자유방임'의 자연주의적 시장 자유 활동이 유지되는 한 경제는 생산 공급과 소비 수요 간의 균형 일치가 이루어진다고 보았다. 생산에 있어서 자본가와 노동자 간의 이해 대립의 균형이 이루어지고 통화와 물가 간 균형도 유지된다고 보았다. 이 같은 자연 조화적 균형 관계의 첫 파열음이 마르크스가 『공산당 선언』에서 드러낸 자본가 대 노동자의 계급 대립과 투쟁이었다. 마르크스의 자본주의 진단은 자본가와 노동자 간의 계급 관계는 불균형의 정태적 관계가 아니라 계급투쟁의 동태적 관계로 보고 노동자 프롤레타리아에 의한 자본주의 타파 혁명을 주창하면서 자본주의를 대체할 사회주의가 미래의 파도로 올 것이라고 주장하면서 자본주의를 타파하고 사회주의로 대체하는 계급투쟁 혁명론을 제기하였다.

이 같은 마르크스의 자본주의 비판과 타파 운동이 소련의 공산주의 등장으로 이어졌으나 자본주의 본산인 영국 등 유럽 사회에서는 별 영향을 주지 못하고 역사 속으로 밀려 나갔다. 경제가 성숙 단계로 들어서면서 애덤 스미스 경제학이 내포하고 있던 또 다른 불균형 관계인 생산 공급과 소비 수요의 차질에 의한 시스템 고장은 제1차 세계대전과 제2차 세계대전의 전쟁 중간기의 혼란과 위기의 형태로 나타났다. 식민지 영토전쟁, 보호무역 전쟁, 세력권 확장 전쟁, 환율 절하의 통화 전쟁 등 온갖 혼란 상황이 자본주의의 존립을 의심하게 하는 위기 상황을 가져왔다. 케인스 경제학 혁명과 마르크스의 사회주의 혁명이 다 같이 자본주의적 위기 상황에 대처하기 위한 대안 제시였지만 케인스 혁명은 자본주의 내부 기능 관계의 혁신이라는 내부 혁명을 거쳐 자본주의 회생에 기여한 성공한 혁명이었고 마르크스의 혁명은 자본주의를 사회주의로 대체하려는 혁명이었다. 마르크스 혁명은 결과적으로 케인스 혁명으로 더 다져진 자본주의의 높은 벽에 부딪쳐 실패한 혁명이었다. 케인스 경제학은 어둠 속에 허물어져가고 있던 자본주의를 다시 일으키는 체제 개혁의 학문으로서 자본주의 경제의 장래를 희망의 세계로 바꾸어 놓았다. 이처럼 케인스 경제학이 자본주의를 회생시키면서 세계의 경제학계는 케인스 학문의 독무대가 되리만큼 절대 권위와 인기를 독차지하기에 이르렀으나 다른 한편에서는 이에 반동하는 경제학이 서서히 움직이기 시작했다.

첫 번째 반동은 오스트리아 경제학파에서 나왔다.

20세기까지의 자본주의 경제학의 흐름은 영국을 중심한 애덤 스미스의 경제학이 주류를 형성하고 이에 맞서는 유럽 대륙 특히 오스트리아에서 형성된 변방 경제학으로 형성되어 있었다. 미국에서는 이렇다 할 경제학 세력이 형성되지 않았다. 1776년의 애덤 스미스 경제학으로부터 100여 년이 지난 1880년대에 등장한 대항 학파는 칼 멩거 Carl Menger를 중심으로 형성된 오스트리아학파였다. 애덤 스미스의 주류 경제학은 인간과 시장과의 관계, 시장과 정부와의 관계라는 외부적 객관적 사실의 연구, 관찰에서 얻어진 결론을 이론화하는 귀납적 연구 방법론을 채택하고 있었다. 이에 반하여 오스트리아학파는 경제학은 개별 인간의 경제 욕구와 행동 양식의 관찰과 분석에서 출발하여야 한다고 보았다. 개별 인간의 경제 행위의 심리적, 주관적 연구 관찰에 의한 연역적 연구 방법론을 채택해야 한다고 보았다. 집단적 인간의 경제 행위의 사회 현상의 분석, 이론에서 출발하는 것을 비판하고 개별 인간의 경제 욕구와 행동 선택을 인간 행동학 praxeology에서 파악되어야 한다고 보는 개인주의적, 주관주의적 심리 분석적 방법과 결론에서 경제학이 출발하여야 한다고 주장하였다.

경제 현상을 집합체 속의 사회적 개인이 아니라 인간 본성의 생물 개체적 개인을 상대로 하는 오스트리아 경제학파는 인간의 생물적 주관 세계에서 관찰, 파악된 것에서 출발하여 사회현상인 경제를 파악하여야 한다고 생각했다. 오스트리아학파의 경제학자들은 경제생활에 있어서 개인의 주관적 선호 과정을 한계적 변화과정으로 파악한 개인주의적 한계론자 marginalist들이었다. 애덤 스미스와 마르크스 경제학이 경제 가치 economic value 를 노동의 투입 산출 과정 속에서 파악했던 것에 반해 이들은 경제 행위에 종사하는 개인의 선호 정도가 경제 가치를 결정한다고 보았다. 이렇듯 경제 가치를 주관주의적 접근에서 생성된 것으로 보기 때문에 시장 가치나 객관적 가치를 주어진 것으로 보고 경제 현상을 연구·관찰하는 것에 대해 반대한다. 이들에게 경제 가치란 객관적으로 주어진 것이 아니라 개별 개인의 필요성과 효용성에 따라 개인의 선택과정에서 형성되는 내면적 평가의 결과물이 된다.

애덤 스미스 경제학이 시장의 수요·공급의 균형 문제를 '보이지 않는 손'이라는 객관적 자연현상으로 이루어진다고 보았던 반면 오스트리아학파는 수요자들의 한계효용과 공급자의 한계 생산비가 서로 접하는 주관적 가치 선택의 객관화라고 주장하였다. 오스트리아학파 경제학자들은 개인의 욕구와 선택이 경제의 근본 시발점임을 강조하고 가격과 금리도 같은 맥락의 한계효용과 한계비용의 접점에서 결정된다는 한계주의적 시장 결정론자였다. 개인의 취사선택과 동떨어진 객관적 경제 현상이나 외부적 간여는 철저하게 배격되었다.

멩거는 이러한 한계주의적 시각을 경제 연구에 처음 도입한 학자였다. 그는 1883년 펴낸 『방법론 전쟁』에서 경제 현상이 시장에서 결과적으로 나타나고 관찰되는 인간 행동의 귀납적, 통계적 집합이 아니라 개개인의 인간 행동의 기본 구조와 법칙에서 시작된 연역적으로 파악되는 개별적 개인의 선택 행동에서 파악되어야 한다는 주장하였다. 이러한 한계주의적 경제학 방법론은 오이겐 폰 뵘바베르크 Eugen von Böhm-Bawerk 를 거쳐 루트비히 폰 미제스 Ludwig von Mises 로 승계 발전하게 된다. 이는 다시 1940년대의 프리드리히 폰 하이에크 Friedrich von Hayek 로 이어지고 시카고대학의 밀턴 프리드먼 Milton Friedman 을 거쳐 1980년대 이후 미국과 세계의 주류 경제학으로 발전하였다.

두 번째 반동은 1947년에 스위스의 한 산장에서 처음 결성된 학술 동호회, 몽 펠르랭 소사이어티 Mont Pelerin Society 에서 제기되었다.

몽 펠르랭 소사이어티는 오스트리아학파의 하이에크가 주도하여 결성한 모임이었다. 집단주의의 공산주의 사상을 반대 비판하면서 동시에 케인스의 국가 개입도 집단주의로 보고 규탄하는 학술 동호회로 서른아홉 명의 경제학자, 역사학자, 철학자 등 학술계 인사와 옛 오스트리아 헝가리 제국의 황족 후예와 이탈리아, 독일의 귀족과 대부호 등 중세로부터 이어온 귀족 상류사회 인사들이 발기인이었다. 이들 발기인의 대표적 학자 가운데 모임을 주도한 경제학자 하이에크와 철학자 칼 포퍼 Karl Popper 가 세인의 주목을 받고 있었다.

하이에크는 케인스로 대표되는 영국의 정통 경제학과 경쟁하던 오스트리아의 변방 경제학의 전통을 이어받고 있던 학자로서 공산주의 경제학에 못지않게 케인스 경제학을 위험한 학문으로 간주했다. 그는 케인스 경제학을 공산주의에 못지않은 집단주의적 경제학으로 규정하고 케인스 경제학을 헐뜯고 배격하는 선봉에 선 학자였다. 이 같은 연유로 하이에크는 몽 펠르랭 소사이어티를 발기할 때 케인스 경제학이 지배하고 있던 하버드대학이 아닌 반反케인스 성향의 시카고대학 교수 프리드먼을 초대하였다. 이것이 인연의 계기가 되어 케인스 경제학의 근간인 국가 재정 개입을 철학적 오류의 극치라고 혹독하게 비판한 하이에크의 저서인 『예종의 길』 *The Road to Serfdom* 의 출판이 영국의 대학들로부터 거부당하자 프리드먼은 1944년 시카고대학 출판부에서 이를 발행하도록 하게 하는 등 하이에크 경제학의 미국 기지를 제공하였고 이를 계기로 시카고대학은 하이에크와 프리드먼의 반케인스 경제학의 중심으로 부상하게 되었다. 이 두 사람 경제 이론의 기본은 개인의 자유로운 시장 활동을 제약하는 그 어떤 국가권력이나 정부 간섭을 철저하게 거부하고 비판하는 데 있으며 이들 중심으로 새로운 네오콘 경제학파를 형성하게 된다. 케인스의 국가 개입을 배격하고 철저한 개인 선택의 자유주의를 앞세운 신자유주의 Neo-liberalism 경제학파가 탄생하게 된다.

몽 펠르랭 소사이어티는 공산주의와 케인스주의를 같은 평면에 두고 철두철미 후려치는 학술 단체로 발전해 갔다. 케인스 경제학의 국가 재정에 의한 총수요관리를 집단주의적, 반자유주의적 국가권력에 의한 경제 관리로 규정하고 규탄했다. 여기에는 오스트리아학파에 속하는 하이에크의 케임브리지학파 케인스에 대한 오랜 개인적 반감도 크게 작용했다. 1974년 하이에크가 노벨 경제학상을 수상하게 되면서 학계와 금융계에서 케인스 경제학은 거부되기 시작했다. 프리드먼은 학문 활동을 통해 케인스적, 루스벨트적 이론과 정책을 레이건 행정부와 함께 뿌리 뽑는 일에 일생동안 혼신의 노력을 한 이였다. 이 같은 반케인스적 정서와 이론의 배양지가 바로 몽 펠르랭 소사이어티였다.

몽 펠르랭 소사이어티는 케인스 경제학과 함께 러시아의 공산주의 경제학을 싸잡아 반자유주의적 시대 역류로 규정하고 매도하였다. 1962년 하이에크는 시카고대학을 떠났으나 프리드먼의 주도하에 시카고대학 경제학부는 케인스 경제학에 대한 거부 운동을 반공산주의 운동에 포함시켜 갔다. 시카고대학의 신자유주의 경제학은 케인스 경제학의 뿌리였던 정부 재정의 역할을 월가 금융자본과 연결된 미국 연방준비은행FRB의 금융으로 대체하였다. 몽 펠르랭 소사이어티와 시카고대학 경제학부는 재정의 총수요관리의 경제 운영 방식을 대학 강단과 초청 토론회 등에서 반대하는 반케인스 캠페인을 기회가 있을 때마다 줄기차게 펴 나갔다. 그들은 '선택의 자유'라는 기치를 세우고 미국 정부에서부터 칠레의 군사정부에 이르기까지, 학계에서 금융계, 실업계에서 정부기관에 이르기까지 전 방위적으로 반케인스 캠페인에 몰입하였다.

그렇듯 몽 펠르랭 소사이어티는 공산주의와 케인스주의가 다 같이 전통적 자본주의의 자유주의를 훼손하는 데 대한 반동으로 생긴 연구 모임이지만 그 기저에는 변화를 수용하고 따라가는 진보주의적 사상 체제와 루스벨트 시대를 거부하는 보수주의적 집단의식이 흐르고 있었다. 경제학을 주된 표적으로 하였으나 공격 대상이 경제학을 넘어 역사와 철학에 이르는, 시대의 역사적 흐름 전부를 망라하는 문명 비판 학술단체였다. 회원의 대부분이 중세 봉건 귀족 출신으로 변천하는 시대 상황에 따른 변화와 개혁의 진보를 비판 거부하는 단체였다.

이 단체를 주도한 하이에크는 케인스 경제학이 자본주의 경제를 시대의 변화에 따라 성공적으로 개혁·혁신해 가고 있는 데 대해 질시의 눈초리를 감추지 못했던 학자였다. 그는 애덤 스미스 경제학을 변하는 시대 상황과 주변 여건에 맞게 보강해 왔던 마셜·피구·케인스 등이 일으킨 일련의 진보주의적 흐름에 대하여 못내 못마땅하게 생각하며 개인 중심의 연역 프레임에서 한 발짝도 벗어나기를 거부했던 오스트리아학파의 반동 운동을 몽 펠르랭 소사이어티를 통해 응집시켜 간 것이었다.

이 같은 몽 펠르랭 소사이어티의 반동적 보수주의는 케인스 경제학이 스태그플레이션이라는 새로운 암초를 만나 휘청거리지만 않고 건강하게 발전해 갔다면 발붙이지 못했을 것이었다. 그러나 케인스 경제학이 스태그플레이션이라는 엉뚱한 복병을 만나 좌절하게 되면서 몽 펠르랭 소사이어티의 반동적 보수주의 정체가 감추어진 채 케인스 시대에 종지부를 찍고 미래를 열어 가는 새로운 경제학으로 부상하게 된 것이었다. 신자유주의 Neo-liberalism 의 '신' Neo 자로 이 같은 변신을 포장하였다.

개인과 시장, 시장과 정부 그리고 생산 공급과 소비 수요, 생산업과 금융업 등 경제 시스템의 핵심을 이루는 구성체들 간에는 상호

역작용이 존재한다. 이 관계가 주변의 변화에 맞추어 그때그때 균형을 잡을 수 있도록 하지 못하고 기능이 한쪽으로 쏠리게 방치하게 되면 경제 시스템은 흔들리게 마련이다. 신자유주의 경제학은 경제학의 그 같은 기본 명제를 무시하고 개인 선택과 시장 중심을 일방적으로 앞세우는 보수주의적 과거 회귀로 치닫게 되었다. 그런데 신자유주의 경제학이 새로운 경제학으로 부상하고 각광을 받게 되었던 것은 케인스 경제학의 퇴조 조류 속에 몽 펠르랭 소사이어티의 보수성이 묻혀 버렸기 때문이었다.

경제학, 자폐에 빠져들다

4부

13
신자유주의의 역풍이 일다

몽 펠르랭 소사이어티는 애덤 스미스 이후로 주류 경제학이 겪은 역사와 변화를 부정하고 애덤 스미스 경제학의 원점으로 돌아가려는 입장을 취한다. 인간이 물질적 욕구를 채우기 위한 '선택의 자유'가 보장되도록 시장의 활동이 외부 간섭을 받지 않도록 하는 질서와 제도가 최선이라는 관점이다. 후대의 경제학자들이 자유주의 시장경제를 보강하고 혁신한다며 이것저것 고치고 더한 것이 원래 단순한 애덤 스미스 경제학을 복잡한 누더기로 만들었다는 것이다. 몽 펠르랭 소사이어티는 마셜과 피구, 케인스가 고전 경제학에 더한 '따뜻함'과 '후생 복지', '총수요관리'를 불순 첨가물로 규정하면서 그러한 첨가물을 모두 뜯어내고 선택의 자유가 보장되는 자유 시장경제를 회복함으로써 애덤 스미스 시대로 돌아갈 것을 주장한다.

그간의 변화와 혁신을 경제학의 진화가 아닌 퇴화 과정으로 보는 몽 펠르랭 소사이어티의 역사관에서 사회주의라는 혹을 붙이려는 마르크스나 정부 개입을 강조하는 케인스는 모두 '적'이 된다.

이들을 물리치는 전쟁에는 오로지 말끔한 소탕뿐, 타협이나 관용의 여지는 없었다. 이 소탕 작전의 거점이 된 시카고대학에서 하이에크와 프리드먼은 케인스주의를 물리치고 자유주의적 애덤 스미스 경제학의 원래 모습인 객관주의적 자연과학으로 돌아가려는 신자유주의의 깃발을 높이 든다. 시카고학파의 신자유주의 경제학은 시장자율과 미국 연방준비은행의 금융 관리에 의한 경제정책의 일원화를 앞세워 케인스 경제학에서 주장한 정부의 재정 개입과 시장 규제, 후생 복지, 경제 관리 같은 정책이 개입하지 못하도록 철저히 봉쇄하였다.

케인스 경제학이 경제학계를 주름잡으며 '우리 모두가 케인스주의자'라는 말까지 나오던 1950년 무렵부터 케인스 경제학을 학문적으로 다듬는 작업이 시작되었다. 영국의 존 힉스 John Hicks 와 미국의 폴 새뮤얼슨 Paul Samuelson 은 시장의 자율을 중시한 애덤 스미스의 고전 경제학과 정부의 재정 개입에 비중을 둔 케인스 경제학을 융합하려 했다. 그 결과가 신고전 경제학으로 체계화됨으로써 케인스 경제학은 정통 경제학의 법통을 잇는 학문으로 자리매김한다.

그러나 이 계승의 과정에서 케인스 경제학은 변질되기 시작한다. 케인스 경제학은 본래 인문사회학적 경제학이었다. 케인스 본인은 케임브리지대학에서 통계학을 전공하여 수학적 두뇌를 갖고 있었음에도 불구하고 수학과 통계에 사로잡히지 않고 넓은 시야에서 이론을 펼친 인물이었다. 자유분방한 자세에서 경제를 보던 케인스의 경제학은 그러나 신고전 경제학으로 재편된 후로 수학 모형과 통계적 접근법을 받아들였다. 그러면서 전체적인 경향을 분석하던 거시 경제학이 적확한 수학·통계 모델을 추구하는 미시경제학의 틀에 묶이는 변질이 빠르고도 폭넓게 이루어졌다. 케인스 경제학의 IS–LM 모형이 그 대표적인 수학 모형이었다. IS–LM 모형은 도표의 가로축은 총국민생산량 Y, 세로축은 이자율 *i* 을 표시하며, LM 곡선과 IS 곡선이 교차하는 점에서 재화 시장과 금융 시장이 균형을 이룬다는 섬세한 모형으로서 불황 극복의 총수요관리를 설명하는 도구이다.

이로써 복잡하고 불확실한 경제 현상의 가변성은 배제되고, 도표상의 수학 모형이 현상을 단순화하고 정형화하게 되었다. 케인스는 평생 동안 인문학적 소양을 발휘하여 공적 세계에서의 정책 문제에 관심을 가지고 자주 정부에 자문과 건의를 제공했다. 그는 전후 국제 경제 문제를 처리하고 새로운 미래를 설계하는 브레턴우즈 체제 설계에 관여하는 등 그때그때 변하는 외부 환경에 맞춰 이론을 수정하며 큰 흐름을 다루는 사람이었다. 자기 이론의 틀에만 갇혀 바깥 세계를 그에 맞춰 관찰하고 해석하는 고루한 학자와는 거리가 멀었던 것이다. 수학 모형의 정교한 정태 세계가 아닌 현실 경제의 복잡한 동태적 상황 속에서 살아온 그의 방대한 시각과 구상이 낳은 경제 이론이 신고전 경제학으로 변질된 후에는 정교한 수학 모형의 틀에 갇혀 그 타당성 여부로 평가받는 얄궂은 상황이 된 것이다.

케인스가 살던 20세기 전반기에는 과잉 공급과 과소 수요에 의한 수급 불균형이 만성화되면서 자본주의 경제의 노쇠 현상이 나타나고 있었다. 1936년 그의 『일반 이론』이 나오기까지 모든 자본주의 국가에서는 넘쳐나는 생산물의 소비 문제를 해결하기 위해 영토 전쟁이며 보호무역 전쟁, 환율 조작 통화 전쟁 등 온갖 수단이 동원되었지만 효과가 없었다. 마침내 1929년 미국의 대공황으로 상징되는 자본주의 경제의 붕괴가 일어나면서 세계는 결국 제2차 세계대전으로 치닫고 만다. 이 기간 동안 세계 대부분의 나라는 과잉 공급과 과소 수요에서 오는 저물가와 고실업의 디플레이션에 시달렸다. 케인스의 『일반 이론』은 바로 이때 무너져 가던 자본주의를 회생시킬 방안으로 재정에 의한 추가 수요 진작책인 총수요 관리를 제시하였다.

케인스가 경험하고 예상한 경제 세계에서 수요 초과와 공급 부족이라는 상황은 상정되지 않았다. 그가 경제 회생을 위해 제시한 이론과 정책은 모두 수요를 늘리고 경기를 활성화하며, 실업을 줄이고 생산을 정상화하는 것뿐이었다. 그에게는 경기를 진작시켜 성장 경제를 회복하고 남아도는 생산 여력을 모두 활용하는 것이 디플레이션 침체를 벗어나고 인플레이션 경기의 회복으로 완전고용 상태를 회복하는 길이었다. 만성 디플레이션 경제 환경에 익숙한 케인스에게 초과수요에 의한 인플레이션 현상은 상상하기 어렵고 걱정할 필요도 없는 일이었다. 다른 한편으로 그는 『화폐론』에서 통화

관리가 잘못되면 통화 증발에 의해 통화가치가 떨어지는 인플레이션의 위험을 경고했다. 이것을 방지하기 위해서는 정부기관이 아니라 중립적인 금융기관인 영란은행 Bank of England 이 통화 발행권을 독점해야 한다는 것이 케인스의 주장이었다. 그러나 여기에서 통화 증발 增發 에 의한 인위적 인플레이션은 고려되지 않고 있었다. 이처럼 통화 발행권의 엄격한 통제 하에서 수요 증대를 통한 경기 진작은 금융이 아닌 재정 자금의 활용이 중심이 되었다.

그런데 신고전 경제학으로 발전하여 경제학의 법통을 잇는 이론으로 자리 잡은 케인스 경제학은 이제 수학적 접근 방법과 융합할 수밖에 없었다. IS-LM 수학 모형과 케인스 경제학이 접합하면서 케인스의 수요 진작에 의한 고용 증대 이론 또한 수식 모형으로 정교하게 다듬어지게 되었다. 케인스가 그의 시대 상황에서 관찰하고 이론화한 인플레이션과 고용과의 상관관계는 1950년 이전의 상황에서는 통용되고 수긍되었지만, 이것이 필립스 곡선 Phillips curve 이라는 도표에 의한 수학 모형으로 압축되면서 시공을 초월하는 법칙 세계의 이론으로 탈바꿈하기 마련이었다. 여기에 과잉 수요와 과소 공급이라는, 케인스의 시대에는 상상도 할 수 없었던 상황이 닥친다. 1960년대 초 미국 경제는 베트남 전쟁에 의해 발생한 막대한 전비 수요를 공급할 생산 여력이 떨어지면서 수요 초과에 의한 적자와 인플레이션에 시달린다. 또한 1970년대부터 국제정치의 새로운 변수가 된 오일쇼크에 의한 석유 가격 인상이 맞물리면서 재정 인플레이션에 의한 물가 인플레이션은 악화 일로를 달린다. 여기에 존슨 대통령의 '위대한 사회' Great Society 를 향한 사회개발 정책이 겹치면서 미국 경제는 여태까지 경험하지 못한 인플레이션 불황으로 빠져든다.

이러한 상황에서 케인스 경제학의 수학 모형화의 하나인 필립스 곡선 이론에 문제가 발생했다. 원래 필립스 곡선에서 물가상승률과 실업률은 반비례 관계를 보인다. 하지만 이 시대의 현실에서는 베트남 전쟁에 따른 초과 수요와 석유 가격 폭등에 의해 인플레이션과 함께 고용도 감소하고 물가와 실업률이 동시에 오르는 정비례 관계가 나타났다. 수학 모형이 된 케인스 경제학의 핵심인 필립스 곡선이 경제 현실과 어긋난 것이다. 이 같은 상황은 그렇지 않아도 케인스의 몰락을 호시탐탐 노리던 시카고의 신자유주의 경제학에 좋은 기회가 되었다. 하이에크와 프리드먼 등 반케인스주의 경제학자들은 기다렸다는 듯 일제히 포문을 열고 케인스 경제 이론의 오류와 허구를 공개 비판했다. 이들 시카고대학의 신자유주의 경제학파는 케인스주의를 따르는 재정론자에 맞서는 개념인 통화론자 monetarist 라 불린다. 이들은 1970년대 이후 고물가와 고실업이 함께 나타나는 불황을 가리키는 스태그플레이션 stagflation 이라는 신조어를 만들었다. 그와 함께 필립스 곡선 이론의 내용과는 달리 침체 stagnation 과 인플레이션 inflation 이 공존하는 스태그플레이션 이론이 정립되면서 케인스 경제학의 전성기는 끝을 맺는다.

실업률과 인플레이션의 상반 관계를 주장한 필립스 곡선 이론에서는 인플레이션이 일어나면 가동되지 않고 있는 생산 공장과 연관 생산 요소를 가동케 하는 소비 수요가 발생하면서 실업 상태의 노동자가 재취업하는 상황을 전제한다. 총수요의 부족으로 노동자의 고용이 불안한 상태에서는 통화 공급의 인플레이션이 일어나고 경기가 활력을 띠면 고용 수요가 늘어난다. 이때 노동자는 고용 자체가 급한 만큼 임금 인상 같은 것은 미루고 종전의 임금 수준으로 고용에 응한다. 그러나 이런 현상은 단기간으로만 통용되는 설명일 뿐, 이런 상황이 장기간 이어지면 노동자들이 인플레이션만큼 임금 인상을 요구하게 된다. 고高 인플레이션→저임금→고高 고용의 등식이 고인플레이션→고임금→저고용으로 바뀌는 셈이다. 그렇다면 필립스 곡선은 단기적으로 보면 옳아도 장기적으로는 그릇된 것이 된다. 그러나 케인스 경제학에 반감을 가지고 매도하려고 벼르던 프리드먼은 이를 케인스 경제학의 근본이 잘못된 때문이라고 몰아붙였다. 스태그플레이션이라는 신조어를 앞세운 그의 격렬한 공격 앞에 케인스 경제학은 큰 위기에 처한다.

이를 고비로 케인스 경제학은 빛을 잃기 시작했다. 결국 케인스 이론의 전제는 총수요 부족으로 생산 공급이 원활하지 못하고 잉여 생산 능력이 있는 특수한 상황에서만 적용될 뿐 생산 공급 능력이 부족한 상황에서는 통용될 수 없는 것으로 판명되었다. 고전 경제학이 전제하는 '세이의 법칙', 즉 "공급은 그 자체로 수요를 창출한다."라는 완전고용 상태를 예외적인 특수 상황이라고 비판했던 케인스학파는 이제 그들 스스로가 생산 공급 능력이 남아놀아 생긴 불완전고용 상태라는 특수 상황에만 통하는 경제 이론이라는 비판을 받기 시작했다. 재정 개입이라는 거시 경제 수단을 총수요가 부족하여 생산 공급력이 가동되지 못하는 특수상황이 아닌 경우에까지 적용하려는 데서 케인스 경제학의 한계가 드러난 것이다.

케인스 경제학의 주 무기였던 재정 개입 정책이 한계에 부딪치자 재정 개입의 주체였던 정부의 역할에 대한 비판이 일어났다. 케인스 경제학에서는 정부에게 경제 침체와 실업 문제를 풀어가는 기관차 같은 역할을 부여한다. 케인스는 정부의 경제 개입 활동을 선한 것으로 보았다. 정부가 재정을 통해 적극적으로 경제에 개입함으로써 실업과 불황이 없는 경제라는 선순환을 낳는다. 정부에 의한 거시 경제정책을 중시한 케인스의 정부 중심주의에서는 개인의 자유 선택이나 한계효용과 한계 생산성의 교차에서 일어나는 '보이지 않는 손'에 의한 비인적인 시장은 부차적인 문제였다. 개인의 자유 선택과 시장의 역할에 대한 새로운 시각은 1970년대의 스태그플레이션이라는, 케인스 사전에는 없던 괴물이 케인스 경제 세계를 흔들어놓으면서 등장하게 된다.

19세기 말 개인의 선택과 시장 균형 문제에 주관적, 한계론적으로 접근한 멩거가 창시한 오스트리아 경제학파는 뵘 바베르크를 거쳐 20세기 이후로는 미제스 등의 학자에 의해 개인의 선택과 시장 역할, 사유재산제를 옹호하면서 마르크스를 비판하는 학파로 이어져 왔다. 이 오스트리아학파를 계승·발전시킨 20세기의 거물 경제학자가 하이에크였다. 그는 케인스의 경제학이 한창 득세하던 1947년에 스위스의 산장 몽 펠르랭에서 학술 모임을 조직하여 언젠가는 케인스주의자들을 몰아낼 지식인을 배양하고 있었다. 그들의 눈에 케인스의 국가재정주의는 그들이 철저히 반대하는 마르크스주의의 집단주의와 궤를 같이 하는 것으로 보였다. 이 몽 펠르랭 소사이어티의 젊은 회원 한 사람이 케인스 경제학의 격하 운동을 주도한 경제학자 프리드먼이었다.

1974년 하이에크가 노벨 경제학상을 받으면서 그가 이끄는 신자유주의 오스트리아학파는 경제학계의 중심에 확고히 선 반면, 스태그플레이션 앞에 무력을 드러낸 케인스 경제학파는 이론과 현장에서 완전히 밀려나게 되었다. 오스트리아학파는 프리드먼이 있는 시카고대학으로 본거지를 옮겨 케인스 경제학의 비판을 더욱 거세게 전개한다. 1980년대에 이르면 시카고대학의 로버트 루카스 Robert Lucas 가 "어느 경제학자든 케인스주의자라 불리면 모욕을 느낄 것이다."라고 말할 정도였으니, 닉슨 대통령이 '우리 모두가 케인스주의자'라고 했던 1960년대와 비교하면 그야말로 격세지감이라 하겠다. 하이에크 이후로 노벨 경제학상을 시카고대학의 신자유주의 경제학자들이 거의 휩쓸면서 미국 경제학의 주류는 프리드먼류의 통화론이 되었다.

프리드먼은 1930년대 대공황의 원인이 미국 연방준비은행이 화폐 공급, 즉 통화 유동성을 증대한 것이 아니라 긴축한 데에 있다고 지적했다. 그는 저서 『미국 통화사』에서 경제활동 공간의 가장 중요한 인자를 정부의 재정이 아닌 연방준비은행의 통화로 보면서 연방준비은행이 정부 간섭 없이 시장 흐름의 물가 상황을 감안하여 유동성의 수급을 자동 조절하여야 한다고 주장함으로써 정부의 재정을 앞세우는 케인스 이론의 뿌리를 뒤흔들기 시작했다. 그리하여 시카고학파가 주도하는 미국의 경제학계에서는 연방준비은행의 독자적 통화 조절을 통한 시장 금리의 흐름으로 경제 운용을 조절한다는 통화론자의 주장이 대세가 되었다. 개인 자유 선택의 시장과 연방준비은행의 금융 정책과의 관계 속에서 경제를 운영해야 하며, 정부의 재정 개입은 이러한 시장 수급 기능을 왜곡하는 해악으로 보는 시카고대학의 신자유주의 경제학 조류는 1980~90년대의 미국 경제계를 주름잡았다.

이와 같은 신자유주의적 통화론의 등장은 곧바로 경제 현장으로 이어진다. 미국의 레이건 대통령과 영국의 대처 수상이 제창한 신자유주의 경제정책은 1970년대 스태그플레이션의 원인을 정부의 재정 남발과 노동조합이 유발한 노임 경직성 등으로 인한 생산성 저하로 본다. 그에 따라 추진된 작은 정부와 큰 시장, 정부 재정 축소, 규제 철폐, 정부기업의 민간 불하, 기업 구조조정, 금융의 국제 자유 이동의 보장 등의 조치가 미국의 스태그플레이션과 영국의 '영국병'을 치유하게 되었다. 세계가 여기에 주목하면서 신자유주의 경제학은 이제 전 세계로 뻗어나간다. 남미의 칠레 등 여러 나라에서 프리드먼의 제자들을 경제 고문으로 초청할 정도였다. 이로써 1950~70년대의 케인스의 재정주의 fiscalism 경제학은 프리드먼의 통화주의 monetarism 중심의 신자유주의 경제학으로 대체되었다. 정부 재정의 끈으로 경제를 이끌던 시대가 가고 중앙은행의 금융의 끈으로 경제를 관리하는 시대가 되었다.

미국을 비롯한 세계 경제학계의 중심에 선 신자유주의 경제학파는 경제학 연구의 방향을 바꾼다. 1970년대 미국의 스태그플레이션의 수습을 정부 재정에 의한 유동성 조절이 아니라 연방준비제도이사회 FRB 의 폴 볼커 Paul Volcker 의장에 의한 고금리 정책 및 통화량 수축을 통한 인플레이션 극복과 경제 안정의 회복이 가시권에 들어오면서 신자유주의 통화주의자들이 경제정책의 중심을 잡기 시작했다. 볼커가 이끈 FRB의 금융 조작으로 1981년 13.5퍼센트에 달하던 인플레이션이 1983년에는 3.2퍼센트로 진정되고 두 자릿수의 금리도 한 자릿수가 되는 등 경제 안정이 회복되었다. 이때부터 재정 개입이 아닌 연방준비은행의 통화 공급과 이자율 조절을 통한 금융 조작으로써 경기의 조절과 시장 수급을 관리하는 것이 미국의 거시 경제정책의 중심 수단으로 자리 잡았다. 미국뿐 아니라 모든 자본주의 국가의 실업계와 언론은 연방준비제도이사회 의장의 말 한마디만 쳐다보게 되었다. 이 같은 금융권의 중심권 확보에 의해 경제 관리와 경제정책이 시장 수급에 의한 자율 결정이 우선되면서 경제 흐름은 개인과 기업의 자유로운 선택에 의한 시장의 자율 기능에 의해 움직이게 되었다. 그럼으로써 금융의 활동 무대가 한 국가의 범위를 넘어서서 지구촌 전체를 상대하는 세계화 globalization 시대가 열리게 된다.

신자유주의 경제 이론에 입각한 작은 정부와 큰 시장, 금융사본의 세계화가 짝을 이루자 금융자본이 아무 규제도 받지 않고 수익 극대화를 추구하는 금융자본주의 시대가 열렸다. 오로지 수익 극대화만을 경제활동의 최고의 가치로 삼는 배금주의적 금융자본이 발호하여 기승을 부리기 시작했다. 신자유주의 경제는 경제학을 인문과학으로 보지 않고 이윤 추구의 극대화를 위한 논리와 법칙이 지배하는 과학적 계산의 학문으로 보았다. 1953년의 「실증주의적 경제학의 방법론」에서 프리드먼은 경제학을 객관적 존재물로 보면서 객관적인 경제학을 위해서는 정책적 가치 판단이나 윤리 문제로부터 자유로워야 함을 강조한다.

이제 경제학 이론을 평가하는 기준은 인문학적 가치가 아닌 경제 예측·수익 계산 수단으로서의 적확성과 효용성이었다. '냉철한 두뇌와 따뜻한 가슴'을 강조한 마셜이나 후생 복지의 피구, 실업과 불황 극복을 위해 재정 관리를 내세운 케인스가 모두 배척되고 나자 남은 것은 '냉철한 머리'만 가진 차가운 경제학이었다. 사람의 삶을 따뜻한 가슴으로 보살피던 경제학의 전통은 사라지고, 냉철한 두뇌에 의한 수리 통계학적 법칙만을 내세우는 실증주의적 신자유주의 경제학이 지배하기 시작했다. 인문 윤리가 빠진 실증주의 경제학은 위성 발사를 담당하는 미국 항공우주국 NASA 의 로켓 기술자처럼 비상한 고급 수리학적 두뇌를 갖춘 공학자들이 돈벌이를 위해 만들어낸 수학 공식과 통계 확률만이 지배하는 냉혹한 계산 세계가 되어버렸다. 시카고대학의 통화주의자들이 고안한 수많은 수리 모형과 고급 수학 통계 이론으로 짜인 경제학은 금융공학 financial engineering 으로 변질되어 버렸다. 오늘날 금융 버블 붕괴의 주범인 채권의 증권화 기법이며 초단기적인 리스크 전가의 수단으로 등장한 파생 금융 상품과 선물 시장, 옵션 시장 등을 창안하고 보급한 학자들이 대부분 시카고대학 출신의 프리드먼류의 신자유주의적 통화주의자임은 극히 당연한 일이다.

돈벌이의 수리 모델이 중심이 된 금융공학을 익힌 펀드 매니저와 투자은행가들이 월가의 금융을 지배하고, 이들과 관계가 깊은 연방준비은행의 금융자본이 미국 경제를 좌지우지하면서 실물경제의 제조업 중심 메인 스트리트 Main Street는 뒷전으로 밀려났고, 독일과 중국을 제외한 대부분의 선진국에서 제조업계는 글로벌 금융자본의 인수·합병 M&A과 레버리지 매수 leveraged buyout 등 금융 지배의 위세 속에서 상대적으로 위축되어 갔다. 반면 금융자본의 초국가적 글로벌리제이션을 앞세우는 미국 재무성과 IMF 그리고 월가가 밀어붙인 이른바 워싱턴 컨센서스에 의한 글로벌 금융자본의 발호와 지배를 거부하고 제조업 산업의 기반을 다진 독일과 중국은 영·미와 좋은 대조를 이룬다. 수식 중심 금융공학을 익힌 금융인의 높은 보수, 연금, 보너스, 호화판 파티장과 파란 작업복을 입은 제조업 종사자의 작업 현장은 쇠약해 가는 영·미의 산업경제와 제조업 경제의 뒷받침으로 건실하게 발전해 가는 독·중의 경제만큼이나 선명한 대비를 이룬다. 금융의 월 스트리트와 제조업의 메인 스트리트 간 균형 관계 회복이 21세기 경제의 새로운 패러다임 도전으로 부상하고 있는 것이다.

21세기에 들어선 이래 모든 경제 위기는 '냉철한 머리'만을 가지고 단기 이익을 냉혹하게 계산한 금융인과 대형 금융기관의 탐욕에서 비롯되었다. 그런데 이들 글로벌 금융자본의 좌충우돌이 몰고 온 2008년 금융 공황의 쓰나미 앞에 금융자본이 국가 재정의 구원에 기대는 아이러니 속에서 파탄에 빠진 금융을 국가 재정으로 처리해 주는 위기관리의 응급조치가 진행되었다. 이것이 2011년 세계의 이목을 집중시켰던 "월가를 점령하라."는 99퍼센트대 1퍼센트의 시위의 원인이다. 이 위기 수습을 위해 얄궂게도 케인스식 재정 개입이 뒷문에 다시 나타나는 꼴이 되었다. 케인스주의라는 큰 파도가 물러난 자리에 밀고 들어왔던 신자유주의 또한 역사 무대에서 정통성의 도전을 받고 밀려날 입장이 된 것이다.

14
과학적 환원주의에 휩쓸리다

케인스 경제학이 탄생한 시대의 유럽 경제에는 제1차 세계대전 이후 독일에 요구된 보복성 배상이 낳은 침체가 만연한 가운데 성숙한 자본주의 경제의 노쇠 현상인 과잉생산과 과소 소비, 이윤율 저하 등의 환경 변화가 나타나고 있었다. 이런 환경에서 각국은 생존과 비교우위 차지를 위하여 남을 희생시켜 자국 경제를 회복하려는 극한의 경쟁 상태에 돌입하고 있었다. 제1차 세계대전이 끝나고 제2차 세계대전이 시작하기까지의 1919~1939년을 묶어 이르는 말인 전쟁 중간기는 약육강식의 경제 전쟁 시기였다. 여기에 1929년의 대공황이 겹치자 미국의 금융기관 대부분이 파산하고 공장은 문을 닫았으며, 거리에는 실업자가 넘쳐났다. 이 시기의 국제 관계는 식민 영토 확장 전쟁, '이웃 궁핍화 정책', 보호무역 전쟁, 환율 평가절하를 위한 통화 전쟁으로 얼룩지고, 각국의 경제는 모두 수요 부족에 의한 디플레이션 침체와 공황에 빠져드는 참담한 상황이었다.

그런데 이러한 경제 파탄의 밑바닥에는 생산 시설을 전면 가동할 제품의 수요와 판매 시장이 없다는 공통 요인이 깔려 있었다. 노동임금이 대부분을 차지하는 가계 수입의 정체와 불완전고용 상태의 실업자 증가, 빈곤층 확대, 소득 분배의 편중 등이 얽혀 시장의 수요가 생산력 공급을 감당하지 못함으로써 오는 경제 침체가 자본주의 경제의 전반에서 오래 지속되고 있었다. 문제는 금본위제 하에서 통화의 공급은 금의 보유량에 묶여 있고, 금은 생산 자체가 자연조건의 제약을 받다보니 금 보유량이 적은 나라는 통화 공급도 제약될 수밖에 없었다. 케인스는 이러한 금본위제 기반 통화 공급 제도를 개혁하여 통화량과 금리를 정부의 영향 밖의 영란은행에서 조절함으로써 금융경색에 의한 디플레이션 침체를 풀어가자는 제안을 1923년의 『화폐 개혁론』과 1930년의 『화폐론』에서 내놓아 디플레이션 침체에 빠진 영국을 비롯한 모든 자본주의 국가의 경제난을 극복할 것을 제의했다. 이처럼 자본주의 경제에 공통된 디플레이션 침체를 극복하기 위한 케인스의 대안은 통화량의 수급과 금 보유와의 연계를 단절하고 독립적 통화 발행권 및 관리권과 이자 문제를 중립적인 중앙은행에 맡기는 것이었다.

이 같은 통화에 대한 균형 잡힌 접근법은 제2차 세계대전 종전 후의 세계 경제체제·질서로서 케인스가 주도하여 만든 국제통화기금, 곧 IMF와도 일맥상통한다. 이 체제의 설립 목적과 기능 또한 세계대전 시기의 영토 확장 전쟁, 보호무역 전쟁, 통화 전쟁이 없는 금융의 국제 협력을 이루는 것이었다. 여기에서 세계 각국의 통화가치는 세계 경제의 중심국이 된 미국의 달러 가치와 연계되고, 기축통화인 미국 달러화는 금 1온스당 35달러의 고정환율로 금과 교환해 주는 금환본위제 金換本位制 로 묶인다. 그럼으로써 이제까지의 무역 전쟁과 통화 전쟁을 방지하고 세계 경제의 협조 체제를 다짐하는 미국 주도의 팍스 아메리카나 Pax Americana 체제가 시작되었다. 금환본위제 하에서 특정 국가의 금 보유는 유통 중인 통화와 직접 연결되지 않고 태환 요구가 있을 때만 금 1온스당 35달러의 비율에 따라 교환해 준다. 평상시의 국제 거래는 각국의 통화를 기축통화인 달러 기준의 고정환율에 따라 이루어지며, 각 회원국은 고정환율의 유지 및 안정을 위하여 적절한 국내 통화관리를 하되 이 조건에 따른 무역 및 외환 거래를 할 수 없는 국가에 대해서는 IMF가 긴급 융자를 하도록 되어 있다. 금환본위제는 금본위제와 간접적으로 연계된 고정환율로써 전쟁 중간기 이후 처음으로 환율 인하 전쟁을 방지할 수 있게 하였다. 이와 동시에 회원국 간 통상 전쟁의 근본 원인이었던 보호무역 방지를 위한 국제 협력 제도인 '관세 및 무역에 관한 일반 협정', 곧 GATT 체제를 도입함으로써 자유무역 제도의 기초가 수립된다.

이처럼 케인스는 국제 경제 거래의 안전장치를 마련함으로써 자본주의 경제 구조를 혁신하고 안정적인 운영을 도모했다. 하지만 이와 같은 제도와 장치는 애덤 스미스의 고전 경제를 시대 상황에 맞게 개선하고 개혁하기 위해 개발된 것이있다. 그 바탕에는 개인과 기업의 자유방임적 시장과 함께 정부 재정에 의한 수요 창출과 금융 관리에 의한 완전고용 실현에 필요한 시장 개입이 전제된다는 점에서 케인스는 고전 경제학과 대칭되는 시장과 정부가 혼재하는 혼합경제학 mixed economy 의 길을 개척했다 하겠다. 그러나 그의 자본주의 개혁은 시장에만 의존하는 애덤 스미스 체제로서는 다스리기 어려운 새로운 상황에 대처하기 위한 보완책을 내놓아 자본주의 경제체제를 유지·발전시키려는 개혁이라는 점에서 자본주의 경제 자체를 부인·대체하려는 마르크스주의와는 근본적으로 다르다.

애덤 스미스 경제학은 생산 및 소비를 유통을 매개로 하는 하나의 단일체로 취급하기 때문에 생산된 것은 유통을 거쳐 반드시 소비된다고 본다. 따라서 소비 행위와 연관된 소비 양상이나 저축 및 투자와 같은 소득 사용의 선택, 과잉 소비에 의한 인플레이션이나 과잉 공급에 의한 디플레이션 같은 경기 순환 등의 문제는 부차적인 고려 사항이었다. 여기에서 유통은 단순히 생산물 분배를 매개하는 역할로 취급되었고, 금융의 독립성도 검토되지 않았다. 생산된 것은 그대로 소비되고 절약·저축한 소득이 생산 자본으로 환류하는 순환 관계의 맥락이다. 반면 케인스는 생산과 유통, 소비를 각각 독립된 영역에서 서로 다른 운동 법칙에 따라 작동하는 복합 유기체로 보았다. 생산된 것이 제대로 소비되지 못하면 소비되지 않은 만큼의 생산 잉여분의 판매 대금이 회수되지 못하며, 소비자의 절약·저축에 의한 금융이 생산·유통의 원활한 흐름을 중개하는 소극적인 역할을 넘어 그 자체의 운동 법칙인 수익 극대화를 위한 독자 세계 속에서 움직인다는 것이다.

케인스에게 경제 분석의 핵심은 경제활동을 생산·유통·소비의 3박자가 저마다의 운동 법칙에 따라 움직이는 복합 유기체로 보고 애덤 스미스 경제학이 제대로 다루지 않은 소비 및 유통 문제를 깊이 있게 연구하여 이들 간의 연관 작동 관계를 가설과 법칙으로 설명하는 데에 있었다. 또한 그는 소비 행위의 중요 항목인 '소비성향', '저축성향'의 개념을 창안하고 이들 소비 현상과 금융기관의 금리가 어떻게 연관되어 생산과 소비의 균형 문제에 어떤 영향을 미치는지를 분석·이론화하였다. 저축이 투자되지 못하여 경제가 위축되고, 그로 인하여 고용과 임금이 줄어들면 저축이 경제성장을 역으로 저해한다는 '저축의 역설' paradox of saving 현상을 설명하면서 케인스는 이로 인한 생산 수요의 감소가 전체의 유효수요의 부족으로 작용하여 경제는 실업과 침체에 빠지고, 시장의 소비 수요 감소가 누적되어 총수요 부족이 생기면 경제가 불황의 늪으로 빠진다고 보았다. 따라서 총수요를 다른 방법으로 보충하지 않고서는 자본주의 경제는 좌초될 수밖에 없고, 그러려면 정부 재정 자금의 투입으로 총수요를 늘려야 한다는 것이 케인스 경제학의 큰 줄기였다.

케인스는 금융의 역할에 대해 신중한 입장을 취한다. 생산 활동을 중심으로 여러 경제활동이 활성화되기 위해서는 생산 자금의 공급이 원활히 이루어지고 생산된 제품에 대한 시장 수요가 뒷받침되어야 하고, 여기에 필요한 요소가 통화량의 공급과 금융 비용, 즉 금리의 안정이다. 경제를 활성화하고 고용을 늘리려면 풍부한 동화량과 저금리가 보장되어야 하는데, 이를 담당하는 부문이 바로 금융이다. 따라서 케인스의 완전고용 경제에서 금융의 역할은 본래 대단히 큰 것이었다. 그럼에도 불구하고 케인스 경제학에서 금융이 소외받았다고 이야기되는 까닭은 첫째로 금본위제 하의 통화 공급이 금 보유량에 따라 제약되고, 둘째로는 금과 통화의 교환 비율 즉 환율을 평가절하하기 위한 통화 증발이 곧 인플레이션과 무역수지 악화를 낳기 때문이며, 셋째는 통화 공급과 금리 결정의 관리 체제가 정비되어 있지 않아 독립적이고 중립적인 통화관리 시스템이 없던 시대 상황 때문이었다.

이 같은 이유 때문에 당시의 경제 불황을 타개하는 방법으로 금융에 의한 유효수요 창출은 어렵다고 생각한 케인스는 보다 손쉽고 확실하며 제도가 마련되어 있는 재정지출에 의한 통화 공급으로 총수요를 보강, 진작하는 방법을 제시했다. 금융 부문은 오랫동안 통화가치의 안정성과 국제성을 담보하는 금본위제에 묶여 있었던 만큼, 우선은 금본위제를 철폐하고 통화관리를 정부기관이 아닌 독립적이고 중립적인 중앙은행에 맡겨 통화 공급을 관리하도록 하는 일이었다. 이 대목에서 케인스는 경제 불황의 극복 수단으로 가장 직접적이고 효과적인 통화 공급의 역할을 인정하면서도 오랜 금본위제의 관행에서 완전히 벗어나지 못한 통화관리 제도로는 당시의 큰 불을 끄기에는 부족하다고 보고, 당장은 재정 자금의 투입으로 총수요를 확대하면서 금융은 관리 체제가 정비될 때까지는 보완적인 역할에 머물게 했다. 재정과 금융을 중심으로 경제를 관리하는 금융과 금융기관들이 1929년 대공황 때 예금 인출의 금융 불신과 불황의 파고에서 벗어나 정비되기까지는 정부가 중심이 되어 국가 재정을 주 무기로 삼아 불황을 극복할 것을 제언했던 것이다. 금융이 제대로 기능하게 되면 재정과 금융이 나란히, 정부와 시장이 함께 자본주의 경제를 이끌어가야 한다고 보는 것이 케인스의 입장이었다.

그러나 1970년대에 케인스 경제학을 몰아내고 경제학계의 왕좌에 오른 신자유주의 시카고학파는 그들의 숙적인 케인스 경제학이 재정을 통한 정부의 경제 관리로써 금융 중심의 시장경제를 억압했다며 강력히 비판하고 격하시키려 했다. 스태그플레이션을 야기한 것 또한 금융 기능을 경시한 케인스의 업보라는 주장이다. 그들에 의해 케인스 경제학은 국가 개입을 앞세워 고전 경제학의 기본 골격인 자유 시장주의를 훼손한 집단주의 학문으로 폄하되었다.

1931년 영국의 금본위제가 폐지되고 영란은행이 중앙은행으로 자리 잡으면서 통화량과 금리가 금 보유량에 제약을 받지 않는 통화관리 제도가 실현된 것을 확인한 케인스는 루스벨트 대통령의 대공황 수습과 뉴딜 정책 구상에도 관여하는 등 미국의 경제정책에 자문을 제공하였다. 미국은 1933년 글래스 스티걸법 Glass-Steagall Act을 제정하여 소비금융을 담당하는 시중은행과 기업금융을 맡는 투자은행을 엄격히 분리했고, 금융업과 보험업, 증권업의 영역을 각각 분리시켜 독점금융자본의 출현을 방지했다. 이런 방법으로 미국은 월가 금융자본의 비대화와 횡포를 방지하여 금융의 경제 지배

financialization of economy를 미리 막을 수 있었다.

그만큼 루스벨트 대통령이나 케인스는 금 보유의 속박에서 풀려난 금융권의 자유 통화제도와 금융의 탐욕과 비대화에 의한 경제 시스템의 불균형을 경계하고 사전에 방지하려 했던 것이다. 1999년 비대화한 월가 금융 세력이 마침내 글래스 스티걸법을 폐지하면서 시중은행과 투자은행 간의, 그리고 보험과 증권 사이의 칸막이가 허물어졌을 때 일어난 2008년의 금융 쓰나미가 이를 반증하고 있다. 자본주의 경제는 카지노 경제라 할 만큼 타락했고 1퍼센트 대 99퍼센트의 양극화, 사회 계층화, 중산층의 몰락 등 금융의 경제 지배가 가져온 재앙이 이어졌다. 이러한 오늘의 자본주의 경제의 참상에서 돌이켜볼 때, 글래스 스티걸법을 통해 금융의 금으로부터의 해방과 함께 금융 괴물화의 방지를 제도화한 루스벨트 대통령과 케인스의 세밀한 선견지명은 다시금 입증된다. 특히 케인스가 주도하고 루스벨트 정부가 추진한 제2차 세계대전 이후의 세계경제 복구 체제인 IMF와 GATT 등 브레턴우즈 체제를 출범시킬 때 금본위는 포기했지만 금융의 폭주와 횡포를 방지하기 위하여 금태환제로써 금과 통화 간의 간접 연계를 제도화한 점에서도 이러한 치밀함을 읽을 수 있다. 이는 브레턴우즈 체제가 1971년 닉슨 대통령의 달러와 금의 태환 중단 조치로 붕괴된 후, 금융 세력이 그때까지 운용되던 산업 중심 자본주의를 금융 지배 하의 금융자본주의로 변질시킨 데서 확인된다.

이처럼 금융을 조심스럽게 다루던 케인스주의가 무대에서 내려

오고 금융공학으로 무장한 프리드먼의 신자유주의 경제학이 왕좌에 오르면서 양상은 급변한다. 스태그플레이션도 제대로 다루지 못하는 무능한 경제학으로 매도된 케인스 경제학의 금과옥조였던 재정에 의한 경제 관리 방식 또한 방기되고, 연방준비은행이 통화 공급권을 멋대로 행사하면서 금융이 고삐 풀린 망아지처럼 날뛰기 시작했다. 이제 재정의 역할은 뒷전으로 밀리고, 경기 조절은 물론 생산과 소비 간의 균형, 실업과 침체의 문제 등 경제 운용의 전 부문이 연방준비은행의 통화 공급과 금리 조정만으로 관리되면서 경제의 금융화가 본격화하게 되었다. 재정의 고유 영역인 복지와 사회문제, 공공투자와 사회간접자본 확충이 소홀해질 수밖에 없었고, 소득 편차와 빈부 격차가 극심해졌다. 그러자 경제 자체에 대한 시민들의 거부감이 자본주의 경제체제에 대한 거부 운동으로 번지는 충격적인 후유증이 나타나게 되었다. 돈 버는 일이라면 투기나 도박도 서슴지 않는 거대 금융자본의 횡포를 막고 다스려야 할 정부가 그럴 수단을 잃은 것이 이 참상의 근본 원인이다.

케인스 스스로는 수리적 두뇌를 갖추고 있으면서도 저서 어느 곳에서도 수리경제학 모델로써 경제 문제를 다루지는 않았다. 그에게 경제 현상이란 복잡다단한 사회와 삶이 변화하는 과정 중에 생기는 현상이었다. 따라서 케인스가 경제를 다루는 태도는 큰 흐름을 냉정한 머리로 분석·파악하되 취합·정리는 따뜻한 가슴으로 하는 것이었으며, 적확한 수식을 통해 간명한 정답이 나오기보다는 여러 배경 상황에 따라 다양한 설명과 가정적 결론이 나오게 마련이었다. 때문에 케인스 경제학은 수리경제학적 접근에 의한 연구 활동을 하지 않았다. 신자유주의 경제학은 이러한 케인스의 태도를 배격하고 적확한 공식과 정답이 있는 수학 모형으로써 경제를 분석했다. 특히 금융은 금융공학의 고급 수학과 통계학을 적극 활용하는 자연과학적 연구의 대상이 되었다. 개인과 기업이 시장에서 벌이는 이윤 추구 활동과 자유경쟁은 인정사정 볼 것 없는 원금과 이익 계산의 세계인 만큼, 경제적 손익 외의 사회적 가치나 정치적 고려 같은 것은 들어설 자리가 없다. 신자유주의 경제학은 수지계산을 위한 논리와 법칙으로 이루어진 자연과학적 학문을 추구할 뿐, 소득 배분과 후생 복지 같은 인문 사회과학의 영역은 배제한다. 이러한 경제학의 자연과학화는 고전 경제학의 시장 법칙을 물신화物神化하는 데에서 비롯되었고, 그것은 자유방임과 '보이지 않는 손'을 신봉하는 시장 중심주의의 물신화였다.

15
금융공학으로 전락하다

아직 남아 있는 일부 사회주의 국가를 제외하면 현대사회의 나라들은 대부분 시장과 정부를 두 다리로 삼는 자본주의 경제체제를 택하고 있다. 애덤 스미스의 『국부론』에서 처음 체계화된 자본주의 경제체제는 개인과 기업이 시장이라는 공간에서 벌이는 자유로운 경제활동이 일정한 규범 안에서 성장·발전하도록 관리하고 감독하는 체제로서 성립한다. 애덤 스미스도 시장경제의 존립과 발전을 위해서는 국가가 국방과 치안을 안정시켜야 함을 전제한다. 시장 제도를 아예 부정하는 사회주의 경제를 제외하면 시장은 언제나 인류의 역사에 존재했으며, 그 내용과 질은 정부와의 역학 관계에 따라 확대 혹은 축소되면서 근대화된 시장 제도로 발전되어 왔다. 이 과정에서 정부의 관리·감독 역할은 국방과 치안만을 확보하는 야경국가 夜警國家 에서 시작하여 분배와 소비, 복지와 후생 등 사회 영역까지 책임지는 복지국가로 부단히 확대된 것이 근대 자본주의 경제의 역사였다.

애덤 스미스처럼 정부의 역할을 최소로 묶으면서 자유로운 시장 활동의 공간을 확대하는 것에서부터 분배, 복지 혜택의 확대를 위하여 시장의 역할을 통제하는 것까지 시장과 정부의 역할과 범위의 상관관계는 정치 상황에 따라 변화해 왔고, 그렇게 계속 변화하는 것이 자본주의 경제체제였다. 시장과 정부 중 어느 쪽이 선도하느냐에 따라 여러 형태의 자본주의 경제 현상이 나왔다. 애덤 스미스 경제학에서처럼 경제활동이 자유방임의 '보이지 않는' 시장 질서에 따라 운영되는 경우이든, 케인스 경제학에서처럼 정부 역할의 증대가 시장 활동을 관리하는 상황이든 자본주의 경제체제는 언제나 시장과 정부를 두 축으로 하는 구조였다. 시장 만능주의에 의해 정부의 역할과 기능이 위축되거나 정부의 규제와 관리로 시장의 활동 공간이 위축되거나 하면 경제체제는 균형을 잃게 된다. 시장의 확대에 의한 불균형은 승자 독식의 독과점과 빈부 격차를 낳아 경제·사회를 불안으로 내몰고, 반대로 정부 권력의 확대에 의한 불균형은 경제활동의 위축과 침체를 낳아 경제를 파탄에 이르게 한다. 따라서 자본주의 경제체제의 건전한 운영과 관리는 정치 불안이 없고 경제 파탄이 없게끔 시장과 정부 사이의 균형을 유지하는 데 달려 있다.

애덤 스미스에서 시작하여 마셜의 정치경제학과 피구의 후생 복지 경제학의 단계를 거쳐 케인스의 정부 재정에 의한 총수요관리 경제학에 이르는 역사는 시장 자유의 공간을 조정하면서 정부 관여의 활동 공간을 넓히는 과정이었다. 그러나 케인스는 이 같은 정부 기능의 확대를 통해 재정이 독점적으로 행사되는 것을 방지하기 위하여 통화 공급과 금리를 금본위제에 의한 제약 상태에서 해방하여 중앙은행의 독립적이고 중립적인 관리에 둠으로써 통화의 공급과 금리, 즉 금융의 활동 공간을 넓혔다. 그리하여 케인스 경제학은 정부의 기능과 역할 범위를 확대하여 불황을 극복하면서도 정부 역할의 주요 수단인 재정에 의한 확대에만 의존하지 않고 독립성과 중립성이 보장되는 금융과 함께함으로써 균형 관리의 기틀을 마련하였다.

이러한 균형 관리의 관심과 배려는 새로이 주류가 된 프리드먼의 신자유주의 경제학에서 깡그리 무시된다. 이들은 케인스 경제학을 비판하는 단계를 넘어 경제체제의 한 축인 정부의 역할을 완전히 배제해 버리고 나머지 한 축인 시장 일변도인 극단적인 우파 경제학으로 치닫는다. 이들 시카고대학의 신보수 신자유주의 경제학파는 정부의 시장 개입을 주장하는 케인스주의와 시장을 부정하는 마르크스주의를 모두 집단주의 경제라는 이름으로 매도하고 타도하려 했다. 반공주의와 반케인스주의로 요약되는 이들의 경제학의 기저에는 몽 펠르랭 소사이어티의 보수 회귀주의적 경제철학이 깔려 있었다. 프리드먼은 국가의 경제 관여나 간섭을 비판할 때 나름의 장단을 따진다거나 경험적인 분석을 하지 않았다. 그에게 정부와 시장은 철저한 상극 관계였고, 정부의 개입과 간섭은 오로지 '선택의 자유'를 제약하는 악이었던 것이다.

이러한 태도는 정부가 추진하고 개입하는 교육이나 의료보험, 마약 단속, 환경오염 대책, 미국 식품의약국FDA와 같은 식료품과 약물 규제, 의사 면허 제도 등 민간 영리기업이 할 수 있는 모든 일에서 정부는 완전히 손을 떼야 한다는 극단적인 주장을 낳는다. 민간에서 할 수 있는 부문은 모두 정부에서 빼앗거나 철폐하고, 오로지 개인과 기업의 자유로운 선택권과 활동 공간을 보장하는 것만이 공산 경제와 케인스 경제 밑에서 침탈되었던 개인의 선택 자유를 회복하는 길이며, 고전 경제학의 자유 시장 이념을 살리는 것이라고 보는 신자유주의 시장경제론이 그것이다. 신보수주의 경제학의 신자유주의는 애덤 스미스가 상정한 시장과 정부의 두 다리 위에 세워진 경제 구조물을 허물고, 정부라는 교각마저 최소화하고 없애는 수준까지 나아갔다. 정부는 그대로 존속하면서 민간 시장에서 하지 못하는 부분에 투입되지만, 경제를 떠받치는 두 다리의 한 축으로서의 역할은 아니었다. 정치·사회적 시각과 이해관계에서 발생되는 정부의 역할과 활동은 경제 외적인 요소로 취급되었다.

애덤 스미스의 자유 시장경제는 정부가 국방, 치안, 사법 질서와 같은 외부 환경을 관리하는 상황에서 작동되는 체제였던 만큼 『국부론』의 최고 가치였던 부의 증대란 정부와 시장의 공존을 전제로 하였다. 고전 경제학의 자유 시장주의에서 개인과 기업 간의 자유경쟁은 이러한 공존 관계 속에 이루어지도록 되어 있었다. 하지만 고전 경제학의 자유 시장주의를 회복한다는 명목을 내세운 신자유주의 경제학은 케인스 경제를 집단주의 경제라고 매도하면서 국가나 정부의 역할은 전혀 없는 것처럼 취급하고 모든 것이 개인의 선택과 자유경쟁에서 이루어지는 시장 만능주의의 실현만을 가치로 삼는다. 정부의 재정 기능이라는 외부 요소는 배제되고, 금융시장 활동도 금융 수익주의 원리에 따라 정부의 규제 및 관리 없이 자유롭게 활동하며 오직 수익이라는 결과로만 평가와 제약을 받게 되었다.

모든 규제나 금기로부터 해방된 금융은 재정의 활동 공간이 사라진 시장에서 수익 증대 활동을 마음껏 할 수 있는 금융 시스템을 구축하기 시작한다. 그들은 국가의 규제나 감시 같은 것은 자유 시장을 침해하는 집단주의적 국가권력으로 규정하고 규탄하면서, 그로부터 해방되어 금융 수익 증대를 위한 돈놀이의 자유를 만끽하기 시작했다. 글래스 스티걸법이 규정했던 시중은행과 투자은행 간의, 그리고 금융과 보험, 증권 간의 분리마저도 금융의 수익 증대를 위한 자유 시장의 확대라는 명분에 따라 1999년 폐지된다. 그러자 금융 규모의 팽창과 금융 활동 시장의 확대가 미국에서 시작하여 영국을 거쳐 전 세계로 쓰나미처럼 번져 나갔다. 이러한 금융의 폭주와 횡포는 마침내 2008년 미국 서브프라임 sub-prime 주택 담보 대출 시장의 붕괴와 리먼 브라더스 투자은행의 파산에서 시작된 금융공황으로 이어진다. 여기에 더해 월가의 금융자본을 주축으로 금융의 국제화와 초국가주의 확장을 강행하기 위하여 미국 재무부와 세계은행, 그리고 IMF 세 기관의 주도로 워싱턴 컨센서스라는 정책 공조 체제가 수립된다. 워싱턴 컨센서스는 세계 각국 정부와 중앙은행에 압력을 행사하여 세계 시장을 월가 금융 중심의 단일 금융시장으로 만드는 국제적 압력으로 작용하게 된다.

이러한 금융자본의 횡포가 내세운 명분이 다름 아닌 1970년대의 스태그플레이션의 위기를 극복하고 자본주의 경제를 구출하는 절대적 기여를 하였던 미국 연방준비은행의 금융 방식에 의한 인플레이션 수습과 불황 극복이었다. 볼커의 연방준비제도이사회에서 케인스주의의 재정 개입 정책의 실패가 빚은 스태그플레이션을 성공적으로 수습하면서 오직 금융에 의해서만 경제 시스템의 관리·발전이 가능하다는 인식이 널리 퍼져 나간 것이다. 1970년대 후반 미국 카터 정부의 경제는 베트남 전쟁의 후폭풍과 오일쇼크라는 외적 요인에 더해 생산 여력이 한계에 이른 상황에서 전비 지출을 위해 지나치게 팽창한 재정 지출이 빚은 초과수요의 결과로 심각한 스태그플레이션에 시달리고 있었다. 실업률과 물가상승률이 10퍼센트를 넘는 악순환은 미국의 경제계를 위기의식과 실망의 공포에 빠뜨렸다.

케인스 경제 이론과 정책에 의존해 오던 미국 경제의 위기 앞에 케인스주의는 그 오류가 입증된 필립스 곡선과 함께 무대에서 불명예스럽게 쫓겨나는 봉변을 당하게 되었다. 그 빈자리에 긴급 소방수로 등장한 사람이 연방준비제도이사회의 폴 볼커였다. 그는 통화량 공급을 줄이고 금리를 인상하여 시중의 유동성을 긴축해야만 인플레이션을 수습할 수 있다는 소신을 과감히 밀어붙였다. 때마침 닉슨 정부가 평화협정을 체결하여 베트남 전쟁을 종식시키면서 재정 지출도 억제되면서 이러한 통화 긴축 정책의 효과는 금방 나타났다. 1981년 13.5퍼센트에 달하던 물가상승률이 1983년에는 3.2퍼센트로 확 줄어들면서 미국 경제는 안정을 회복한다. 케인스의 재정 개입 정책이 맥을 못 추고 볼커의 금융 개입을 통한 인플레이션 수습이 효과를 보자 정부의 재정 개입은 뒷전으로 물러나고, 중앙은행 중심의 금융 개입이 급부상하게 되었다. 전부터 정부 재정 개입을 이데올로기 시각에서 비판하고 폄훼해 왔던 프리드먼의 통화주의는 이를 계기로 케인스주의를 밟고 무대의 전면으로 나오게 된다.

프리드먼의 케인스 비판은 1968년의 필립스 곡선 비판에서 시작된다. 그는 정부가 돈을 풀어 일시적으로 실업을 줄일 수 있을지는 모르지만, 노동시장의 마찰과 임금의 경직성의 해결 없이는 실업의 근본적인 해소가 불가능하다는 입장을 취하면서 케인스 경제학을 폄훼하기 시작했다. 1963년에는 수요 창출 수단으로서의 정부 재정 개입을 거부하고 정부의 재정 지출이 국민소득의 10퍼센트 이하로 묶을 것을 주장했다. 정부는 정부만이 할 수 있는 업무를 제외한 모든 것을 민간 시장경제에 맡겨야 한다는 것이다. 완전고용 정책은 폐기하고 정부의 간섭과 개입이 없는 자율적 금본위제하의 고전 자유주의 시장경제에 복귀하는 것만이 프리드먼에게는 최선의 경제 이론이자 정책이었다. 그는 만일 금의 보유량 때문에 민간 시장 기능에 의한 금본위제를 유지할 수 없다면, 정부가 아닌 연방준비은행에 의한 통화 공급 방식으로 해결하되 그 방법은 통화 공급량을 항상 일정한 수준으로 공급하는 자동 조절 제도가 되어야 한다고 보았다. 이처럼 프리드먼은 케인스식 정부 개입에 의한 재정 조작과 정부 주도의 금융 관리를 속속들이 반대하고 공격하였다. 케인스에 대한 그의 비판은 학문 연구 방법과 시각의 차이에서 왔다기보다는 이데올로기적 증오에 기인한 바가 컸다.

이러한 과정을 통해 금융은 재정을 밀어내고 유일한 경제 운영의 주체로 나서게 된다. 게다가 세계화라는 이름 아래 워싱턴 컨센서스에 의한 선진 금융 국가와 기관 중심 금융자본의 세계 통합이 추진되면서 마침내 세계 경제 전체가 금융자본의 지배하에 놓이는 상황으로 나아간다. 이제 하나가 된 지구촌 경제는 결국 워싱턴과 런던의 금융자본의 지배를 받게 된 것이다.

이처럼 금융이 경제를 좌지우지하고 국제 경제도 금융자본의 수익 창출 무대가 되면서 금융은 생산과 소비를 연결하고 유통을 원활히 하는 구성 분자적 기능을 수행하는 데서 나아가 생산·소비·유통을 수익 증대의 활동 공간으로 삼게 된다. 이제 자본주의적 국제 경제는 곧 금융자본의 활동 무대가 되고, 존재 가치도 그 기준에 따라 평가되었다.

이처럼 자본주의 경제의 금융화가 진행되면서 경제를 이해하고 설명하고 관리하는 문제는 곧 금융을 이해하고 설명하고 관리하는 것으로 인식된다. 그러자 경제를 다루는 학문인 경제학의 사회과학적 연구 또한 금융공학의 자연과학적 연구로 변질하게 되었다. 사회과학적 경제학은 가정에 입각한 개연성의 학문인데 반하여 금융

공학적 경제학은 객관적인 데이터를 과학적으로 처리하여 적확한 해답을 구하는 학문이다. 그러다 보니 경제를 싸고 있는 역사와 정치, 사회나 가치며 이상, '따뜻한 가슴' 따위의 애매한 추상 개념은 배제되고, 오직 적확한 결론을 유도하는데 필요한 실증주의적 숫자 연구에만 집중하게 되었다. 이러한 학문에서 인간의 모든 경제 행위는 이익 증대를 위해 가장 경제적인 방법을 취사선택하는 냉혈적인 계산 행위가 된다. 이렇듯 차가운 계산에 의한 행동 밖의 사회·정치적 연관은 모두 털어버리고, 주어진 자본을 활용하여 최대한의 이익을 챙길 방법만을 공학적 시각에서 분석·연구하는 자연과학주의가 경제학을 집어삼켜버렸다.

그리하여 자연과학적이고 이익 계산을 위한 학문이 된 경제학은 자본의 이윤 증대와 관련이 없는 인문·사회적인 문제를 깡그리 외면한 채 자연과학의 틀에 갇혀버렸다. 금융공학으로 풀리지 않는 세계로부터는 고개를 돌린 채 안락한 껍질 안에 숨어 수식과 통계 모형만으로 바깥세상을 관찰하고 관여하는 자폐증 상태에 빠진 것이다. 1970년대 이후 금융주의 경제학이 케인스의 재정주의 경제학을 밀어내고 미국 경제학계를 주름잡으면서 이러한 금융공학은 더욱 급속히 정통 경제학을 대체해 갔다.

이 현상은 1973년 하이에크가 노벨 경제학상을 받아 세계인의 주목을 받으면서 더욱 극명해진다. 이때부터 경제학의 주류는 하이에크, 프리드먼이 이끄는 시카고대학의 신자유주의 경제학자들이 주도하게 되었다. 1982년 멕시코의 채무불이행 default 사태는 '채권의 증권화'를 초래하고, 이때부터 새로운 금융 상품 개발이 시작되어 미국을 중심으로 증권화의 투기 선풍이 일어났다. 자본주의 경제의 일대 위기를 불러온 2008년의 서브프라임 사태 역시 주택 채권의 증권화가 초래한 것임을 생각하면, 결국 그 근본 원인은 시카고대학 중심의 신자유주의 경제학자들이 고안한 금융 투자 기법 중심의 경제학이 미국 경제학계를 지배한 데 있었다 하겠다.

하이에크에 이어 1976년에는 프리드먼이 노벨상을 받으면서 통화론자 중심 신자유주의 경제학자들의 노벨 경제학상 독점이 시작된다. '채권의 증권화'를 중심으로 한 통화론자들의 금융공학적 투자기법 개발이 경제학의 흐름을 주름잡는 시대가 되었다. 워싱턴 컨센서스의 기조 또한 신자유주의 경제학파의 금융공학에서 개발된 금융 기법의 세계화에 있다고 할 만큼, 프리드먼이 제창한 통화론은 노벨상뿐 아니라 미국 정부와 세계은행의 경제정책의 흐름까지도 지배했다. 가치 판단의 개입을 거부하는 실증주의적 경제학은 미·영을 중심으로 서구 선진 금융권의 경제 운용과 정책의 중심이 되었다. 시카고학파의 실증주의적 시장 자유 경제 이론은 '따뜻한 가슴'의 사회적 가치 개입을 거부하는 실증주의적 과학 이론으로 전개되면서 시장에서 돈을 버는 기법을 수학·통계학적으로 연구·개발하는 데 집중했다. 그것은 카지노 도박의 요령을 학문적으로 연구하는 것과 다를 게 없었다.

새로운 금융 기법 연구 방식과 접근법을 제시한 신자유주의학파의 경제학자들이 노벨 경제학상 수상자이자 유가증권 파생 상품 개발의 선구자로서 주목받게 되었다. 그들의 업적은 다음과 같은 것이었다. 1975년 미국 증권거래소가 국가공인통계평가기관으로 지정한 에스엔피 S&P와 무디스 Moody's, 피치 Fitch와 같은 신용등급 판정 회사가 채권을 담보로 하는 증권의 위험도를 판정하고 분류한다. 이것을 채권 금융 보증회사가 지불 보증함으로써 증권매입자와 채권의 채무인과의 관계를 끊는 부채담보부증권 CDO: Collateralized Debt Obligation을 대량으로 발행한다. 이것을 투자은행의 특수목적법인인 구조화투자회사 SIV: Structured Investment Vehicle를 통하여 헤지 펀드 등 투기 자본가에게 판매한다. 이렇게 원천채무자의 채무불이행 위험을 부채담보부증권을 통하여 제삼자에게 전매함으로써 소멸시키는 '리스크 전가' 기법이야말로 신자유주의 경제학자가 내놓은 신묘한 작품이었다.

이 기법을 통해 부채담보부증권을 세분한 2~3개월짜리 단기 채권이 여러 투자자에게 분산 전매되자 투자의 위험성도 희미해졌다. 증권의 복잡한 유통 과정은 '저위험, 저수익'과 '고위험, 고수익'의 구별조차 애매해지자 리스크를 겁내지 않는 병이 번져 갔고, 고위험은 남에게 전가하고 고수익은 내가 차지하는 금융 도박 문화가 생겨났다. 인문 경제학이 다루어야 할 영역을 외면하고 오로지 돈 버는 금융공학의 기술만을 연구하는 학문이 되어 버린 신자유주의 경제학에게 이러한 상황은 전혀 문제가 되지 않았다.

리스크의 분산과 전가 기법의 창조자라 할 만한 해리 마코위츠 Harry Markowitz는 1952년의 박사 학위 논문 「포트폴리오 선택」에서 증권 소유자의 위험 분산 수단으로서의 증권의 분산 소유 이론을 편다. 이것은 수학의 도움을 받은 포트폴리오 구성 기법에 관한 이론으로, 마코위츠는 이 연구로 1990년에 노벨 경제학상을 받는다. 증권 리스크 전가의 고전적 공식인 블랙 숄스 Black-Scholes 모형을 창안한 마이런 숄스 Myron Scholes 역시 1997년 노벨 경제학상 수상자이며, 자산 가격과 파생 상품의 가격 모형을 개발한 로버트 머튼 Robert Merton 도 같은 해에 함께 노벨상을 받았다. 1958년의 'MM 모형' Modigliani & Miller 을 통해 기존의 기업 경영 분석에서 중요한 기준이던 자기 자본 비율이 낮더라도 기업의 차입금만큼 큰 현금 수익을 올리고 그로 인해 주가가 올라가면 된다는 관점을 제시하고, 인수·합병에서 금융기관차입부 기업매수 LBO: Leveraged Buy-Out 의 정당성을 인정했으며, 주식 분할 등 모든 자금 조달 방법을 주장한 머튼 밀러 Merton Miller 도 논문 발표 후 30여 년이 지난 1990년에 노벨 경제학상을 수상한다. 1990년대 들어서는 워싱턴 컨센서스가 일으킨 금융 자유화의 물결이 정점에 올라, 선물·옵션 거래를 포함한 신자유주의 경제학의 돈벌이 금융공학이 최성기를 맞게 된다.

금융공학 기법을 동원하여 수익 창출에만 집중하는 신자유주의 경제학파는 금융자본의 자유로운 돈벌이에 방해가 되는 제도를 없애고 감시와 규제가 없는 세계를 만들기 시작했다. 그 목표가 1929년 대공황의 홍역을 겪으면서 그 근원인 금융기관과 제도를 정비하기 위하여 1933년에 제정된 글래스 스티걸법이었다. 금융과 증권, 보험의 통합을 막고 시중은행과 투자은행을 분리한 이 법은 신자유주의 경제 이론에서 볼 때 정부의 시장 간섭이며, 금융기관의 자유로운 활동을 막는 것이었다. 1999년에 글래스 스티걸법이 폐지되자 한 은행에서 융자부터 채권, 주식 거래, 보험, 신용카드에 이르기까지 모든 금융 업무를 함께 할 수 있는 이른바 초대형 은행 mega bank 이 등장하게 되었다

이 초대형 은행들은 모든 형태의 돈놀이를 취급하는 금융복합체 conglomerate 가 되어 워싱턴 컨센서스를 업고 전 지구를 무대로 24시간 영업활동을 벌인다. 1990년대 이후 전 세계를 하나의 금융권으로 만들기 위한 금융 세계화를 주도하고 하나의 표준 양식에 맞춘 글로벌 단일 금융시장을 만든 것이 이들이었다. 이 금융 세계화에 가장 충실했던 아일랜드·아이슬란드·그리스·라트비아·헝가리·포르투갈·스페인 같은 나라들이 모범적 금융 개방국이 되었고, 재래식 은행업을 주장하던 일본은 미국 클린턴 정부의 압력을 받아 기존의 간접금융업을 주식과 채권 중심의 직접금융 시스템으로 바꿔야 했다. 이 과정에서 야마이치 山一 증권 회사와 국책은행인 일본 장기신용은행이 파산하고 만다.

세계의 모든 은행이 미국식 통합 은행 모델을 따라가면서 간접금융 시대의 장기 산업융자를 주로 하던 금융기관이 증권 상품 판매로 조달한 자금을 단기 융자하는 체제로 바뀌어 갔다. 이러다 보니 2008년 금융 위기가 발생했을 때 은행·증권·보험·신용카드 등 모든 금융기관이 줄줄이 엮여 파산하는 사태가 발생할 수밖에 없었다. 이렇게 대형 금융기관이 연쇄적으로 위기를 맞자 바둑으로 치

면 대마불사 大馬不死 상황이 되었다. 국민경제의 파국을 막기 위해 금융기관을 구출할 수밖에 없었던 정부가 중앙은행에서 긴급 금융 대출을 받아 금융기관에 투·융자하는 재정 자금 지원책을 폈던 것이다. 본디 정부의 재정 개입을 시장 간섭이라고 비난하고 배격했던 프리드먼의 신자유주의 경제체제는 얄궂게도 바로 그 케인스식 재정 개입 처방에 의해 회생하게 되었다.

시카고학파의 금융공학 물신주의는 정부 간섭을 배격한다는 기본 철학에 너무 철저한 나머지 정부 기관에 의한 보고·감독 체제마저 거부하는 상황을 낳았다. 2008년의 금융 위기 수습을 더욱 어렵게 한 것은 금융 감독기관이 파악할 수 없고, 파악해도 내용을 알 수 없는 특수목적법인의 도깨비 같은 금융 기법 조작이 만든 서브프라임 파생 상품 시장의 난잡함이었다. 서브프라임 주택융자회사가 자산유동화증권 ABS: Asset-Backed Securities 을 사들이면 투자은행이 그것을 2~3개월짜리 부채담보부증권로 나눈 다음 신용등급 판정 회사의 상환 가능성 평가에 따라 등급을 분류한다. 이를 다시 금융 보증 회사의 지불 보증서를 붙여서 투자은행이 따로 설립한 특수목적법인의 구조화투자회사에서 일괄 인수하고 헤지 펀드를 통해서 판매하는 것이 파생 상품 시장의 구조다.

여기에서 새롭게 짜인 부채담보부증권를 인수하고 판매하는 특수목적법인인 구조화투자회사의 활동은 외부에 공개되지 않고, 출자 회사의 대차대조표에도 기록되지 않게 되어 있다. 결국 파생 상품이 판매된 양과 경로를 모기업인 투자은행과 관계 은행 감독기관까지도 알 수 없는 박쥐 같은 영업 활동이었다. 이처럼 여우 같은 영업을 통한 부채담보부증권 파생 상품은 미국보다는 유럽에서 더 많이 팔렸다고 추측되나, 정확한 실체는 알 수 없는 형편이다. 한 가지 흥미로운 사실은 미국의 서브프라임 사태가 처음 발생한 곳이 미국이 아닌 유럽 은행이었고, 파국을 수습하기 위해 자금을 푸는 일도 미국 연방준비은행이 아닌 EU 중앙은행에서 주도했다는 점이다. 이는 여우 같은 파생 상품 거래가 워싱턴 컨센서스에서 주도한 금융의 국제화·자유화의 바람을 타고 카지노 투전 금융이 전 세계를 휩쓸고 있었음을 시사한다. 정부 감독기관에 보고하고 감독받는 것조차도 배격할 만큼 철저한 통화론자의 신자유주의 경제 세계가 엿보이는 대목이다. 바야흐로 글로벌 금융복합체의 지구촌 카지노 금융 투기 시대가 열린 것이다.

1971년 닉슨 정부가 금태환제를 폐기하기 이전 IMF의 금환본위제에 의한 고정환율제 하에서는 이러한 글로벌 외환 투기가 불가능했다. 그러나 금태환의 고정환율제가 변동환율제로 바뀌면서 환율을 이용한 '돈 투기'가 시작된다. 투기는 가격 변동에 따른 수익 전망을 달리하는 사람들 사이에 일어나는 만큼 현물 거래가 아니고, 선물·옵션 거래에서 나타나는 투기가 주종이 된다. 환율이 변동하게 되면 그것이 앞으로 내려갈 것이라고 보는 측은 미래 가격으로 현물을 거래할 때 오는 차익을 노리고 선물 거래를 하게 된다. 농산물이나 광산물과 같은 생산 제품이나 석유 등 원자재의 투기는 영역이나 규모에 제한이 있는 데 반해 환율은 세계 모든 나라의 통화

가치 문제인 만큼 범위와 파급력도 국제적 규모가 될 수밖에 없다. 금융공학적 경제학의 본산인 시카고학파가 이 문제의 중심에 있게 된 것도 극히 당연한 일이었다.

1972년에 프리드먼의 지도를 받던 레오 멜라메드 Leo Melamed가 시카고 상품 거래소 CME: Chicago Mercantile Exchange 회장이 되면서 신자유주의 시장론자들이 주장하던 변동환율제 하에서의 환율 선물 거래를 인정하는 외환 선물 거래소가 개설된다. 여기에서 환율 변동에 따른 각국 통화의 가치 변동을 이용한 금융 상품에 대한 선물 거래가 허용되자 채권의 증권화가 가능케 한 금융 파생 상품 거래가 시작되고, 1982년에는 주식에 대한 선물 거래까지 하게 되었다. 멜라메드의 시카고 상품 거래소에서 처음 이루어진 외환 선물 거래가 널리 허용되고 제도화되면서 미국을 비롯한 세계 금융시장은 선물 투기의 열풍에 휩싸인다. 외환 투기와 주식 투기, 부채담보부증권 파생 상품을 둘러싼 여우 같은 거래가 번져가면서 미국 월가를 진원지로 하는 투기 열풍이 전 세계 금융시장을 휩쓸었다. 실물 생산 및 유통과는 아무 연관도 없는 금융자본의 투기 광풍이 창궐하면서 금융의 국제화는 투기의 국제화로 이어졌다. 이 투기 전국시대 戰國時代 속에서 자본주의는 카지노 자본주의로 전락해 간다.

30년 상환의 주택 담보 대출이 부채담보부증권 파생 상품으로 쪼개지자 장기 대출은 자취를 감추고, 길어야 1~3개월짜리 초단기 증권만이 난무하게 되었다. 여기에 신용 평가 기관에서 최고 AAA에서 최하 D까지 안전성 등급을 매기고 금융 보험 전문 회사가 지불 보증을 하면 투자은행은 이를 특수목적법인인 구조화투자회사를 통하여 헤지 펀드에 판다. 최장 3개월 상환인 단기채가 몇 단계의 매매과정을 거칠 때마다 상환 불능(채무불이행)의 위험이 새로운 매수자에게 다단계식으로 넘어가는 것이다. 이렇게 부도 위험, 즉 리스크를 전매함으로써 매매 차익을 챙기는 투기의 열기가 날로 번져 금융계를 휩쓸게 된다. 이런 투기가 이어지는 가운데 리스크의 높고 낮음은 따지지 않고 오로지 수익 많은 것만을 챙기는 정크본드 junk bond 시장이 활개를 친다. 원래 신용 평가 기관은 AAA에서 BBB까지만 정상적인 채권으로 분류하고 그 이하는 정크, 즉 쓰레기 채권으로 분류한다. 하지만 높은 이익만을 챙기는 금융 투기가 만연하자 안전을 따지지 않고 고위험 고수익을 챙기는 정크본드 시장이 파생 상품 시장의 주류가 된다.

이러한 투기 광풍에 불을 붙인 인물이 1980년대 증권계에 혜성처럼 등장한 '정크본드 왕', 마이클 밀킨 Michael Milkin 이었다. 그는 이제껏 증권의 평가 기준으로 널리 쓰이던 기업의 자기자본비율을 통한 재정 건전성 대신 회사가 돈을 굴려 수익을 얼마나 발생시킬 수 있느냐를 알려 주는 현금 유동성을 평가 잣대로 삼는다. 그 풍부한 유동성 확보를 위해 금융기관차입부 기업매수를 얼마나 공격적으로 하느냐의 여부가 밀킨의 기업 평가 기준이었다. BBB 이하의 정크본드를 거래하여 막대한 시세 차익을 올리면서 금융기관차입부 기업매수를 이용한 기업 사냥에 나서는 새로운 증권 시장 기법의 바람을 일으킨 그는 4년 만에 10억 달러의 수입을 올린 도깨비 같은 존재로 미국 증권계를 흔들었다.

밀킨의 투기 축재를 보며 가장 당황한 것은 전통적 금융 기법인 재무 건전성에만 의존하던 기존의 모든 증권 회사와 신용 등급 평가 회사들이었다. 이들은 1989년 의학 발전을 위한 연구 기구를 만들어 자선 활동을 하던 밀킨을 증권의 내부자 거래 혐의로 고발했다. 그는 결국 10년의 금고형을 받고 증권계에서 영원히 추방되었다. 그러나 그가 창안한 정크본드 거래 중심의 투기 기법은 1990년대 이후의 모든 금융계에 그대로 계승되어 더욱 발전한다. IMF 등의 분석에 따르면 2007년 10월 시점에서 정크본드 수준의 서브프라임 관련 채권 발행액은 1조 34억 달러였고, 그 중 3천 500억 달러가 사실상 채무불이행 상태에 있었으며, 이로 인한 금융기간의 순손실액이 8천억 달러 이상이었다. 1972년에 멜라메드가 외환 선물 거래를 시작하고 1980년대에 밀킨이 정크본드의 금융 투기 제도와 기법을 마련하자 시중은행과 투자은행, 증권회사와 보험회사를 가리지 않고 월가의 모든 금융기관은 정크본드 거래의 광란에 빠져들어 갔다. 돈 놓고 돈 먹는 도박 게임의 광란 속 금융은 스스로의 정체를 잃어버렸다.

이와 같은 투기 광풍은 금융시장뿐 아니라 일반 소비자 가구마저 빚더미 속으로 끌어들인다. 서브프라임의 초기 단계에서는 주택 담보 대출 이자가 낮지만, 주택 가격이 올라가면서 담보의 가치가 올라감에 따라 지불될 이자도 갈수록 커진다. 그러므로 담보, 즉 주택 가격 인상분만큼 추가 융자를 할 여력이 생긴 차입자는 상환이 빨리 오는 기존 대출과 차환하여 새로운 대출을 받음으로써 올라간 주택 가격에 상응하는 액수의 새 융자로 바꿔 타게 된다. 대출자는 이런 방법으로 융자액을 계속 불리면서 증액된 만큼의 현금을 손에 쥐고, 그만큼 국민소득 계정 상의 가계 부채는 많아지게 되었다. 이 같은 서브프라임 융자 액수가 전체 주택 융자에 차지하는 비율은 2006년에 21퍼센트였는데, 이는 2004년의 18퍼센트에 비하면 불과 2년 사이 3퍼센트 포인트나 늘어난 것이었다. 서브프라임 융자에서 파생된 부채담보부증권의투기 광풍에 휘몰리면서 부채담보부증권의 채무불이행이 일어날 기미를 보이자 부채담보부증권를 보유한 금융기관은 즉시 손을 털려 했다. 그 결과 은행 예금 인출을 통한 현금 확보 광풍이 일었고, 마침내 2008년 리먼 브라더스 파산을 계기로 미국발 국제 금융 공황이 터지고 만다.

서브프라임의 투기가 일시에 파탄을 맞자 미국 최대의 보험사였던 AIG 등 보험회사를 비롯, 씨티그룹 Citigroup 을 필두로 한 4대 대형은행 등 초대형 금융기관이 파산 위험에 직면한다. 외환 거래의 자유를 인정하지 않은 중국 등 일부 아시아 국가를 제외하고 금융 국제화에 동참했던 나라 대부분이 세계적인 금융 파국에 휘말려 경제 침체와 실업의 나락에 떨어지고 말았다. 결국은 위기 극복을 위한 비상 대책으로 각국 중앙은행의 발권력을 동원, 통화 공급에 의한 응급조치와 정부 재정 자금 지원에 의한 증자 조치를 취한다. 베어 스턴스 Bear Stearns와 리먼 브라더스라는 양대 증권 금융회사의 부도에서 시작된 금융기관의 연쇄 부도는 금융계 전반의 구조조정으로 이어졌고, 이 태풍이 전 세계로 번지면서 자본주의 체제의 근간을 뒤흔드는 세계적 불황이 시작되었다.

이에 놀란 각국은 정부의 재정 융자 또는 출자로 금융기관의 자본 부족을 현금으로 긴급 구제하여 금융권 전체의 부도 사태를 막는 조치를 취했다. 금융권도 대응에 나서 2007년 8월에만 미국 연방준비은행은 240억 달러, EU 중앙은행은 950억 유로, 일본 중앙은행은 1조 엔을 긴급 투입했다. 이들 세 기관은 8월 13일에도 추가 자금 공급을 발표하는 등 긴급 양적 확장에 나섰다. 그렇지만 2007년 1월과 7월 사이에만 주택 융자 기업 중 이미 90곳 이상이 파산하면서 4만 명의 실업자가 발생하고 8월 6일에는 미국 최대의 주택 담보 대출 회사인 AHM이 파산하는 등 금융 대란은 이미 걷잡을 수 없이 번진 후였다.

자본주의, 금융 열풍에 휘말리다

5부

16
금융 리바이어던, 발톱을 드러내다

국가 재정을 축으로 삼던 케인스주의는 1970년대의 스태그플레이션을 계기로 경제학계의 왕좌에서 밀려나고, 경제 운영의 열쇠를 금융으로 보는 신자유주의 경제학이 대신 그 자리를 차지했다. 이를 계기로 통화론자들의 자유 시장론이 득세하고 정부와 국가는 거의 적으로 내몰렸다. 그때까지 자본주의 경제를 지탱해 온 두 다리인 시장과 정부 중 하나가 허물어지고, 자본주의는 시장이라는 다리 하나 위에 위태롭게 선 경제체제가 되고 말았다. 시장에서 금융자본을 배경으로 개인과 민간 기업이 벌이는 영리 추구의 자유를 절대적인 가치로 여기는 개인 선택의 주권sovereignty of private preference 시대가 열린 것이다. 이 자유를 제약하는 정부의 규제나 간섭은 자유주의에 대한 적대 행위이며 악으로 규정될 만큼 철저한 사인주의 私人主義가 사회 전체에 팽배하게 되었다. 도박에 가까운 투기성 금융 활동으로 이익을 추구하는 것도 자유이고, 정부의 조세권을 피해 조세 피난처에서 벌이는 초국가적 경제 행위도 자유라고 할 만큼 사익 추구가 절대시되었다.

이러한 상황에서 공익이나 공동체의 이해 따위는 들어설 자리를 잃게 마련이다. 자유 시장의 보전이라는 명목 하에 공익 증진을 위한 정부의 활동도 배제되기 때문이다. 신자유주의는 마르크스 사회주의와 케인스의 재정 개입 정책을 똑같이 자유를 침해하는 적으로 몰아버리고, 정부의 모든 규제와 감시를 거부한다. 금융자본의 횡포가 낳은 소득 격차가 사회적 지탄을 받고 이것이 자본주의 자체에 대한 사회적 저항으로 이어져 체제의 안전성이 위협받는 상황에 이르게 되었지만 정작 장본인들은 눈을 감고 오불관언 吾不關焉 할 뿐이다. 이들 신자유주의 통화론자들이 주도한 금융공학적 경제학의 비호 속에 성장한 금융자본은 수익 창출의 활동 공간 확대를 위해서라면 수단과 방법을 가리지 않는 특성을 갖게 되었다. 이들은 미국과 영국의 시장뿐 아니라 전 세계를 활동 영역으로 삼고 있다. 그리하여 이들은 미국 정부와 월가, IMF의 주도로 체결된 워싱턴 컨센서스라는 무형의 압력망으로 전 세계 금융을 단일 시장으로 통합하고, 국경을 자유로이 넘나들며 출몰하는 리바이어던 leviathan 이 되어 세계 금융을 지배하게 되었다. 이것이 신자유주의가 열어젖힌 세계화 globalization 시대의 참모습이다.

세계화는 지역 국가의 개별 이해를 넘어 초국가적 단일 세계 금융 체제를 구축하려는 신자유주의 세계 경제 운영에서 중요한 위치를 차지한다. 신자유주의의 세계화 이전의 전통적 개념인 국제화

internationalization는 국가 간의 교역·이민·투자 관계의 행동 양식을 통일된 체제·질서로 묶는 개념으로, 자본주의 경제의 성숙 단계에서 기대될 수 있는 국제 협력체의 핵심이다. 세계화는 개별 국가들의 엇갈리는 이해관계를 조율하여 협력을 도출해 냄으로써 자본주의 경제를 한 단계 높은 수준으로 나아가게 한다. 이렇듯 바람직한 형태의 세계화는 1930~40년대의 전쟁 중간기 동안 세계 경제가 겪은 악몽 같은 보호무역 전쟁, 환율 절하의 통화 전쟁, 식민지 확장 전쟁에서 벗어나 대립과 전쟁이 아닌 협력과 평화의 국제 관계를 구축하려는 노력이었다.

그런데 프리드먼의 신자유주의 경제 이론에서 추구하는 세계화는 이러한 형태의 국제주의와 거리가 멀다. 이들의 세계화란 금융자본이 이익을 추구하는 활동 공간을 확대하기 위해 그들이 만들어낸 선진 금융 기법을 국제 표준global standard으로 삼아 세계 금융을 초국가적transnational으로 통합하는 것을 뜻한다. 금융자본의 수익 창출에 더욱 유리하도록 국경 제한을 없애는 장치인 셈이다.

바람직한 국제 자유화는 통상 전쟁을 방지하고 정치적 간섭과 규제를 벗어나 무역을 확대하려는 것이다. 그럼으로써 경제 논리에 따른 교역 확대가 생산 확대와 복지 증대로 이어지는 선순환이 일어난다. 글로벌 금융자본이 기대하는 세계화는 국경을 초월하여 하나의 표준에 따른 금융 활동의 자유를 초국가적으로 극대화하는 것으로, 모양새는 통상의 자유화와 크게 다르지 않다. 그러나 그 효과는 금융자본 복합체의 수익을 키우는 수단일 뿐, 금융 선진국이 아닌 나라의 금융은 글로벌 금융자본에 예속하게 된다. 대부분의 국가에게 금융 세계화란 외부에서 강요된 규격화된 통합 금융시장의 규칙에 획일적으로 순응함을 뜻한다.

제2차 세계대전의 참화를 빚은 것은 '이웃 궁핍화' 통상 교역 정책이 빚은 식민지 전쟁, 보호무역주의, 통화 전쟁이었다. 전후 이 비극의 반복을 피하기 위해 화이트 미국 재무부 장관 대리와 케인스가 창안하고 설립한 것이 브레턴우즈협정에 의해 출범한 IMF-GATT 체제다. IMF 체제는 회원국의 무역 수지가 악화하면서 전쟁 중간기의 재앙이 반복되는 것을 막기 위해 금 보유와 간접적으로 연결된 국제 기준 통화인 미국 달러와의 고정환율제를 채택하고, 외환 보유고의 악화를 방지하기 위한 융자 제도를 만들었다. GATT 체제는 보호무역을 대체할 자유무역 제도의 개발과 정착을 위해 관세와 무역 문제를 다루는 국제적 공조체를 만들고, 대상 품목의 선정과 교역 거래 자유의 내용과 방법 등을 토의하는 국제적 합의체제로서 국제연합 UN 의 모든 국가가 참여하는 회의 기구를 운영하였다. 이를 통하여 1947년의 제네바 라운드부터 1973년의 도쿄 라운드, 1986년의 우루과이 라운드 등 여러 다자간 무역 협상이 타결되었으며, 여기에서 다루는 품목은 단순한 상품을 넘어 투자·지적재산권·농산품·금융 등 다양했다. 1995년에는 GATT 체제 연장선상에 있는 협의 체제인 세계무역기구 WTO 가 출범하여 통상의 국제 자유화를 크게 진전시켰다.

IMF-GATT 체제가 추진한 통상의 국제 자유화는 WTO에서

2001년에 시작한 도하 개발 어젠다 Doha Development Agenda 에 이르러 정체되면서 교착 상태에 빠진다. 그 사이 관계 당사자국 간의 자유무역협정 FTA이 왕성하게 이루어지면서 UN 회원국 모두가 참여하는 WTO의 일반 다자 협정은 위축되고 있다. 이러한 상황의 큰 원인은 월가가 배후에 있는 세계 금융자본의 관심이 일반 통상의 국제 자유화가 아닌 금융 세계화를 통한 자본 이동의 자유화에 있기 때문이다. 그리하여 북미자유무역협정 NAFTA 등 특정 지역 안에서의 자유무역협정과 같은 국제화와는 성질이 전혀 다른 유로존 Eurozone 과 같은 단일 통화권의 지역 통합이 떠오르게 되었다. 이 중 유럽연합 EU 의 통화 단일화 금융 협정은 독일과 프랑스를 중심으로 한 유로존의 국가들의 단일 화폐에 의해 금융을 통합함으로써 금융자본 세계화의 정점을 이루고 있는 점에서 주목된다.

EU는 서로의 경제·산업 조건이 다름에도 불구하고 통화만은 하나의 환율·금리로 묶음으로써 개별 회원국의 경제 결정권을 배제하는 수준의 금융 통합을 시도한다. 이제 EU 회원국이 발행하는 국채 거래는 완전히 개별 국가의 손을 떠났고, 개별 국가의 산업·복지 정책의 활동 공간은 글로벌 금융의 자유로운 '돈벌이' 활동 공간에 밀려 위축되었다. 국채 발행이 잦아지고 그것을 글로벌 금융자본이 손쉽게 인수하자 각 국가의 채무는 눈덩이처럼 불어나고 각국의 재정이 금융자본에 저당 잡히는 형국이 되었다. 그 결과 그리스와 스페인처럼 경제 기반이 약한 나라의 국채 채무는 국내총생산의 100퍼센트를 넘어 경제 파탄에 이르게 되었다. 이것이 오늘날 유럽 금융 위기의 실체이다.

월가를 배후에 둔 워싱턴 컨센서스는 금융의 세계화를 추진하는 '보이지 않는 손'으로서 세계 경제 전체를 금융자본이 자유롭게 뛰노는 운동장으로 만들어 갔다. 이는 1990년대의 아시아 통화 위기와 남미 여러 나라의 국가 부도 사태, 러시아의 경제 위기 때 IMF가 긴급 구제금융을 제공하면서 그 전제 조건으로 시장 개방·규제 완화·재정 긴축·자본 자유화 정책을 받아들일 것을 요구한 데서 분명히 입증된다.

워싱턴 컨센서스에 의한 금융자본의 세계화는 일반적인 무역 자유화와 성질이 전혀 다르다. 무역·투자의 자유화는 관계 당사국이 선택·결정권을 가지고 이해 계산에 따라 합의 절차를 밟는 정상적인 국가 간의 협력이다. 반면 금융자본이 바라는 세계화는 그들의 자유로운 활동을 제약하는 제도나 관행을 없애고, 해당 국가의 법규와 행정을 국제 표준에 맞추는 것이다.따라서 금융 세계화는 국가 간의 대등한 협약이 아닌 글로벌 금융자본의 자유로운 활동을 보장하는 정책을 일방적으로 수용하는 형식을 취한다.

세계화에 올라탄 글로벌 금융자본은 전 세계를 하나의 시장 공간으로 취급한다. 이때 독립된 체제와 정부를 가지고 있는 개별 국가는 법체계와 행정 규칙의 특수성을 잃고 글로벌 금융자본의 자유로운 활동 공간으로 평준화하고, 세계는 하나의 평준화된 거대 금융시장으로 변하게 된다. 국가의 개성과 특성을 무시하는 글로벌 금융자본은 국제적 협약을 넘어서서 한 나라의 법질서와 행정권을 넘어서는 초국가적 존재가 되어 버린다. 금리와 증시·환율은 개별 국가의 현지 사정과는 무관하게 뉴욕과 런던의 금융시장 움직임에 따라 결정되고, 발행된 세계 국채의 대부분을 소유한 글로벌 금융이 해당 국가의 신용도를 좌우하게 된다.

이렇게 개별 국가의 영역을 넘어서는 초국가적 존재가 된 글로벌 금융은 전 세계의 공장·유전·어장 등 생산 시설에 대한 금융기관 차입부 기업매수LBO를 통해 제조업 등 여러 산업을 장악한다. 현재 세계 산업계의 판도는 영국의 유명 자동차 브랜드가 인도의 글로벌 금융으로 넘어가고 세계 최대의 철강 회사를 프랑스에 거주하는 인도인이 소유하고 있을 만큼 글로벌 금융에 의하여 새롭게 바뀌어 가고 있는 중이다. 석유와 곡물 선물 시장을 지배한 글로벌 금융은 원유 및 원자재 매점매석의 투기 바람을 조장한다. 세계를 안마당으로 삼고 이윤 극대화를 위한 게임을 벌이는 글로벌 금융은 세계 경제에 휘몰아치는 태풍의 눈이 되었다. 세계 경제는 이 태풍의 방향에 따라 이리저리 떠도는 조각배로 전락해 가고 있다. 세계화의 태풍이 몰아치기 시작한 21세기 이후 2008년의 세계 금융 위기를 포함하여 크고 작은 금융 파동이 잇따랐다. 그 결과 유로존은 파국에 내몰리고, 세계 경제가 불황과 침체의 늪에서 벗어난 적이 없다 할 만큼 불황의 일상화 현상이 지속되고 있다.

생산 혹은 소비의 과부족에서 비롯된 경제 불황은 생산·공급을 안정화하고 소비·수요를 관리함으로써 진정시킬 수 있지만, 글로벌 금융의 횡포에 의한 불황은 금융자본을 규제하고 관리할 때만 극복이 가능하다. 그러나 이러한 조치는 신자유주의의 시장 지상주의 이념을 파괴한다고 보는 극우적 사고가 완화되고 글로벌 금융에 대한 국가의 법질서 적용과 관리 감독, 규제가 널리 수용되어야만 이루어질 수 있다. 이러한 혁신은 2008년 금융 위기 이상의 파국이 발생하여 자본주의 경제가 그야말로 막다른 골목에 몰리지 않은 상황에서 그리고 신자유주의 경제사상이 버티고 있는 한 기대하기 어려워 보인다. 충격요법을 거쳐 글로벌 금융을 국가적 규제와 감독 하에 두고 개별 국가의 금융으로 새롭게 재편하지 않고서는 금융 세계화가 몰고 오는 불황과 침체의 연쇄 폭발을 막을 수는 없다. 미국에서 일어난 "월가를 점령하라."와 같은 금융자본에 대한 국민 저항이 조직적으로 발전하여 자본주의 경제체제의 존립을 위협하는 거대 시민운동으로 퍼져 나가게 되면 글로벌 금융자본 중심의 자본주의 경제체제·질서는 벼랑 끝에 내몰리게 되고 말 것이다.

글로벌 금융이 도박과 투기를 통해 올린 폭리는 극소수 금융 자본가에게 집중되어 소득 배분과 후생 복지의 불균형으로 이어진다. 소수의 글로벌 금융자본과 절대 다수의 일반 국민 간의 빈부 양극화가 민주정치적인 방법으로 해결이 불가능한 극단적인 상황까지 발전하게 되면, 자본주의 경제 기반과 자유민주주의 정치 질서가 함께 몰락하게 되는 위기에 빠지게 된다. 마르크스가 그토록 부르짖던 노동자계급의 사회주의 혁명이 아닌 극소수 금융 자본가를 제외한 모든 사회 구성원의 항거에 의해 자유주의적 자본주의가 붕괴되는 상황이 오게 되는 것이다. 그 다음에 오는 것은 사회주의적 정치와 자본주의적 시장이 결합한 중국식 국가자본주의일지도 모른다.

공산당 일당독재 사회주의 정치와 자본주의 경제가 결합하는 변종의 자본주의가 등장하여 금융자본을 국유화함으로써 금융 세계화의 악순환을 단절하는 상황이 전개될 수 있다. 글로벌 금융자본의 성공이 금융자본의 국가 관리와 통제로 연결되는 변증법적 변화 사태가 발생할 가능성을 배제할 수 없는 것이다. 이와 같은 상황을 방지하고 자본주의 경제의 각 구성 부문 특히 시장과 국가 간의 균형을 회복하여 정상적인 자본주의 경제체제를 회생시킬 재생 엔지니어링 reinventing engineering 이 필요한 시점이다. 이 재생 엔지니어링의 첫 번째 목표는 글로벌 금융이라는 리바이어던 괴물을 순화하는 작업이다. 이 작업의 요체는 금융자본을 다시금 국가의 관리 감독 하에 두면서 국제적 협력 관계의 틀 속으로 들어오도록 순화하는 제도·장치의 개발과 정착이다.

글로벌 금융은 투기와 도박을 생리로 삼아 쉬지도 자지도 않고 세계를 누비며 먹잇감을 노리는 상어 떼와도 같다. 좋은 투기·도박감이 있으면 우르르 몰려왔다가 금방 더 먹음직스러운 목표를 찾아 빠져나가는 일을 반복한다. 이들이 휘젓고 다니는 세계 경제는 너무나 불안하여 안정적인 성장을 할 수 없게 된다. 이는 밀물처럼 왔다가 썰물처럼 빠져나가는 글로벌 금융의 활동 무대가 되어버린 최근 유로존 경제의 혼란이 잘 보여 주는 바와 같다. 실물경제의 목자적 활동 공간은 M&A와 융자 합병의 금융 게임에 밀려 활동 공간이 위축되고, 상어 떼와 같은 글로벌 금융이 주도하는 노름판 경제가 기승을 부리면서 분란과 불황은 일상화되어 간다.

투기성 금융자본이 저지른 경제 불황을 미국과 일본 등 선진국 중앙은행의 무절제한 양적 확장의 금융 완화에 의한 통화 공급으로 수습하기 위해 푼 유동성이 전 세계에 넘치고 금리 파동이 요동치게 되면 제조업 중심 수출에 의존하는 중국·한국·브라질 같은 신흥 산업국가의 수출이 환율 파동으로 불황을 겪으면 세계 경제는 또 다른 침체를 겪게 될 것이다. 현재의 자본주의 경제체제는 사회주의와 같은 외부의 위협이 아니라 내부에서 자라난 글로벌 금융의 이상 비대증으로 내부 폭발의 위험에 처해 있는 것이다.

17
자유민주주의, 목줄을 잡히다

경제는 일정한 정치 공간에서 공동체 구성원들이 재화와 용역에의 욕구를 충족시키기 위해 벌이는 거래에 의해 성립한다. 따라서 경제는 어떤 형태로든 정치적 권위와 질서가 있는 공간에서 일정한 틀과 규율에 따라 이루어지게 마련이다. 근대적인 경제는 중세의 왕과 봉건 영주들이 독점하던 정치권력이 시민계급에 넘어가면서 탄생한 체제·질서이다. 경제학의 아버지격인 애덤 스미스의 고전경제학 역시 같은 시기 왕과 영주의 정치권력으로부터 시민계급의 경제적 독립을 주장하고 이를 담보하는 장치로서 개인의 자유로운 경제활동이 이루어지는 공간인 시장을 확립하는 데서 시작하였다.

이처럼 정치권력의 전횡으로부터 독립된 시장에서 시민의 자유로운 경제활동 공간을 확보할 때까지의 정치적 변혁이 곧 자유민주주의의 발전 과정이었다. 1215년 영국의 존John 왕은 귀족과 부유한 지방 토착 세력의 요구에 굴복하여 세금을 올릴 때는 납세자 대표의 동의를 얻어야만 한다는 내용의 마그나 카르타 Magna Carta 에 서명했다. 이는 왕과 귀족, 고위 성직자가 독점하던 경제권이 시민 세력에 넘어가는 계기로서 의회 민주주의의 시작으로 평가된다. 이렇듯 세금을 둘러싼 왕권과 민권의 투쟁이 민주정치 쟁취의 시발점이었고, 투쟁의 대상 역시 경제력의 배분 방법을 둘러싼 정치권력의 배분 문제였다. 영국에서는 마그나 카르타 이후 1688년의 명예혁명 Glorious Revolution 을 거쳐 의회정치가 자리 잡고 "피지배인의 동의 없는 증세는 없다."는 조세법률주의가 확립된다. 1776년 애덤 스미스의 『국부론』은 정치권력으로부터 독립 기능하는 시장 자유의 원칙을 내세우면서 왕권 및 봉건 경제와 대치되는 근대적 시민 경제 제도를 확립한다. 이와 함께 존 로크 John Locke 와 존 스튜어트 밀 John Stuart Mill 의 이론이 지향하는 자유민주주의 정치 질서가 굳건히 서면서 근대적 자유민주주의 정치와 자본주의 경제는 근대 국가를 지탱하는 두 버팀목이 되었다.

자유민주주의 정치와 자본주의 경제를 바탕으로 한 근대 국가 체제는 18세기에 완성되지만 1848년 『공산당 선언』을 들고 나온 마르크스의 강력한 도전을 받는다. 그는 부유한 시민계급인 부르주아 중심의 자유민주주의 체제를 노동자 계급의 착취와 수탈을 자행하는 가짜 sham 정치체제일 뿐이라고 비판한다. 이를 타파하는 혁명을 일으켜 사유재산과 자본가 계급을 없애고 무산계급인 프롤레타리아가 권력을 독점한 사회주의 평등 사회를 건설할 때 진정한 인간 해방의 역사가 시작된다는 것이다. 1917년 러시아에서 공산 혁명이 일어나 소비에트 사회주의 국가가 건설되었을 때, 자본주의적 자유민주주의는 이 새로운 물결에 의해 대체될 것처럼 보이기도 했다. 그러나 1989년 베를린 장벽 붕괴와 함께 소련 공산 사회주의 체제는 종말을 고하고 역사의 무대 바깥으로 밀려난다. 애덤 스미스가 제시한 시장 자유에 바탕을 둔 자본주의 체제·질서는 최종 승리자로서 지구상의 유일한 경제체제로 군림하고 있으며, 이의 변종으로 중국의 국가자본주의적 사회주의 경제뿐이다. 이제부터 중국이 어떻게 변화·발전할지가 변수이긴 하지만, 자본주의적 경제체제와 자유민주주의적 정치체제는 앞으로도 세계적인 주류로 남을 것이 확실하다.

초기의 민주주의 정치는 재산에 따라 시민의 참정권을 제한하였기 때문에 부르주아 정치가 될 수밖에 없었다. 하지만 1820년 미국의 앤드루 잭슨 Andrew Jackson 대통령이 참정권을 확대하고 뒤이어 보통·평등·비밀·자유선거가 보장된다. 노동자와 여성을 포함한 모든 국민 한 사람 한 사람이 한 표씩을 행사하는 대중민주주의 시대가 열린 것이다. 21세기 민주주의 국가의 국민이라면 누구든 일정한 연령 조건만 갖추면 참정권을 얻어 한 나라의 정치와 경제 정책에 관여할 수 있다.

자본주의 경제와 민주주의 정치가 결합한 자유민주주의 체제는 국가가 아닌 민간의 자유경제 활동을 주축으로 삼는다. 따라서 민간 세력이 국가권력과 평형을 유지하느냐에 따라 자유민주주의 체제의 발전 여부가 결정된다. 국가가 주도한다면 중국처럼 일당독재의 사회주의 국가가 되고, 민간 시장이 중심일 때는 자유민주주의를 유지할 수 있다. 따라서 건전한 자유민주주의 체제의 정치 역학적 핵심은 정부와 시장의 건전한 균형 관계 유지에 있다. 이 균형 관계를 가름하는 것이 정치사회의 중심축인 중산층 중심 세력화이다.

배링턴 무어 Barrington Moore의 말처럼 중산층이 없는 곳에는 민주주의가 존립할 수 없다. 중산층이 사회의 중심이 되지 못하고 극소수의 상층과 절대다수의 하층으로 양극화된 계층 사회에서는 합의를 바탕으로 한 민주주의가 아닌 반목과 증오, 폭력이 난무하게 된다. 따라서 민주주의 정치는 중산층 중심의 자본주의 경제가 뒷받침할 때만 발전할 수 있고, 이는 자유민주주의 정치와 자본주의 경제가 공존하는 조건이기도 하다. 자본주의 경제가 중산층을 두텁게 하는 체제·질서로 작용할 때 자유민주주의는 발전한다. 반면 중산층을 줄이고 몰락시키는 자본주의 경제는 자유민주주의의 기초를 흔들고 시위와 폭력이 난무하는 정치를 낳는다. 인권과 법치가 갖춰진 자유민주주의 사회로 나아갈 것인지 혼란과 폭력뿐인 난장판으로 전락할 것인지는 중산층을 키워 가느냐 아니면 양극화로 치닫느냐에 달렸다. 이렇게 원론적인 이야기가 오늘날 관심을 끄는 이유는 현재 진행 중인 금융 세계화가 이 문제와 깊은 관련이 있기 때문이다.

18세기 이후의 역사가 증명하듯, 자본주의 경제는 자유민주주의 정치의 토대가 된다. 사회주의와 독재 권력이 지배하는 경제에서 자유민주주의 정치가 자랄 수 없었고, 마찬가지로 사회주의나 독재 권력 아래에서 자본주의 경제가 발달한 적도 없다. 자유민주주의 정치와 자본주의 경제는 이와 입술처럼 순기능을 이루면서 함께 발전해 왔고, 그 밑바탕에는 중산층의 굳건한 뒷받침이 있었다. 최근 대두한 신자유주의 경제체제는 소득과 부의 분배를 양극화하고 사회를 계층화하며 중산층을 몰락시킴으로써 민주정치의 경제적 기반을 흔들고, 정치과 경제의 순기능 관계도 위태로워지고 있다.

신자유주의의 금융 세계화는 본래 실물경제와 연결되어 운영되던 금융을 오로지 수익의 증대만을 추구하는 금융공학적 조작에 의한 도박성 단기 투기hot money로 변질시키고 있다. 생산 활동 및 일자리 창출과 관련이 없는 초국가적 떠돌이 금융이 된 이들은 돈놀이에서 헤어 나오지 못한다. 그들이 자랑하는 금융 대박의 뒷면에는 2008년의 서브프라임 모기지 사태가 적나라하게 보여 주었던 돈놀이꾼들의 투전판이 버티고 있다. 이렇듯 글로벌 금융이 휘젓는 자본주의 경제는 점차 카지노 자본주의로 타락해 간다.

글로벌 금융은 신자유주의 경제 이론이 만들어낸 괴물이다. 그들은 어떤 규제도 받지 않은 채 세계를 하나의 시장으로 삼아 떠돌아다니며 밤낮 없는 투전 도박에 몰두한다. 실물경제와 무관하게 오직 이익만을 추구하는 이들은 부의 분배나 중산층 보호, 사회 복지, 실업, 노사 문제 등 당장의 현금 장사와 관계없는 문제는 외면해 버린다. 2008년의 금융 파국에서 잘 드러난 바와 같이 경제성장이나 정치의 안정, 사회의 발전 따위는 처음부터 글로벌 금융의 안중에 없었다. 그들이 금융 투기로 벌어들인 천문학적인 이익은 투기 금융기관의 임직원의 급료와 보너스 수입금으로 분배되었다. 미국의 경우 1퍼센트의 슈퍼리치가 움켜쥔 부가 국내총생산에서 차지하는 비중은 1976년 8~9퍼센트 수준에서 2007년에는 23퍼센트를 차지할 만큼 부의 편중이 심각한 상황이다. 거주와 교육도 일반 국민과 따로 떨어져 사는 특별 계급을 형성하고 있는 슈퍼리치들은 '한 나라 안의 두 개의 국가'를 만들고 있다. 투기 금융에 의한 불황과 실업이 만성화하면서 중산층이 몰락하고 빈부의 양극화가 심해지면서 사회가 계층화되어 사회의 동질성이 파괴되면, 그 위에 서 있는 자유민주주의 정치사회도 무너지게 마련이다. 글로벌 금융 괴물이 자유민주주의 정치를 파멸로 몰아가는 셈이다.

무소불위로 날뛰는 글로벌 금융자본은 경제 영역에서 파생되는 정치·사회·문화·도덕·생활 감정 등 민족국가 공동체의 문제는 전혀 신경 쓰지 않는다. 경제가 이들의 힘에 놀아날 때 공동체적 정치·경제체제는 자연히 녹아내릴 수밖에 없다. 마르크스의 사회주의를 이겨내고 소련의 도전을 버텨낸 자유민주주의 정치와 자본주의 경제가 금융 세계화라는 내부의 적 앞에 무너질 위기에 몰려 있는 셈이다.

글로벌 금융자본이 판을 치는 경제에는 일정한 주기에 따라 호·불황이 반복되는 제조업 중심의 경제와는 달리 한두 건의 금융 사고로 금융자산의 거품이 일제히 꺼지면서 순식간에 초대형 불황이 이어진다. 불황을 진정시킬 수단이 가시적인 실물 수급이 아닌 통제 불가능한 투기 자본의 순화 馴化 뿐이다 보니 불황의 가능성은 항상 떠나지 않게 된다. 실물경제의 경기를 따른 호·불황의 주기가 사라진 자리에 불황의 상시화라는 새로운 경제 현상이 만연하고 있다. 과거에는 불황이 끝나면 6개월 내에 실물경제의 고용이 회복되었지만 글로벌 금융 시대에 들어와서는 3~5년이 걸리다보니 일자리도 없는 성장과 임금 저하의 악순환이 지속되고 있다. 밖으로는 언제 닥칠지 모르는 불황의 공포, 안으로는 중산층 붕괴에서 오는 양극화와 사회 계층화에 시달리는 현재의 자본주의 경제 체제와 민주주의 정치 질서는 중대한 존립 위기에 몰려 있다. 내부의 적인 금융 세계화에 휘말린 자본주의 경제를 구출하지 않고 자유민주주의의 건전한 발전은 불가능하다. 대책 마련이 시급한 것도 바로 이 때문이다.

자본주의 경제의 실물 부문이 취약해지고 글로벌 금융이 날뛰면서 기름과 양곡·원자재 등의 정상적인 실물 거래마저도 끝이 없는 도박 투기의 터널에 빠져들어 간다. 그 속에서 투기 수익을 챙기는 글로벌 금융은 불황과 투기 파동을 일상화할뿐더러, 국민경제의 정치 공동체의 중산층 사회를 1퍼센트대 99퍼센트의 대립 사회로 바꾸고 흔드는 반사회적 괴물이다. 금융 세계화가 가져온 소득 양극화와 사회 계층화, 중산층 몰락은 사회를 분열시키고 무너뜨려 국제와 국내 환경을 모두 황폐화한다. 워싱턴 컨센서스를 앞세워 이룬 금융 세계화는 브레턴우즈 체제가 설계했던 평화와 협력의 국세협력 시대를 갈등과 대립의 초국가적 분열 시대로 바꿔 놓고 있다.

민족국가 단위의 중산층 중심 자본주의는 초국가적 금융 자본의 카지노 자본주의 태풍 속에서 승자 독식의 불평등 격차 체제로 바뀌어 간다. 오늘날 자본주의 경제에서 가장 시급한 과제는 글로벌 금융의 발호를 막고 민족국가의 감독·규제 속으로 묶어 두는 것이다. 그러지 않고는 자본주의의 앞날은 장담하기 어렵다.

18
자본주의, 목숨을 저당 잡히다

현재 존재하는 자본주의 경제는 두 가지로 나뉜다. 하나는 미·영 등 서구에서 오랫동안 뿌리를 내리고 성장해 온 자유주의적 자본주의이고, 다른 하나는 1980년대 대두하여 얼마나 지속될지 선불리 판단하기는 어려운 중국식 사회주의적 자본주의다. 이 둘 사이에 한국·대만·싱가포르 등 아시아의 신흥국과 러시아·인도·브라질 등 소위 브릭스 BRICs에서 시행하고 있는 정부 영향 하의 혼합 자본주의가 있지만 아직 명확한 형태가 드러나지는 않은 상황이다. 17세기의 산업혁명과 18세기의 자본주의 경제체제 발전을 이끈 나라는 영국이다. 19세기에 황금기를 맞은 영국은 세계 경제의 틀과 방향을 제시하고, 영국의 파운드 스털링 pound sterling이 기축통화 역할을 하는 팍스 브리타니카 체제·질서가 들어서게 되었다.

19세기 이후 자본주의적 경제개발로 근대화를 이룬 유럽 내륙의 독일과 프랑스·네덜란드·벨기에 등이 세계 경제 시스템의 중심 무대에 등장하면서 영국과 세계 시장의 패권을 둘러싸고 각축을 벌이게 된다. 식민지 쟁탈전의 연장선에 있던 이 갈등은 결국 1914년 제1차 세계대전으로 폭발하고, 그와 함께 팍스 브리태니카는 끝난다. 이어진 전쟁 중간기에는 한 국가에 의한 평화와 안정적인 체제·질서가 사라진 속에 '이웃 궁핍화' 무역 전쟁, 통화 전쟁, 식민지 전쟁이 연속되는 혼돈의 시대가 일어났다. 여기에 미국에서 시작된 1929년의 대공황이 세계를 휩쓸면서 자본주의는 예전에 없던 존망의 위기를 맞게 된다.

대공황의 직격탄을 맞은 미국은 걸출한 지도자 루스벨트 대통령의 지도 아래 뉴딜 정책을 추진, 자본주의 경제의 대대적인 구조조정에 나서고, 이를 이론적으로 뒷받침한 케인스의 『일반 이론』은 경제 공황의 원인을 진단하고 처방을 제시했다. 이때 이루어진 구조조정은 자본주의의 근본을 속속들이 분석·개선하면서 19세기의 영국식 자본주의를 20세기의 미국 중심 자본주의로 바꿔 놓는 길을 열었다. 노사관계를 정상화한 와그너법 Wagner Act 과 은행을 규제한 글래스 스티걸법 Glass-Steagall Act, 산업 및 기업 구조를 재편한 국가재건법 NRA: National Recovery Act, 재정 자금을 투입하여 실업자를 구제한 뉴딜 정책, 실업 및 건강보험 등 사회 안전망을 갖춰 복지국가의 기초를 마련한 사회보장법 Social Security Act 이 시행되었다. 이렇게 자유방임주의를 폐기하고 고전 경제학의 성역이었던 자유 시장과 기업을 국가의 규제 하에 두는 정책으로 혁명에 가까운 자본주의 개조가 이 시기에 이루어졌다.

루스벨트의 과감한 수술이 성공을 거두고 때마침 발발한 제2차 세계대전으로 총수요가 급증하면서 미국 경제는 대공황을 이겨내고 점차 세계 자본주의의 중심으로 부상했다. 팍스 아메리카나의 시작이다. 미국이 주도한 전후의 UN과 브레턴우즈 체제는 자본주의를 반석 위에 올려놓았고, 미국의 달러화는 기축통화로서 세계 환율의 기준 통화가 되었다. 이로써 미국 경제는 자본주의의 새로운 선두주자가 되었다. 특히 유럽의 복구를 무상으로 지원한 마셜계획 Marshall Plan 은 패전국 독일을 비롯한 전쟁 폐허 속의 유럽이 재기할 기회와 기반을 제공하면서 폐허 위에 팍스 아메리카나의 20세기 자본주의의 기틀을 구축하였다. 그리하여 미국식 자본주의의 왕성한 발전을 바탕으로 한 서방의 자본주의 경제체제는 소련 중심의 공산권 사회주의 경제마저 무너뜨렸고, 1989년을 기점으로 전 세계는 서구 자본주의 자유 시장으로 통합되었다. 이제 미국이 없는 자본주의는 생각할 수 없을 만큼 미국 주도의 자유 시장경제 체제가 중심을 잡게 되었다.

루스벨트와 케인스의 개혁을 거친 미국 경제는 19세기의 영국식 자본주의와는 달리 시장과 정부의 균형이 후자 쪽으로 기울어 기업이 국가의 규제와 감독을 받는 20세기형 자본주의로 변모했다. 이제 경제의 흐름을 관리하는 것은 '보이지 않는 손'에 의한 자유방임의 질서가 아니라 시장의 유효수요를 정부가 재정 개입으로 관여하게 되었다. 제2차 세계대전을 승리로 이끈 미국이 군수에 집중했던 생산력을 민수로 돌리자 1950년대의 미국 사회는 역사상 가장 부강하고 평화로운 시대를 맞게 된다. 베이비붐으로 인구가 증가하고 퇴역 장병의 국가 지원 교육 제도가 활성화되면서 교육과 생활수준을 더욱 높였고, 그로부터 배출되는 고급 두뇌와 미국 특유의 개척 정신이 결합한 기술 혁신은 미국 주도의 자본주의 경제를 더욱 튼튼하게 했다.

이처럼 태평성대를 구가하던 미국의 자본주의는 1960년대부터 기능 부조화의 조짐을 보인다. 국력의 절정에 있던 미국 사회에 민권 의식이 널리 퍼지면서 마틴 루터 킹 Martin Luther King 목사를 중심으로 흑인 인권 운동이 시작되었다. 이 무렵 존슨 대통령은 생산력 강화에서 복지 확산으로 미국 경제의 방향을 바꾸는 '위대한 사회' Great Society 정책을 폈다. 여기에 베트남 전쟁의 전비로 막대한 재정 지출이 추가되자 소비 수요가 생산·공급을 넘어서면서 인플레이션이 시작되었다. 게다가 중동의 산유국들이 석유를 무기화하며 시작된 오일쇼크는 가계와 재정 적자를 더욱 가중시켰다. 생산된 것이 판매되지 않는 디플레이션 불황은 1929년의 대공황 때 경험한 적이 있어도 공급 능력이 소비 수요를 따라오지 못해 물가 상승과 실업 속의 불황이 함께 나타나는 스태그플레이션은 미국 경제가 처음 겪는 위기였다. 물가와 실업을 반비례 관계로 설명하는 케인스 경제학의 필립스 곡선 이론은 이 새로운 현상을 설명할 수 없었고, 무능한 경제학으로 낙인찍히면서 케인스 경제학의 위상은 흔들리기 시작했다.

진작부터 케인스 경제학과 뉴딜 정책에 철저한 반대 운동을 펼쳐

오던 시카고대학 중심의 신자유주의 경제학파가 이때를 틈타 전면적 공세를 펼치기 시작했다. 케인스 경제학이 정부의 재정 지출 초과에 의한 인플레이션을 유발한다고 규탄하고 정부 개입이 없는 자유 시장주의로 복귀할 것을 내세우면서 케인스 경제학을 몰아내는 운동을 전개하였다. 이와 발을 맞춰 루스벨트의 재정 개입과 정부 관여의 민주당 정책에 반대하는 공화당의 레이건 보수 정권이 등장하면서 신자유주의 경제 이론과 신보수의 정치 세력은 1970년대의 미국을 완전히 장악하였다. 이른바 네오콘 시대의 시작이었다. 작은 정부와 큰 시장, 규제 철폐, 구조조정, 금융자본 자유화, 감세, 복지 축소, 노사 자율, 민영화 등으로 정부 기능과 역할을 철저히 축소하고 민간 기업의 이익 창출 자유를 보장하는 신보수주의 경제 이론과 정책은 18세기 고전 경제학의 자유 시장과 자유방임을 지향하고 있었다. 미국을 평정한 네오콘 세력은 영국에 대처 내각이 들어서면서 유럽으로 번져 나갔다. 1989년에는 동구권이 붕괴하면서 마침내 전 세계가 신자유주의 세계화의 물결에 뒤덮였다.

금융 자유화의 중심지인 월가에 본거지를 둔 미국 네오콘 금융자본은 미국 정부 및 IMF 국제 금융 기구와 결합하여 워싱턴 컨센서스라는 무형의 국제 압력 체제를 형성한다. 전 세계를 상대로 금융 자유화와 세계화를 몰아붙이는 이들의 힘은 개별 국가 간의 협력 단계를 넘어 세계 전체를 하나의 표준에 맞추어 초국가적 단일 시장으로 만들어 갔다. 금융 세계화와 초국가화라는 미명 아래 글로벌 금융은 국가의 규제와 관리에서 벗어난 거대 괴물이 되어 세계 경제를 뒤흔들기 시작했다.

1933년 시중은행과 투자은행, 보험업과 증권 업무 영역을 분리했던 글래스 스티걸법이 1999년 폐지되면서 미국 국내를 지배한 거대 금융 세력은 워싱턴 컨센서스가 일으킨 세계화의 선풍을 타고 전 세계의 금융시장을 휘어잡는 국제적 괴물이 되었다. 바로 이 글로벌 금융이 2008년의 금융 위기를 일으킨 근원임에도 불구하고 모든 국가 단위의 감시와 관리에서 벗어나 있었기에 제대로 된 원인 분석은 이루어지지 못했다. 그저 급한 불을 끄기 위해 중앙은행의 통화 확대와 부실 금융기관에 대한 재정 지원이라는 응급조치를 취했을 뿐, 글로벌 금융 위기의 재발을 방지할 근본 대책은 월가 지배의 거대 금융이 버티고 있는 한에서는 제대로 마련될 수가 없다. 글로벌 금융은 지금도 여전히 제어장치도 달지 않은 채 마구 날뛰며 전 세계를 혼란과 불황 속으로 몰아가고 있다.

영국 경제가 19세기의 자본주의를 대표했듯이, 미국 경제는 오늘날의 자본주의를 대표한다. 따라서 미국 경제가 현재 상황에 이른 과정을 면밀히 관찰하고 분석함으로써 세계 자본주의의 현주소와 향방을 가늠할 수 있다. 미국 경제의 변화 과정과 현재의 문제점을 다룬 로버트 라이시 Robert Reich 와 네오콘 신자유주의 경제 이론을 공박하는 폴 크루그먼 Paul Krugman 이 바로 이 방법을 택한 경제학자로 주목된다.

1950년대 이후의 자본주의 경제는 공산권 사회주의의 도전을 허용하지 않을 만큼 건실한 발전을 계속해 왔다. 라이시는 그의 2011

년 저서 『위기는 왜 반복되는가』 *After Shock* 에서 1947년부터 1975년까지를 경제성장과 국민소득 향상이 동시에 이루어진 대번영기 great prosperity 라 규정한다. 이 기간 중에는 대량 생산과 대량 소비가 상호 보완 관계를 이루면서 생산성과 가계 수입이 함께 증가했다. 상위 1퍼센트의 최상류층이 전체 소득에서 차지하는 비율도 8~11퍼센트에 머물면서 소득 분배의 형평성이 어느 정도 유지되고 임금 수준도 2만 5천 달러에서 5만 5천 달러로 증가하는 등 건실한 경제 성장 속에 안정된 사회생활이 함께 이루어진 시기였다. 이 기간 중 미국 경제의 국제 수지 악화로 1971년에 금환제가 중단되고 1985년 플라자 합의가 체결되는 등 세계 경제 판도가 변화하고 있었지만, 전체적으로는 황금기의 연속이었다. 1975년까지는 미국을 비롯한 세계 자본주의 체제에 딱히 긴급한 조치를 취할 만큼 심각한 문제는 없어 보였다.

라이시는 국민총소득의 배분을 기준으로 현대 미국 경제사를 1928년~1947년, 1947년~1975년, 1975년~2007년의 세 시기로 나눈다. 여기에서 상위 1퍼센트 부유층의 소득이 차지하는 비율이 20퍼센트가 넘는 1기와 3기를 그는 각각 대공황기 great depression 와 대불황기 great recession 라 부른다. 반면 그 중간의 2기는 안정 성장과 균형 발전이 함께 이루어진 대번영기로 분류된다. 소득 불균형이 극에 달한 1928년과 2007년에는 상위 1퍼센트가 국민총소득의 23퍼센트를 과점한 데 반해 1976년에는 8~9퍼센트에 머물렀다. 라이시는 부의 양극화가 심해져 중산층의 임금 수입이 감소하고 대량 실업 사태가 발생하는 사태를 우려한다. 그럴 경우 경제적으로는 중산층의 상대적 빈곤에서 오는 총수요의 감소로 생산물의 소비 수요가 격감하여 경제가 불황과 침체에 빠져들고, 정치 사회적으로는 소외된 중산층의 분노가 저항으로 이어져 사회가 혼란에 빠지게 된다. 해묵은 자본가 대 노동자 간의 투쟁도 아니고 기업가와 지식인의 대립도 아닌 1퍼센트대 99퍼센트, 체제 유지 세력 대 반체제 세력 간의 격돌로 자본주의 경제체제의 앞날이 불투명한 상황이 되고 있다.

이 위기의 해결책으로 라이시는 역진소득세 reverse income tax에 의한 소득 보전과 실업 대책이 아닌 재고용 대책 마련, 공공의료보험과 교육비 지원을 통한 빈곤화 방지와 중산층 보호 육성, 부유세 강화와 탄소세의 신설 등 재정 정책 개발, 공공재 활용, 금권선거와 의회 로비 활동 규제를 통한 정경유착 근절 등을 제시한다. 이를 통하여 체제의 근간을 뒤흔드는 대기업과 월가 금융의 횡포를 제거하지 못하면 자본주의는 침몰할 수밖에 없다는 것이 라이시의 전망이다. 그의 저서가 2010년에 나왔음을 생각하면 현재 자본주의 경제의 향방과 명운을 가장 가까운 지점에서 체험한 이의 분석이라 하겠다.

한편 크루그먼은 자본주의 경제의 현주소에 대해 또 다른 분석과 주장을 내놓는다. 1973년 이후 시카고학파의 통화론자들이 독식해 온 노벨 경제학상을 2008년에 케인스주의자로서 수상하여 세계적인 관심을 받은 그는 서구의 주류 경제학계를 거침없이 비판하며 대안을 제시하는 학자다. 그의 공격 대상은 서브프라임 경제 위기의 발생과 수습 과정에서 한계가 드러난 금융 조작에만 의존하는 신자유주의 통화론자들이다.

크루그먼은 첫째로 통화론 경제학의 흐름을 대표하는 그린스펀 Alan Greenspan 연방준비제도이사회 의장의 2008년 금융 위기 수습을 소 잃고 외양간 고치는 격이라고 신랄히 비판한다. 파생 상품 난립과 금융시장의 무질서가 그의 책임이며, 특히 1999년 금융현대화법 Gramm-Leach-Bliley Act 을 제정, 상업은행과 투자은행, 금융과 보험, 증권 업무의 겸업을 규제하던 1933년의 글래스 스티걸법을 폐지함으로써 금융자본의 거대화와 독점화를 가져왔다는 것이다. 크루그먼이 보기에 오늘날 금융복합체의 횡포와 세계적 경제 침체를 낳은 장본인은 바로 이 금융현대화법을 통과시킨 그램 상원의원과 그린스펀이다.

크루그먼은 효율적 시장 efficient market 이나 합리적 기대 rational expectation 가설 따위의 신자유주의 모델에서 헤어나지 못하는 통화론자들의 연방준비은행 FRB 에 의한 금리와 통화량 조절 위주의 방식으로는 현재 자본주의 경제체제의 구조적 문제 해결이 불가능하다는 입장을 취한다. 특히 그가 일본 경제의 '잃어버린 10년'에 대해 진단한 내용은 주목할 만하다. 거품 붕괴 이후 10년 동안 디플레이션에 시달린 1990년대 후반의 일본은 금리를 0퍼센트로 낮추고 통화를 아무리 풀어도 경기가 살아나지 않고 있었다. 케인스가 말한 유동성 함정 liquidity trap 에 빠져 있는 상황에서 금융 만능에 의존하는 통화론자들의 처방은 백약이 무효였다. 크루그먼은 이 곤경의 해결책으로 인위적인 인플레이션을 유발하여 과잉 저축 국가인 일본 국민에게 소비를 촉진시키고 재정 지출에 의한 총수요를 촉진하는 정책을 쓸 것을 권한다. 크루그먼 교수는 2002년에 10년 이상 디플레이션의 함정에 빠진 일본을 구출하기 위해서는 금리를 0퍼센트가 아니라 인플레이션이 2~3퍼센트가 될 수 있는 통화 증발로 저축자가 돈만 가지면 된다는 생각에서 벗어나 디플레이션이 아닌 인플레이션을 겁내어 저축을 소비로 전환케 함으로써 국내 수요를 진작시키고 엔저 円低로 수출을 증대시켜야 한다는 진단을 하고 신자유주의 경제 이론에 빠진 일본 중앙은행의 안일을 크게 꾸짖으면서 일본 경제의 회생의 길을 제시하였다. 그의 이런 권고가 2013년 오늘 아베 총리가 시행하려 하고 있는 것이다.

2010년 미국의 상원위원회가 금융 위기의 수습 차원에서 금융관리 규제법의 강화를 논의했을 때 크루그먼은 새로운 금융 규제법에서는 금융 제도의 개혁뿐 아니라 금융기관 및 금융인의 소득과 초과 수입 문제도 함께 논의되어야 한다고 주장하면서 은행 저축과 같은 전통적 금융에 대한 잘못된 대처법에 대한 혁신이 필요함을 지적했다. 그는 1929년의 대공황을 제도 개선과 새로운 감독·규제 도입으로 극복하고 경제를 회생시킨 루스벨트 대통령의 뉴딜 정책과 같은 과감한 대응과 정책 개혁 없이는 현재의 자본주의 경제를 되살릴 수 없다고 단언한다. 미국 민주당의 혁신 전통을 지키며 활동하는 학자로서 크루그먼의 풍모는 2007년 저서 『새로운 미래를 말하다』*The Conscience of a Liberal* 에서 유감없이 드러난다.

크루그먼은 공화당의 부시 행정부에 대해서 철저한 비판의 날을 세운다. 부시 대통령은 부유층 감세를 하면서 공공지출은 늘리고 이라크 전쟁을 일으키는 등 방만한 경제 운영으로 재정 적자를 키웠으며, 인플레이션과 교육·연구 소홀로 미국 경제를 더욱 어려운 상황으로 몰아갔다. 라이시도 지적한 것처럼 미국의 소득 불균형은 20세기 중반까지는 크게 개선되었으나 지난 20년 동안 거꾸로 개악되어 1920년대보다도 더 나쁜 상태가 되었다. 소득 격차 악화의 원인이 부시 행정부의 실정에 있다는 것이 크루그먼의 비판이다.

『미래를 말하다』에서 그는 국민 복지 향상에 기여하는 사회안전망 정비와 공공 의료보험 확충 등을 골자로 하는 포스트케인스주의 post-keynesian 경제를 새로운 뉴딜 정책으로 제시한다. '잃어버린 10년'을 겪은 일본처럼 유동성 함정에 빠진 자본주의 경제를 침체에서 구하기 위해서는 공격적인 재정 지출이 필요하다는 것이다. 소득 불균형이 심해지는 원인의 일부는 기술 향상에 따른 인력 수요의 감소와 생산의 아웃소싱 outsourcing 에도 있지만 더 큰 요인은 네오콘 신자유주의자들의 '보수 회귀 운동'에 있다는 것이 크루그먼의 생각이다. 신자유주의의 금과옥조인 금융 세계화에 대하여 그는 지난번의 아시아 금융 위기와 같은 상황에서 글로벌 금융자본의 신보수주의를 거부하는 외국 정부에 의한 외환시장의 개입·통제를 통한 국제 자본 이동의 규제가 필요하다고 주장한다. 신자유주의의 시장·경쟁 제일주의와 개인·기업의 경제 자유 절대 가치화 같은 것을 배격함으로써 위기 상황에서는 신자유주의식 국제화보다 국민 복지의 보호·향상을 우선하여야 한다는 것이다. 신자유주의적 일방통행의 세계화를 거부하는 국가 재정 주도의 학문 세계는 국제 경제의 비교우위론에 따른 자유무역의 원칙을 강조하면서 현실적으로는 국제 경제 상황과 국내 상황과의 관계에서 최적의 조합을 선택하는 합리적인 준칙을 마련할 것을 주장한다.

크루그먼은 소득 격차 해소와 제조업과 금융업 간의 균형 회복, 경제 침체 극복을 위해서는 정부가 금융 위기로 파산에 직면한 금융회사를 국가 재정을 풀어 구제하는 대신 실업과 사회 복지의 결핍에 시달리는 대중을 구하는 대담한 재정 지출과 금융 완화가 필요하다고 본다. 금융기관에 대한 감독·규제를 강화하고 국민 건강과 복지를 위한 정부의 역할 강화를 통하여 신자유주의적 경제 흐름에서 발생하는 소득 불균형과 양극화, 사회 계층화, 대량 실업과 임금 저하 같은 경제·사회적 문제를 해결해야 한다는 것이다. 이와 같은 케인스주의 경제 운영을 통하여 새로운 '뉴딜'시대를 만들어 내는 것이 현재 기능 마비에 빠진 자본주의를 궁지에서 구출하여 부흥시키는 길이라고 크루그먼은 주장한다.

라이시와 크루그먼 두 사람이 지적하는 미국 경제의 문제점과 허점에 대한 비판에 대해 물론 재반론도 가능할 것이다. 그러나 현재 세계 자본주의 경제는 신자유주의 경제 이론의 자연과학화, 시장 이윤의 절대가치화, 공동체를 배제한 개인 선택권의 절대가치화, 1퍼센트대 99퍼센트의 적대적 대립 사회 형성, 경제학의 금융

공학화 등 내부에서 발생한 심대한 위기국면을 맞고 있다. 이런 상황에서는 이미 세계 곳곳에서 파국의 위기에 몰려 있는 네오콘 신자유주의 경제 이론에 대한 찬반 논쟁을 벌일 것이 아니라 우선 침몰하기 직전의 자본주의를 구하는 데에 모든 역량을 집중할 것이 요구된다 하겠다.

자본주의, 재부상할 길은 있는가

6부

19
'넘어서'가 아니라 '바꿔서'가 길이다

제2차 세계대전 이후 1970년대 중반까지 30년 간 황금기를 맞은 자본주의는 그로부터 30여 년이 지난 오늘날 미국을 정점으로 하는 금융 세계화의 바람을 타고 옛 소련과 동구권을 포함, 전 세계를 하나의 거대한 활동 공간으로 만드는 수준까지 성장·확대되었다. 양적 성장과 영역 확대를 통해 21세기의 유일한 경제 질서와 체제로 자리 잡았을 뿐 아니라 경제를 넘어 생활의 모든 부문에 영향을 미치는 세계적인 문화 질서가 되었다. 그리고 이제 차면 기우는 자연의 법칙에 따라 쇠락해 갈 단계에 와 있는지도 모른다.

그동안 자본주의는 시장 우선의 고전 경제학에서 정부 우선의 케인스주의 신경제학을 거쳐 개인 우선의 신자유주의 경제학으로 돌아갔다가 오늘날 다시 공동체 우선으로 방향을 전환할 조짐을 보이고 있다. 이처럼 경제 현상도 자연현상과 마찬가지로 기승전결 起承轉結에 따라 자본주의의 연결 고리인 개인과 사회, 시장과 정부의 연관 관계 속에서 변천해 왔다. 이렇듯 연결 고리의 순환 작용이 있기 때문에 경제를 포함한 모든 사회체제는 시간이 지나 역동 작용이 끝나면 다음 국면으로 넘어가는 순환에서 벗어나지 못한다. 현재의 글로벌 금융 중심 자본주의 경제는 시장의 개인이 주권자가 되는 상황 속에서 양극화와 사회 계층화 심화로 사회 공동체가 분열될 위기를 맞고 있다. 정부가 경제·사회 문제에서 뒷전으로 밀려난 현 상황을 극적으로 보여 주는 것이 "월가를 점령하라."라는 가두시위이다. 신자유주의 경제학이 추구하여 이뤄낸 자본주의는 자기 성공의 희생자가 될 위험을 안고 있다. 자본주의 성공의 산물인 금융 세계화가 이제는 자본주의를 집어삼키는 역사적 아이러니가 펼쳐지고 있는 것이다. 자본주의 경제학과 경제체제는 그 정점에서 나락으로 굴러떨어질지도 모르는 중대한 전환의 기점에 와 있다.

자본주의가 기승전결의 흐름에 따라 변화하여 온 양상을 면밀히 관찰하고 각자 철학적 시각과 과학 이론에 따라 다음 단계의 연결 고리가 무엇이 될지를 밝혀내려는 학자들이 여럿 있었다. 그 최초가 바로 마르크스다. 그는 헤겔의 역사철학적 시각에서 자본주의의 필연적 몰락을 예언했고, 이를 혁명으로 타파할 것을 제창한 사회주의 이데올로기를 제시하였다. 마르크스가 본 자본주의의 미래는 멸망하여 공산 사회주의로 대체되는 것이었고, 그에게 자본주의의 기승전결의 연관 관계는 처음부터 배제되었다. 그가 내세운 공산 사회주의 경제는 혁명을 성공시킨 소련에서 실제로 시도되지만 결국 실패하면서 1991년 소련의 붕괴와 함께 이데올로기로서의 마르크스주의는 파산 선고를 받았다.

다음으로 꼽을 만한 학자로는 역사철학과는 거리가 있는 순수 경제 이론가인 조셉 슘페터 Joseph Schumpeter 와 케네스 갤브레이스 Kenneth Galbraith 가 있다. 먼저 자본주의 경제의 미래에 대하여 과감한 예언과 분석을 내놓아 많은 사람들의 관심을 끌고 있는 슘페터에 대해 알아보기로 하자. 오스트리아학파에 속하는 슘페터는 체코 태생의 정치경제학자로, 비엔나와 베를린 등지에서 교수와 정부 관료, 은행가를 거쳐 개인 사업까지 다양한 경력을 쌓은 끝에 1939년 미국에 정착하여 하버드대학에서 경제발전론을 강의한 인물이다.

그의 경제분석론, 경기변동론, 경제발전론 가운데 가장 돋보이는 저작은 1942년의 『자본주의, 사회주의, 민주주의』 *Capitalism, Socialism and Democracy* 이다. 그의 경제발전관은 경제체제와 질서의 모든 요소가 서로 연관된 채로 일정한 균형 상태를 유지하려는 경향을 보인다는 것이다. 경제활동에 관련된 모든 요소 역시 상호 작용을 시작하고 일정한 시간이 지나면 각 변수 간의 균형점을 찾아간다. 이것이 레온 왈라스 Leon Walras 가 말한 균형 상태다. 이런 상태가 지속되면 정체 상태 stasis 로 안정은 되지만, 변화와 발전의 역동성이 없는 경제로 남게 된다.

이렇게 정체된 경제의 균형 상태가 깨질 때 비로소 변화와 성장이 이루어지면서 한 단계 높은 경제 상태로 발전하게 된다. 이처럼 정태적 균형 경제에 변화의 파장을 주면서 높은 단계에서 새로운 균형을 찾아 가는 성장·발전의 경제 상태를 만들어내는 인자가 다름 아닌 기업가 entrepreneur 에 의한 혁신 innovation 이다. 기업가가 계속하여 혁신을 이루는 경제는 성장의 동력이 되는 발전적 불균형에 의해 정체 상태에서 벗어나 발전하게 된다. 이들 기업가에 의한 혁신은 이전의 경제를 파괴하고 발전된 새 경제를 만든다. 즉 '창조적 파괴' creative destruction 의 연속이 경제발전의 역사인 것이다. 슘페터가 보는 자본주의는 기업가에 의한 창조적인 파괴를 통해 다음 단계로 진보한다.

슘페터는 자본주의가 소멸하고 사회주의가 도래하는 것이 역사의 필연이라는 마르크스의 예견은 받아들이지만, 그 과정과 변화의 동인은 다르게 본다. 자본주의 체제가 붕괴되고 사회주의의 미래 세계에 이르는 과업은 마르크스가 상정한 자본가와 노동자 사이의 계급투쟁과 혁명을 통한 폭력적 변혁과 프롤레타리아 독재가 아니라, 자본주의 경제발전을 견인해 오던 기업가들의 창조적 파괴에 의해 새로운 경제 운영과 관리가 성공적으로 정착됨으로써 실현된다. 창조적 파괴가 일상화된 생활양식으로 널리 정착되면 더 이상 개인의 특출한 활동이 없어도 사회 경제가 잘 작동될 만큼 제도화된 관료주의 사회가 된다. 그럼으로써 자유주의적 자본주의 경제체제·질서는 외부의 혁명이 아닌 내부의 자체 발전 동력에 따라 진화적인 evolutionary 과정을 거쳐 관료화된 사회주의 체제인 사회민주주의 체제·질서로 자연스럽게 변모한다는 것이다.

이 변화의 주역은 마르크스가 생각한 계급투쟁의 주체인 노동자가 아닌 지식인 계층이다. 자본주의가 성장·발전하면서 교육이 보급되고 지식이 확산되면 자연스럽게 지식을 파는 지식인 계층이 생기기 마련이다. 말로 먹고사는 이들은 직접 책임이 없는 사회 현상을 비판하고 스스로 속하지 않은 계층의 이해 문제까지 대변하고 앞장서는 부류로, 경제사회를 이끄는 기업가들의 입지를 침식한다. 지식인 계층이 발호하면 자본주의를 지탱하고 이끌어 가던 기업가 계층이 사라지면서 창조적 파괴의 생활문화도 소멸한다. 그렇게 자본주의가 스스로 붕괴한 자리에 사회주의가 등장하는 것이다. 사회주의 경제체제에서는 관료화된 국가 기관이 경제의 관리 운영뿐 아니라 국민 복지 관리도 전담하고, 국민은 요람에서 무덤까지 국가에서 제공하는 사회민주주의적 평등 속에서 살게 된다.

이처럼 기업가의 창조적 파괴에 의해 성장과 발전을 이루어 온 자본주의 경제는 그 성공의 결과물로 자연히 등장한 반자본주의적 생활문화와 반자본주의적 지식인 계층의 등장이라는 내부적 요인에 의하여 스스로 발전을 멈추고 자연스럽게 사회주의 체제로 진화해 나가 사회민주주의가 된다는 것이 슘페터의 생각이다. 그는 책 말미에서 "창문을 열고 바깥세상을 보라. 사회주의로의 행군의 물결이 도도히 흐르고 있다."라고 할 만큼 굳은 학자적 확신과 정치가적 신념에 사로잡혀 있었다. 그러나 1950년에 그가 사망한 후 60년 동안 자본주의에 실제로 일어난 변화는 그의 믿음과 기대를 배신했다고 볼 수밖에 없다.

마르크스가 자본가 계급을 노동자를 착취하는 흡혈귀로 본 데 반해 슘페터는 기업가 계층을 창조적 파괴를 일으켜 경제발전의 원동력을 제공하는 집단으로 본다. 그래서 마르크스는 자본주의를 악의 근원으로 보면서 혁명을 일으켜 타도하고 그 자리에 사회주의를 세우자고 한 데 반해 슘페터는 자본주의가 경제의 정체적 균형 상태를 기업가적 혁신으로 변화시켜 동태적 발전 상태로 이끌고, 자기 성공의 결과로 변화의 제도화와 관료화 과정을 거쳐 자연스럽게 사회주의로 체제 전환을 이루게 된다고 본다. 이렇듯 자본주의에 대한 입장에 있어 두 사람의 생각은 부정과 긍정으로 극명하게 갈린다.

마르크스와 슘페터가 역사 발전의 다음 단계로 사회주의 체제를 상정한 데 반해 하버드대학의 정치경제학자 갤브레이스는 자본주의 경제가 성장·발전함에 따라 자본주의적 자유경쟁 시장이 대기업 중심의 산업사회로 전환된다고 주장한다. 미국 정·관계와 외교계를 넘나들며 다양한 활동을 한 갤브레이스는 대표작 『풍요한 사회』 *Affluent Society* 에서 자유 시장경제에 대해 논한다. 물자 생산이 수요보다 부족했던 빈곤의 시대에는 생산자가 수요자의 요구에 맞춰 시장에 상품을 공급했지만, 물자 생산이 수요를 넘는 풍요의 시대에 이르면 생산자가 상품의 종류와 생산량을 결정하고 광고와 선전을 통해 소비자가 그에 따라오도록 관리하게 된다. 이러한 시대에는 시장에 두루 분포한 다수의 생산자가 아니라 시장의 수급 결정권을 쥐고 흔드는 소수의 대기업이 소비자의 취향을 바꾸고 소비 행위를 조종하며 정부의 경제정책 결정에까지 영향을 미친다는 것이 갤브레이스가 예견하는 고도 산업사회의 모습이다. 그는 1967

년의 두 번째 대표작인 『새로운 산업국가』 *The New Industrial State* 에서 이러한 형태의 미래 사회는 1천여 개의 대기업이 지배하는 과두제oligarchy 자본주의가 된다는 결론을 내린다.

갤브레이스는 마르크스나 슘페터처럼 사회주의를 자본주의의 역사적 운명을 이어받을 미래로 보지 않는다. 자본주의가 사회주의로 대체되는 것이 아니라 생산 수준이 낮은 단계의 자본주의에서 보다 높은 단계의 산업국가적 자본주의로 발전할 뿐이다. 산업국가적 자본주의 단계에서도 자본주의의 체질이나 체제·질서는 그대로 유지되고, 내부 구성 분자인 기업과 소비자의 관계가 바뀔 뿐이다. 과두제의 지배층인 기업은 광고·선전으로 소비 기호를 바꾸고 대량생산으로 시장을 조작하지만 이는 양적 변화일 뿐 질적 변화가 있는 것은 아니다. 따라서 갤브레이스가 예측한 미래 자본주의 세계는 기업의 대형화와 다국적화, 그리고 세계화를 특징으로 하는 현재 경제 현상의 흐름과 궤를 같이한다고 하겠다. 1848년 마르크스의 『공산당 선언』과 1942년 슘페터의 『자본주의, 사회주의, 민주주의』에서 제시된 자본주의 세계관이 시대 흐름과 맞지 않음이 확인된 1967년의 시점에서 『새로운 산업국가』를 저술한 갤브레이스와 이전의 두 학자 사이의 공통점은, 자유 시장에 기반한 자본주의는 시대 상황에 따라 끝없이 변화한다는 점에 대해서는 동의하면서도 어떤 과정을 거쳐 미래에 결과적으로 어떤 모습이 될 것인지에 대해서는 명확한 해답을 도출하지 못했다는 점이다.

지금까지 자본주의의 향방을 가늠한 세 학자의 이론을 훑어보았다. 마르크스는 역사철학을 배경으로 자본주의의 혁명적 타파와 프롤레타리아 독재에 의한 새로운 공산 사회주의 도래를 주장하는 이데올로기적 예단을 제시했고, 슘페터는 자본주의의 '창조적 파괴'에 의한 개혁의 일상화와 인텔리겐치아 계층 대두에 의해 사회주의가 자연히 출현할 것이라 보았으며, 갤브레이스는 산업자본화한 소수 대기업이 지배하는 과두제의 등장을 예측했다.

그러나 우리가 실제로 맞고 있는 현실에서는 이들의 예견과는 다른 방향인 초국가적 금융 세계화와 금융자본의 경제 지배가 자본주의를 자기 성공의 희생물로 만들어 가고 있다. 이제 자본주의 미래를 가늠하기 위해서는 학술 이론의 세계가 아닌 경제의 일상 흐름 속에서 방향을 확인하고 상황 논리에 따라 개인-사회, 시장-정부의 양극 사이 어느 위치에 연결 고리를 이음으로써 자본주의를 회생시킬 이론과 대책을 연구·개발하여야만 할 때이다. 이 작업 전에 먼저 점검해야 할 항목은 자유 자본주의의 지평선 저쪽에 떠오르고 있는 대안 체제의 정체를 확인하고 그 역동성을 파악하는 일이다. 그 대안 체제란 다름 아닌 중국의 국가자본주의이다. 시장경제를 사회주의적 관리로써 운영하는 국가자본주의는 자유민주주의 정치가 선도하는 시장 자본주의와 비교했을 때 경제 면에서는 같은 기반 위에 서 있지만, 그 운영권이 정부와 공산당의 손에 있다는 점에서 자유 시장에 운영권이 있는 자유 자본주의와 대치하는 체제·질서이다.

20
중국이 깨어나 뛰다

자본주의의 지평 저 멀리에서 갑자기 등장한 중국의 국가자본주의는 자유 시장과 민주정치에 바탕을 둔 자유 자본주의와 모양새와 진행 방향은 같으나 체질과 성향은 전혀 다른, 역사상 경험하지도 못했고 예상도 못했던 독특한 자본주의다. 러시아 혁명 직후인 1920년대에 레닌이 러시아 경제 회생을 위해 추진한 이른바 '신경제' new economy 계획에서 실험했던 것이 바로 이 국가자본주의였다. 레닌이 실험한 국가자본주의는 자본주의 경제를 타파하고 사회주의 경제로 이행하는 과정에서 편의상 일시적으로 채택한 과도기적 경제체제였다. 엥겔스도 부르주아 국가가 사회주의 국가로 전환하는 과정에서 프롤레타리아 독재 권력이 자리 잡기 전 단계로 재래식 국가가 생산수단과 통신수단을 소유하고 기존 자본주의 양식에 따라 생산물을 처분하되 그 잉여가치는 국가에 귀속하는 과도기적 제도를 염두에 두었다.

국가자본주의의 뿌리를 더 거슬러 올라가면 마르크스와 동시대의 인물로 아나키스트의 시조인 프루동이 자본가 계급의 착취를 없애는 방법으로 생산수단의 소유자와 투자자를 모두 국가와 노동자의 협동조합 syndicalist cooperative 으로 하고 여기서 얻어지는 이익은 종업원의 보수와 국가의 공공투자 재원으로 활용하거나 국민들에게 분배할 것을 제안했었다. 사회주의 체제에 자본주의식 기업 경영의 효과를 더해 융합한 제도인 셈이다. 이 같은 혼합주의를 학리적으로 제창한 왈라스와 오스카 랑게 Oscar Lange 같은 경제학자들은 국가가 생산 활동을 주관하되 가격은 시장에서 결정되는 자본주의적 사회주의 경제의 운영 구조를 제시했다. 이에 따르면 국가의 중앙 계획 위원회에서 모든 생산 활동의 한계비용을 균일하게 하여 원가를 산출하고 생산 자원을 활용하여 시장경제의 효율성을 함께 얻게 된다.

이러한 초기 국가자본주의는 사회주의 경제체제가 정착하기까지 자본주의의 경제 효율을 일시적으로 활용하려는 과도기적 체제였다. 따라서 여러 사상가와 이론가들의 활발히 논의하였음에도 일시적 사변 思辨 논리의 영역을 벗어나지 못했고, 그 어떤 것도 본래의 자본주의 시장경제에 필적할 만한 것이 없었다. 레닌의 신경제정책은 후계자 스탈린이 독재정치를 펴면서 1930년대에 사회주의 경제 개발 5개년 계획을 실시하고 농촌 경제 집단화와 군수 생산 위주의 전면 계획 경제체제로 전환되었고, 과도기적 국가자본주의는 형체도 없이 사라지고 만다. 이렇듯 중국 이전에도 간헐적인 국가자본주의 논의와 실험이 있었으나, 모두 자본주의 발달사에 대안 체제로서 이렇다 할 흔적을 남기지 못한 채 사라졌다. 이에 반해 21세기 자본주의 세계의 지평선에서 떠오른 중국의 국가자본주의는 몇 기지 선명한 특색이 있다.

첫째, 1990년대 덩샤오핑 鄧小平 이 처음 밝힌 중국식 국가자본주의는 그의 독창적 구상의 결과물로서 다른 누구와도 같이 사전에 논의하거나 연구한 바가 없는 돌연변이와도 같은 제도였다. 둘째, 중국식 국가자본주의는 학자는 물론이고 예언가들조차 상상하지 못했던 것으로서 학문으로 취급되어 이론적인 검토를 거친 적이 없고, 아예 논의조차 되지 않았던 제도였다. 셋째, 사회주의의 심장에 자본주의의 팔다리를 결합했지만 임상적 관찰이나 정교한 수술 없이 하루아침에 투박한 절개와 봉합을 마치고 곧바로 퇴원시킨 환자와도 같은 존재였다. 넷째, 수술을 집도한 사람은 정규 의학을 수련한 의사, 즉 경제 이론가가 아니고 야전 사령관과 혁명 투사들이었다. 그들이 현장에서 진단하고 그 자리에서 수술까지 마쳐 버렸기 때문에 외부인이 들여다보고 평가할 시간도 없었다. 다섯째, 중국 국가자본주의를 주도한 이들은 수술 후 환자의 빠른 회복과 향후 건강을 위해 공산 사회주의의 체제와 기능을 혁명적으로 바꿨다. 공산당의 일당독재 체제는 유지했지만 최고 지도자 1인의 장기독재 집권에서 오는 폐해를 방지하기 위하여 7~8명의 집단지도체제로 하고, 10년 단임으로 세대교체를 이루는 독특한 공산 권력 체제로 개편했다. 여섯째, 그들은 중국보다 앞서 후진국 경제개발을 이뤄낸 싱가포르의 리콴유 李光耀 와 대한민국의 박정희 朴正熙 의 성공 비결이 중국에도 적용될 수 있을지, 있다면 어떤 방안이 좋을 것인지를 충분히 검토하고 점검한 후에 시행착오를 감안한 개발 전략을 세워 단계별로 진행했다.

이러한 여섯 가지 특색 있는 준비 단계와 실천 계획을 영감과 지도력, 카리스마를 두루 갖춘 지도자 덩샤오핑의 지휘로 추진한 중국식 국가자본주의는 13억 인구의 생각과 문화 의식을 '공산혁명 만세'에서 개혁·개방의 일상 구호인 '공시파차이' 恭禧發財 로 하루아침에 바꾸어 놓았다. 갑자기 등장하여 세계 경제계에 큰 경이와 충격을 준 중국식 국가자본주의는 1978년에 개혁·개방을 시작한 이후 불과 30여 년 만에 중국을 G2의 위치에 올려놓으면서 세계 경제 지도를 바꾸어 놓았다.

중국에서는 절대군주제와 군현제 郡縣制 를 바탕으로 한 중앙집권적·가부장적 정치제도가 수천 년 동안이나 이어지는 가운데 경제도 농업을 주업으로 하는 전근대적·봉건적 경제로 고착되어 왔었다. 1839년에 일어난 아편전쟁 阿片戰爭 이후 서구 제국주의 열강의 식민지 침략에 시달리던 중국은 1911년의 신해혁명 辛亥革命 을 계기로 군주제를 공화제로 변경하면서 근대적 정치제도가 시도되고, 제국주의 외세의 예속 하에서 자본주의 근대 경제를 경험하였다. 수천 년 동안 스스로 세계의 중심이라 자부하던 중화 中華 사상은 식민지 침탈 전쟁의 참화 속에 철저히 짓밟혔다. 이 수모는 제국주의 열강의 침략을 물리치고 민족자결의 주권국가를 만들어 외세에 대항하려는 독립 의식과 근대화 의식을 일깨운다. 그리하여 전근대적·봉건적 경제구조와 체질을 뒤엎고 제국주의 열강의 식민지 침략에서 벗어나 독립된 근대국가 체제를 건설하려는 운동이 벌어지게 된다.

마르크스의 이론에 따르면 자본주의 체제는 생산수단을 독점한 자본가 계급이 노동자 계급의 노동 잉여가치를 착취하는 계급 모순이 일으키는 폭력혁명에 의하여 붕괴된다. 그 다음에는 노동자 프롤레타리아 계급이 국가권력을 독점하는 사회주의 단계를 거쳐 만인 평등이 실현되어 계급 대립이 없고 '일한 만큼 받는' 사회주의 사회에서 '능력껏 일하고 필요에 따라 분배받는' 공산 사회로 넘어가는 것으로 되어 있다. 여기에서 혁명의 주체 세력은 도시의 노동자 계급이고, 이들이 자본가 계급의 착취에 맞서 벌이는 혁명 투쟁이 새로운 공산 사회를 가져오는 핵심이 된다. 1917년의 러시아 혁명은 성숙한 자본주의 단계를 거치지 않은 상황에서 진행되었고 레닌이 이끄는 볼셰비키가 주도했다는 점에서 마르크스가 예견한 단계에 따른 자연발생적 혁명은 아니었지만, 혁명의 주체가 모스크바와 레닌그라드에 산재한 공장 노동자였다는 점에서는 공산혁명이라고 강변할 여지가 있었다. 반면 마오쩌둥毛澤東이 이끈 중국 공산주의 혁명은 도시의 공장 근로자 중심의 노동자 계급이 아닌 농촌의 농민 계급이 주체였으며, 자본가 계급의 착취에 대한 저항이 아닌 지주 계급의 농지 독점에 대한 저항의 성격이 강했다. 그래서 찰머스 존슨Chalmers Johnson은 이를 가리켜 농민 공산주의peasant communism 혁명이라 불렀다.

중국 공산주의 혁명의 원동력은 농지를 독점한 지주 계급에 대한 농민 계급의 증오와 저항심이었고, 여기에 중국 근대사를 오욕으로 얼룩지게 한 서구 열강과 일본의 침략에 대한 중국인의 민족적 적개심과 반항심이 추가된다. 중국 공산주의 혁명은 농민들의 반봉건 反封建 투쟁과 중국인의 반제국주의 反帝國主義 반항의 합작으로 이룬 셈이다. 그래서 중국 공산당의 혁명 세력은 농촌에서 시작하여 도시를 포위한 형태로 진행되었고, 농민들의 반봉건 투쟁을 바탕으로 시작하여 성공을 거두었기에 농민 해방과 농촌 갱생을 정책의 제1순위로 둘 수밖에 없었다.

이러한 태생적 제약을 안고 1949년 10월 탄생한 중국 공산당 정부는 전쟁 피해 수습 및 복구와 경제 재건을 위한 경제개발 계획에 착수한다. 그 핵심은 농촌 경제 생산력을 바탕으로 한 자력갱생에 있었다. 즉 외국의 자본이나 기술에 의존하지 않고 중국 농촌 경제의 잠재적 역량을 극대화하여 사회주의적 공산 사회를 이룩하려는 것이었다. 이러한 취지에서 1950년 초에 시작된 대약진 大躍進 운동은 농촌과 농민을 동원하여 외국의 제국주의 세력을 압도하는 경제력 증가를 이루려는 대중 생산 운동이었다. 서구의 자본주의적 경제에 대항하는 것이 목적이었기에 생산 투입의 기본인 외국 기술이나 외부 자본 같은 것은 제국주의적이라는 이유로 모두 배격되었고, 중국 농촌의 자체 생산력과 농업 노동만이 집약적으로 동원·투입되었다.

생산성이나 생산 효율 따위는 무시한 채 인해전술만으로 농업 생산을 증대시키려는 원시적이고 폐쇄적인 자급자족 개발 정책이 실패로 돌아가는 것은 너무나 당연한 일이었다. 대약진운동은 농민 노동력 동원으로서는 성공을 거두었지만 경제개발에는 아무 성과가 없었음이 1950년대 중반에 들어서면서 명백해졌다. 마오쩌둥을 정점으로 하는 강경파 정치 세력이 주도한 대약진운동의 실패는 명백히 지도층의 실책을 의미했고 이에 대해 당내에서도 펑더화이 彭德懷 를 중심으로 자성론이 일었으나 결국 숙청되고, 마오쩌둥을 핵으로 뭉친 과격파들은 실패를 인정하고 궤도를 수정하는 전문가다운 선택보다는 운동의 강도가 부족했을 뿐이라는 선동 논리를 편다. 이에 따라 1950년대 후반에는 대약진운동의 실패를 만회하기 위해 자력갱생을 더욱 강화하는 농촌 인민공사 人民公社 운동이 시작된다.

인민공사는 대약진운동의 강도를 더욱 높여 모든 토지뿐 아니라 농민의 생활마저 집단화하는 극단적 공산주의식 자력갱생 운동이었다. 외국의 생산 기술과 시설의 활용은 여전히 전혀 없이 일촌일공장 一村一工場 제도로 국민 경제활동을 지방 단위로 더욱 분산하였다. 마을마다 고로 高爐 를 갖춘 주물공장을 세움으로써 전근대적 원시 생산 공장이 곳곳에 들어서게 되었다. 인민공사운동에 의해 농민의 생활은 더욱 황폐해지고, 기껏 투입한 시설은 금방 고물이 되어버렸다. 이 기간 동안에 3천만~5천만 명이 굶어죽고 농촌 경제는 파탄에 빠져 버린다. 이 무렵부터 류사오치 劉少奇 와 덩샤오핑을 중심으로 한 온건 전문가 노선의 실용주의자와 마오쩌둥 중심의 강경파 사이에 정치적 갈등이 표면화하기 시작한다. 사실상 대실패로 끝난 대약진운동과 인민공사운동에 대해 책임을 묻는 여론이 지도층 내부에 비등하게 되자 마오쩌둥은 베이징의 중앙 무대에서 잠시 물러나 후난 湖南, 후베이 湖北 등지의 지방에서 칩거하고, 중앙당은 류샤오치·덩샤오핑의 실용파를 중심으로 사태 수습에 나선다.

그러나 지방으로 내려간 마오쩌둥은 양쯔강을 수영으로 횡단하면서 건재함을 과시하고, 실패한 대약진운동과 인민공사운동의 학생 등 당 바깥의 세력을 동원하여 새로운 대중 운동의 불씨를 당겼다. 물자 생산을 통해 경제 혁신을 이루려던 대약진운동이나 인민공사운동과는 달리 자본주의 정신과 문화를 배격하고 공산주의 정신과 문화로 대체하려는 문화 혁명 운동, 바로 1960년대의 문화대혁명이 시작된 것이다. 중앙당의 '사령부'를 폭격하라는 구호 아래 행동에 나선 이 운동의 타도 대상은 류샤오치나 덩샤오핑과 같은 당내 실용주의 온건파였다. 마오쩌둥은 이들을 공산 사회주의 노선과 문화를 버리고 자본주의의 길로 이끌려는 주자파 走資派라고 매도하고 유혈 숙청하기 시작했다. 그는 홍위병 紅衛兵으로 내세운 어린 학생들을 동원하여 자신에게 반대하는 당내 모든 세력을 반혁명분자로 몰아 축출, 거리에 내몰고는 고깔모를 씌워 모멸하고 구타한 끝에 처형해 버렸다. 마오쩌둥의 암묵적 지시 아래 정치 세력뿐 아니라 중국의 전통문화까지도 타파, 파괴하고 심지어는 공자격하 孔子格下 운동으로까지 치닫는 광란이 전국을 휩쓸면서 중국의 사회와 역사는 암흑 속으로 빠져 버리게 되었다.

1949년 중화인민공화국 건국에서 1960년대 말 문화대혁명까지 20년 남짓한 짧은 기간 동안 중국은 역사상 유례없는 대변혁의 소용돌이를 겪었다. 1970년대 들어 당내 주자파 세력을 일소한 마오쩌둥의 일인천하가 열리자 정치적 혼란은 어느 정도 수습되고 안정이 회복되었다. 1976년에 마오쩌둥이 사망하고 장칭 江青 을 비롯한 4인방 四人幇 이 몰락한 후에야 문화대혁명의 소용돌이는 마무리되고, 살아남아 정계에 복귀한 덩샤오핑을 중심으로 실용주의 개혁세력이 정권을 잡았다. 덩샤오핑은 1976년 대약진운동과 인민공사운동, 문화대혁명을 거치며 중국 경제와 사회를 시들게 한 폐쇄의 사슬을 걷어내고 개혁·개방을 통해 새로운 시대를 열 것임을 내외에 선포했다. 오늘날 우리가 보는 중국 경제의 대약진은 바로 이때 덩샤오핑이 주도한 개혁·개방 정책에서 시작된 것이다. 그와 함께 마오쩌둥 시대와의 단절이 이루어지면서 반봉건·반제국주의를 내세우며 자력갱생의 폐쇄적 농촌 경제 개혁을 고집하는 대신 개방된 체제 아래에서 외국의 자본과 기술, 경영 노하우를 받아들이게 된다. 서구의 자본주의 경제를 배척하지 않고 받아들여 활용하려는 자세로 과감히 개방하고, 도시의 공업화 개발을 통해 부강한 나라를 만들려는 개혁적 개발 정책으로 바뀐 것이다.

이렇듯 마오쩌둥이 사망한 1976년을 기점으로 그의 영구혁명론 永久革命論 에 따른 자력갱생의 공산 사회 건설을 향한 혁명 노선은 단절되고, 중국은 덩샤오핑의 개혁·개방 노선에 따라 사회주의 정치와 자본주의 경제를 융합한 근대 민족국가로서 새롭게 출발했다. 따라서 덩샤오핑의 새 시대 선포는 단순한 정책 기조의 변경을 넘어 과거와 단절하고 새로운 중국을 만들려는 역사 전환의 국면으로 보아야 한다. 그의 개혁·개방은 폐쇄적 자력갱생을 추구하던 중국 공산당의 기본 노선을 포기하는 것이었고, 대중 동원에 의한 정치 변혁이 아니라 정부와 국영기업의 테크노크라트 technocrat 에 의한 경제 건설로 통치 방식을 혁명적으로 바꾸는 것이었다. 그리하여 중국은 외세를 배척하고 농촌 인력만을 동원해 집단화하는 폐쇄적 자급자족 체제에서 외국 기술과 자본을 활용하고 도시의 임금 노동자를 활용하여 이윤을 추구하는 근대적 산업경제의 길로 들어선다. 이처럼 급진적인 덩샤오핑의 개혁·개방 정책은 공산주의 경제로는 중국을 먹여 살릴 수 없다는 냉정한 현실 인식을 바탕으로 자본주의 경제를 받아들여야 한다고 판단한 결과였다.

덩샤오핑은 중국의 개혁·개방이 중단 없이 이어지려면 공산당 권력의 평화적 승계 제도가 필요하다고 생각했다. 이를 위하여 일인 체제를 집단지도체제로 바꾸고, 10년 단위로 세대교체와 정권교체를 함께 이루도록 함으로써 장기 집권을 방지하고 권력승계의 안정성을 확보했다. 민주주의 사회에서처럼 평화로운 권력 이동이 이루어지지 않는 사회에서는 권력 승계 때마다 정변이 일어나 사회가 혼란에 빠지게 마련이다. 개혁·개방 정책의 지속적 추진은 물론 안정된 경제체제가 불가능하다. 덩샤오핑은 이 문제를 해결하기 위해 공산당 일당독재 하에서도 자본주의적 시장경제 하의 서구 사회와 마찬가지로 예측 가능한 방법에 따라 평화적 권력 승계가 이루어지는 제도를 개발·정착시켰다. 세계 역사상 유례가 없는 이 독특한 집단지도체제는 전국 8천만 공산당원 가운데서 능력과 자질면에서 검증된 지도부로 이루어진 차세대 권력층의 인적 구성을 미리 예고하고 7~8년 동안 현장 경험을 쌓게 함으로써 국민의 이해와 소통 속에 정책의 연속성을 확보하고 공산당 권력을 안정적으로 유지해 갈 수 있다는 장점이 있다. 이 점에 있어서 민주주의 국가에 따라다니는 정책 혼선과 포퓰리즘과 같은 비능률의 폐해를 없앴다.

이리하여 외견상으로는 자본주의 시장경제 국가의 권력 승계와 형태 및 기능이 엇비슷한 공산당 지배의 국가권력 체계가 확립되었다. 최고 권력기구는 당 정치국의 상임위원 6~8명으로 구성되고, 10년마다 교체되는 다음 세대의 예비 지도자는 미리 공산당 간부 중에서 선정하여 충분한 훈련과 경험을 쌓게 한다. 마오쩌둥을 1세대로 볼 때 2세대 덩샤오핑, 3세대 장쩌민 江澤民, 4세대 후진타오 胡錦濤를 거쳐 2012년에는 5세대 시진핑 習近平이 등장했고, 다음 세대의 지도자 선정 작업은 이미 진행 중이다. 이로써 국가 업무의 연속성과 정책의 일관성은 담보되지만, 정치 지도부가 국민의 선거가 아닌 공산당 지도부의 선택에 의해 구성된다는 점에서 정치 민주화가 되어 있지 않은 한계가 있다.

안정적 권력 승계 장치와 함께 중국 정부가 보유한 주요 안정 장치는 전국에 뻗어 있는 공산당 조직이다. 중국 공산당은 다른 공산국가의 공산당과 같은 형태로 출발하였지만, 두 가지 독특한 특성을 가지고 있다. 중국 공산당의 전국의 청년 당원은 엄격한 테스트 과정을 거쳐 선발된 엘리트 당원이다. 이들은 각자 자기 출신지 지구당에서 교육을 받지만 그 내용과 목적은 방대한 중국 영토를 관통하여 똑같은 국가 의지의 관철과 행정 일원화를 도모하는 네트워크의 형성·관리에 있다. 중화인민공화국 건국과 동시에 작동한 이 조직은 국가 체제 정비 state building 과 행정 소통 administration penetration 에 있어 국가의 통치망 역할을 함으로써 근대적 국가 체계 성립에 크게 기여했다. 이 점은 옐친 정권이 들어선 소련에서 민주화와 시장경제화가 진행될 때 사회적 충격을 흡수하는 안전장치로 작용하는 중국식 공산당 기간 조직이 없었기 때문에 연방이 급속히 붕괴하면서 소련을 구성하던 공화국들이 잇달아 분리·독립하는 극심한 정치 혼란이 일었던 것과 비교된다.

중국의 개혁·개방이 진행될 때 서방에서는 중국의 분열을 예상하는 학자들이 많았다. 중국은 국토가 방대하여 예로부터 지방 군벌과 토호 세력의 발호가 끊이지 않았고, 현재도 56개의 소수민족이 한족과 섞여 살고 있다. 따라서 개혁·개방이 진행되면서 지역간 격차가 두드러지면 통합을 유지하지 못하여 연방제 같은 지방분권 국가가 될 수밖에 없다는 예측이었다. 그러나 오늘날 세계 양대 강국의 하나로 우뚝 선 중국의 권력은 지방으로 분산되지 않고 더욱 강력한 중앙정부 중심의 단일 국가로서 발전하고 있는 중이다. 그 비결의 큰 부분이 바로 공산당의 통치망을 이용한 권력과 지방 관리에 있음이 판명되었다. 중국은 10년마다 세대교체가 되는 집단지도체제와 공산당의 통치망을 이용한 지방 관리를 바탕으로 개혁·개방 정책을 꾸준하고 강력하게 추진하여 성공을 거두어 왔다. 이로써 수천만 명의 아사자를 낸 전근대적 농업혁명은 폐기되었고, 중국은 독특한 사회주의 시장경제 체제라는 새로운 경제 질서를 만들어냄으로써 서구의 자유 시장 자본주의와 맞서는 대안 체제로 부상했다. 이 체제가 현재처럼 정착한 과정을 돌이켜 보면 무엇보다도 정치 지도 체제에 있어 경제 논리를 존중하는 합리적 실용노선의 확립이 주효했음을 알 수 있다. 마오쩌둥 시대에 계속된 동원성 노동력 집중 투입을 통한 경제 부흥 시도가 모두 좌절되는 가운데 중국 국민과 지도층은 마오쩌둥의 방식이 국민을 굶어 죽게 하는 실패한 지도 노선임을 뼈저리게 깨달았다. 이 지긋지긋한 과거와 완전히 단절하는 것만이 사는 길이라는 중국인의 인식이 정치 논리의 동원주의를 벗어나 자본주의적 민족국가로 근대화를 이루는 밑바탕이 된 것이다.

21
한국과 G20 내 신흥 그룹이 등장하다

덩샤오핑이 이끈 실용주의 개혁파는 외국과 통상하며 해외 기술과 자본을 활용하는 공업 중심 개방 정책을 내세웠다. 그 특징은 다음 다섯 가지로 추려 볼 수 있다.

우선 경제개발 행정은 테크노크라트 집단인 행정부와 국영기업이 주관하고 권력을 독점한 공산당이 배후에서 이를 정치적으로 통제하였다. 그럼으로써 경제정책은 실용적 경제 논리의 지배를 받고, 경제개발의 기초인 산업 투자는 국영기업이 담당하여 당과 정부는 개발 업무에 직접 관여하지 않는 기업체 중심의 개발 업무를 경제정책의 기본으로 삼았다. 농업은 인민공사식 집단 동원 체제를 폐지하고 농지 소유는 국가가 하되 농민에게 장기 임대하여 경작하게 하고 수확의 일정량을 지대 형식으로 공납받았다. 이를 통해 도시와 농촌을 하나의 시장 경제권으로 묶고, 누구든 자신과 가족의 이익을 위한 거주 이전과 직업 선택의 자유를 누리며 경제활동을 할 수 있게 하였다.

둘째로 중국의 개혁·개방 정책은 점에서 선으로, 그리고 지역의 단계를 거쳐 착실히 확장되면서 진행되었다. 외국 기술과 자본의 도입도 먼저 홍콩과 대만 그리고 동남아의 화교 華僑 투자에서 시작하여 점차 선진 산업국으로 확장했고, 사업 종류는 외국 기업의 무관세 보세 생산 가공에서 시작하여 수입대체산업 투자를 거쳐 수출산업과 기간산업 투자 그리고 첨단 산업으로 점차 확대 추진하였다. 산업 개발은 선전 深圳 과 샤먼 厦门, 하이커우 海口, 상하이, 톈진 天津 등의 자유 투자 특구에서 시작하여 해안선을 따라 동남부로 뻗은 다음 거기에서 다시 서북 내륙 지역으로 향해 산업 지역을 부채꼴 모양으로 확장하는 정책을 썼다.

셋째로 외국의 자본과 기술을 활용하는 공업 투자에서 시작하여 점차 개발 여적 餘滴 을 농업과 서비스업으로 확대하고 앞선 산업과 지역의 개발의 효과가 점차 밑으로 확산된다는 덩샤오핑의 선부론 先富論 논리로 초기의 산업·지역 간 개발 및 소득 격차에 대한 불만을 달랬다. 아울러 저임금 정책과 무노조 정책을 펴 외국 기업의 투자 이익 증대를 간접적으로 보장했고, 지역 사정에 맞는 현장 중심 개발이 되도록 주요 지역별 개발 계획과 실행을 지방 정부에 맡겨 서로 간의 경쟁을 유발했다.

넷째, 주요 투자를 개인과 민간 기업이 맡아 할 수 있도록 사유재산제와 자유계약제를 법으로 보장·허용하지만 일정 수준 이하에 묶어 두었다. 이에 따라 대내외 주요 개발과 투자는 대부분 국영기업이 담당하고, 국영은행이 이들의 투자 활동을 뒷받침하는 간접 금융 체계를 확립하였다. 가족주의가 강한 중국 국민들은 원래 저축을 많이 하는 편이었고, 여기에 소비 촉진보다는 절약 저축의 미덕을 장려하는 정부 시책과 아직 소비문화가 정착되지 않은 개발 초기의 근검·절약 문화가 겹치면서 국영은행으로 몰리는 저축 자본은 국내총생산의 절반을 넘게 되었다. 이 재원을 바탕으로 중국 국영은행과 대기업은 세계 기업 순위의 최상위권으로 급부상하였다. 외자를 뺀 개발·투자의 재원은 국내의 저축으로 충당할 수 있었고, 중국은 어느 사이엔가 미국 국채를 세계에서 가장 많이 보유한 나라가 되어 있었다.

중국의 국영기업의 규모가 세계 수위권이 되자 원유·철광석 등 원자재 확보를 위해 해외 투자와 진출이 크게 일어났다. 다른 한편으로 서구 자본주의 경제를 휩쓴 금융자본의 세계화는 중국에 별 영향을 미치지 않았다. 중국은 금융 부문을 국가가 소유하고 관리 금융 제도를 편 데다, 환율 또한 세계화의 압력에 맞서 금융자본의 자유화와 환율의 시장화를 거부했다. 또한 수출 증대에서 오는 국제 수지의 흑자를 이용, 미국의 연방 국채를 1억 달러 이상 보유하는 금융 강국의 위치를 견지하였다. 이 같은 금융 정책에 의해 중국은 워싱턴 컨센서스의 금융 세계화가 몰고 온 1998년의 아시아 외환위기와 2008년 리먼 브라더스 파산이 촉발한 세계 금융 위기도 별일 없이 넘길 수 있었다.

다섯째, 중국은 금융의 국가주의와 국영기업의 국제주의를 결합함으로써 미·영 등 선진 금융의 세계화에서 오는 금융 부문의 외부 충격을 줄이고 국영기업의 해외 진출에 의한 대외 활동 확장을 양립시켰다. 그리하여 중국 경제의 기둥은 제조업과 금융업으로 양분되었고, 미·영의 경우처럼 금융이 제조업을 위축시키는 세계화의 피해가 없는 경제 운영이 이루어지고 있다. 여기에 내자 기업에 대해서는 저임금 정책을 유지하여 미·영·일 등 선진 산업국의 제조업계가 중국에 외주를 주거나 아예 하청을 맡겨 생산 시설을 중국에 세우게 했다. 금융 세계화에 빠져든 국가에서는 제조업의 공동화 空洞化 가 일어나면서 제조업이 침체되고 대량 실업이 발생한 데 반해 중국은 '세계의 공장'이라 할 만큼 금융과 제조업이 모두 탄탄히 병존하는 경제구조를 갖게 되었다.

이 같은 균형을 유지하기 위해 중국은 저평가된 위안 元 화의 가치를 유지하여 수출을 지원하는 쪽으로 환율을 관리하였다. 또 외국의 투기성 단기 자본을 엄격히 관리·통제하는 정책을 굳건히 견지하면서 외국, 특히 미국의 불만은 미국 연방 국채를 매입함으로써 완화해 갔다. 이는 미국 국제 수지의 악화를 방지하여 도움을 주는 '주고받기'식 정책 기조라 하겠다. 그리하여 중국의 수출은 매년 두 자릿수 성장을 거듭하며 세계 최대 무역 흑자국가가 되었으며, 동남아 여러 국가와 자유무역협정을 체결하고 한국 및 일본과도 자유무역 협상을 추진하는 등 수출시장의 관리에 나서고 있다. 중국은 워싱턴 컨센서스의 초국가적 세계화에 휩쓸리지 않고 개별 국가 간의 협력 속에서 세계화가 아닌 국제화를 추진해 온 것이다. 그리고 금융의 국제화는 국가의 관리·규제 하에서 제조업과의 균형을 깨지 않는 범위 내에서 진행해 왔다.

중국은 스스로 자국의 경제체제를 중국식 사회주의 시장경제 체제라고 일컫는다. 현존하는 경제체제는 자본주의와 사회주의 체제로 양분되고, 그 사이에 과도기적 체제로서의 국가자본주의가 있다. 그러나 중국의 시장경제 체제는 이것과는 또 다르다고 보아야 한다. 자본주의 체제를 사회주의 체제로 전환하기 위한 정치 혁명에는 성공하였으나 사회·경제까지 사회주의 체제로 이행하기에는 사회주의 경제의 본질적 문제가 발목을 잡게 마련이다. 이때 생산 부문은 국가가 원재료와 제품의 가격을 관리·통제하여 임금 착취가 없도록 하되 소비 생활은 시장에 맡겨 수요와 가격에 따라 이윤을 추구하는 경제활동을 허용하는 이중 구조를 택하는 것이 국가자본주의다. 즉 사회주의적 정치·경제체제를 이룩하는 과정에서 기존 질서와 어느 정도 타협함으로써 생산력을 증대시키고 소비생활의 안정을 도모하는 과도기적 체제인 것이다. 국가자본주의는 역사상 여러 가지 형태로 나타났지만, 크게는 국가가 자본주의적 방법으로 생산 활동을 운영해 가는 체제로서 국영기업이나 생산 조합이 생산 활동의 주체가 된다는 공통점이 있다. 그러나 국가자본주의는 어디까지나 과도기적 체제이기에 시간이 지나면 국가의 통제가 강화되거나 반대로 시장의 논리가 지배하는 등 한쪽으로 쏠리기 쉬운 과도기적 불안정성이 있다.

중국 정부가 추구하는 이른바 중국 특색의 사회주의 시장경제 체제는 자본주의와 사회주의의 중간이라는 점에서는 국가자본주의와 같지만 사회주의 세계로 이행해 가는 좌파적 과정이 아니라 반대로 공산 사회주의 체제를 자본주의 체제로 전환하는 우파적인 중간 체제라 하겠다. 엥겔스와 레닌은 사회주의로 나아가는 중간 다리로 국가자본주의를 제시했고, 덩샤오핑은 사회주의 시장경제를 자본주의적 세계 경제 질서에 편입되는 중간 과정으로 보았다. 중화인민공화국 초기에 시도된 대약진운동과 인민공사운동의 참혹한 결과를 체험한 덩샤오핑은 사회주의 경제로서는 중국을 더 이상 지탱할 수 없음을 잘 알고 있었다. 그래서 그는 '먹고살 수 있는' 중국을 위해서 자본주의 경제체제를 도입, 정치는 사회주의, 경제는 자본주의인 이원적 二元的 체제를 고안해낸 것이다.

중국의 사회주의 시장경제는 자본주의 시장경제와 합류하도록 고안된 체제임이 중국의 경제정책에서 확인된다. 현재 중국의 국가적 생산 활동은 정부가 큰 틀을 구상하고 통제하는 가운데 150여 개의 국영기업이 활동의 중추를 맡되, 나머지 분야는 시장경제 원리에 따라 새로운 민간 기업이 담당한다. 운영 중심과 목표는 시장주의적 동기, 즉 이윤 추구에 있고, 생산된 재화는 시장에서 자유로운 상거래를 통해 유통·소비된다. 토지와 주택은 국가 소유이지만 장기 임차 형식으로 사유화되고, 직업 및 소비 선택, 가계 지출은 완전히 시장경제 체제에 따르고 있다. 개인과 기업, 국영기업과 민간 기업을 포함한 모든 기업의 이윤 추구 활동은 사실상 자본주의 체제와 다름없이 이루어지고 있다.

토지와 광물은 국유가 원칙이고 정부는 규제와 개입을 통해 경제활동에 간여하지만 그 정도는 대부분의 자본주의 국가에서 행해지는 수준을 넘지 않는다. 근로자는 시장 수급에 따라 임금으로 보상을 받고 소비자로서의 모든 선택과 자유를 보장받는다. 중국은 사회주의의 옷을 걸쳤을 뿐 내용에 있어서는 자본주의 경제사회와 동질화해 가고 있는 중이다. 중국의 사회주의 시장경제 체제는 다른 여느 국가자본주의와 마찬가지로 사회주의로 기울거나 자본주의로 나아가거나 하는 중간 지점의 체제이지만, 이렇듯 이미 모든 경제 흐름이 자본주의로 합류해 가고 있다는 점에서 종국에 가서는 시장경제 체제로 정착하게 될 것이라고 보아도 크게 틀리는 예측은 아니겠다. 이같이 중국 체제는 공산당 일당독재의 사회주의적 권력구조 하에서 자본주의를 전폭적으로 수용하는 우파적 흐름에 있는 중간 체제이지만 자본주의적 개방·개혁 없이는 근대적 중국 국가가 불가능하다고 보이는 상황인 만큼 종국적으로 중국은 사회주의 정치와 자본주의 경제가 양립하는 변종 자본주의 체제로 귀착될 것이라고 예단할 수 있다. 2012년에 등장한 5세대 시진핑 지도부는 스스로의 첫째 과업을 정치 혁신을 통하여 현 체제를 유지·발전하는 것이라고 대내외에 밝히고 있다.

그런데 중국의 경제체제가 자본주의 시장경제 체제와 다름없는 변종 자본주의로 진입하는 것이 기정사실이라 해도 그 과정과 결과물이 어떤 형태가 될지는 미리 판단하기 어려운 일이다. 이제껏 중국처럼 중간 형태의 체제가 자본주의로 완전히 전환한 예가 없기 때문이다. 소련 붕괴 이후 러시아를 포함한 동구권 경제도 자본주의 경제로 전환하는 과정을 밟고 있지만 이 역시 진행 중에 있어 아직까지 정형화된 전환 과정은 없다. 따라서 귀착점에 다다른 중국 경제가 어떤 모습이 될지는 다만 상상할 수밖에 없다. 지금 시점에서 상상할 수 있는 모습 몇 가지를 그려 보기로 하자.

첫째, 중국 경제는 서구의 성숙한 자본주의 경제가 빠져든 수렁은 피하는 체제가 될 것이다. 중국은 경제의 흐름과 방향을 국가가 인도하고 관리하는 정치체제인 만큼 현재 자본주의 경제가 안고 있는 최대의 취약점인 글로벌 금융자본의 세계화와 카지노화, 제조업과 금융업의 불균형이 낳은 경제 양극화를 피해 나갈 수 있을 것이라 생각된다. 중국은 워싱턴 컨센서스의 압력을 배제하고 금융자본의 발호를 방지하기 위하여 금융업의 국가 소유와 관리·감독제를 고수할 것이며, 미·영 중심의 금융 세계화에 휩쓸리지 않고 국가 금융 시스템을 유지할 것이다. 국제 무역의 자유화 문제에 있어서도 중국의 국익을 손상하지 않는 범위 안에서 중앙은행인 인민은행을 통하여 정부가 환율 주권을 행사할 것이다.

둘째, 서구의 신자유주의적 자본주의 체제가 가져온 최악의 폐해인 소득 분배의 양극화 현상과 사회 계층화, 일자리 없는 성장에서 오는 실업 문제를 해결하기 위해 산업 및 재정 정책에 크게 중점을 두는 체제가 될 것이다. 중국의 대기업은 대부분 임원을 정부가 임명하는 국영기업이다. 따라서 서구의 사기업에서 보듯 최고경영자가 폭리 수준의 봉급과 보너스를 받는 일은 있을 수 없다. 중국에는 소득세와 상속세 등을 통해 부의 양극화를 막는 사회정책적 전통이 있으며, 특히 마오쩌둥 시대의 포퓰리즘에 대한 향수가 남아 있는 중국 사회에는 사회주의적 평등주의 문화가 깊이 뿌리박혀 있다. 최근 중국 공산당 지도부에 동요를 가져온 전 충칭 重慶 시장 보시라이 薄熙來 의 창훙다헤이 唱紅打黑 운동에 담긴 옛 공산주의에 대한 향수도 이런 맥락에서 이해된다.

중국의 사회 안전망 구축은 아직 초기 단계에 있기 때문에 건강·교육·실업·상해 등의 사회보험 및 은퇴 연금, 빈곤층에 대한 사회적 부조 제도가 이제 막 마련되는 중이다. 그러므로 복지 분야에서 서구 자본주의 국가들이 겪은 여러 어려움이 후발주자인 중국에게는 반면교사가 된다. 사회 안전망 설치에 따른 재정 지출 등 여러 문제점과 취약점을 중국 정부는 충분히 인식하고 있으며, 여기에 중국 국민의 높은 저축률과 풍부한 외환 보유고가 재정 지출의 여력을 충분히 준다. 따라서 중국은 글로벌 금융의 입김이 강한 금융 중심 경제 관리를 겪지 않고 재정과 금융이 두 축으로 함께 서는 정상적인 경제체제를 유지하게 될 것이다.

셋째로 중국의 체제는 서구의 자본주의의 발달 과정에서 나타난 신자유주의적 개인주의가 낳은 개인 주권 문화 sovereignty of individual 에 시달리지 않을 것이다. 소득 불균형으로 사회에 양극화와 이기주의가 극심해지면 갤브레이스가 말한 '개인의 풍요와 사회의 빈곤' 현상이 일어난다. 이는 같은 민족이 한 땅에 모여 살지만 부자와 빈자의 격차가 단순한 소득의 차이를 넘어 생활문화까지도 갈라

놓음으로써 사회가 분열될 위기에 몰리는 것을 말한다. 현재 서구 자본주의 사회에 닥친 이 심각한 위기를 기아와 빈곤의 사회주의 시련기를 거친 중국의 생활문화는 허용하지 않을 것이다. 중국은 집단지도체제를 택하고 10년 단위로 세대교체가 이루어지도록 하여 부와 권력의 사회적 독점을 방지하고 있다. 그만큼 공산당 지도부의 위민 爲民 정책과 평등 문화가 뿌리내려 있는 것이다. 이 같은 정치 문화 속에 마오쩌둥의 창훙다헤이 문화가 살아 있는 한 서구의 카지노 자본주의가 만든 계층 양분화 같은 사태는 없을 것이다.

넷째, 중국은 서구의 워싱턴 컨센서스가 밀고 있는 세계화에 대해 지금까지와 마찬가지로 앞으로도 반대하면서 중국식 경제체제를 견지할 것이다. 그 핵심 기조는 경제의 개인주의화 individualization of economy 의 반대인 경제의 국민화 nationalization of economy 로, 시장 속의 개인이 아니라 국가 공동체의 구성원으로서의 개인이 중심이 되는 것이다. 지금 서구 사회가 줄기차게 요구하는 위안화 절상 압력과 금융 자유화 동참을 중국이 특유의 뚝심을 발휘하여 버티고 있는 상황에서 미래에 어떤 상황이 전개될지에 대해서도 유추가 가능하다고 하겠다. 아마도 21세기 세계 경제는 장차 중국식 국가자본주의와 서구식 시장 자본주의의 각축장이 될 것이다. 이에 따라 자본주의는 보편적 세계 제도가 아니라 중국식 국가자본주의라는 대안체제와 공존하게 될 것이다.

중국 사회주의 시장경제의 미래상을 고찰할 때 빼놓을 수 없는 것은 BRICs, 곧 브라질·러시아·인도·중국 등 미래 세계 경제의 중심이 될 것으로 보이는 신흥 산업국들이다. 이들이 미·일 등 기존 경제권에 대항하여 형성할 신흥 경제권에는 BRICs 외에도 G20 정상회의에 초청된 한국·인도네시아·사우디아라비아·터키·남아프리카공화국·멕시코·아르헨티나 등도 포함된다. BRICs에 이들을 더하고 G20에서 기존의 G7과 EU 의장국을 빼면 12개 국가가 되는데, 차세대 세계 경제에서 위상과 영향력이 날로 커질 이들 국가를 'G20 내 12개 신흥 그룹'이라고 부를 수 있다.

G20 내 12개 신흥 산업국가는 모두 2008년 리먼 브라더스 투자은행의 파산으로 번진 세계 금융 공황의 피해를 적게 받아 빨리 회복했다는 공통점이 있다. 이들은 자본주의 세계 경제권에 들어오면서도 미국 월가와 워싱턴 컨센서스의 영향력을 비교적 적게 받았고, 시장 자유만을 고수하지 않고 국가의 산업 정책 테두리 안에서 경제를 운영해 왔다. 그리하여 제조업과 금융업이 균형 있게 발전했고, 국가 관리에서 벗어난 투자은행과 파생 상품 시장 같은 시장 중심 세계화의 폐해로부터 이들 12개 국가들은 떨어져 있다. 신자유주의적 세계화와 글로벌 금융의 횡포가 여전히 극심하며, 2008년의 충격에서 아직도 벗어나지 못한 미국 등 기존의 7개 선진 그룹 경제권과 확실한 대조를 이루는 대목이다.

이러한 공통점이 있는 G20 내 12개 신흥 산업국가들이 나름의 역할을 담당할 미래의 자본주의 경제는 기존의 선진국형 자본주의와 다른 노선을 취할 가능성이 다분하다. 왜냐하면 러시아와 중국을 뺀 신흥 그룹 내 10개 국가들이 이룩한 경제개발의 성공은 공산주의나 사회주의의 이념과 노선에서 이루어진 것이 아니라 한국과 대만 그리고 싱가포르와 같이 서구의 자유시장적 세계 경제 시스템에 들어와서 경제개발에 성공하고 산업화의 길에 오른 국가들이라는 공통분모를 가지고 있기 때문이다.

이렇게 볼 때, 이들 10개 나라는 서구 경제권이 이제껏 겪은 것과 내용과 조건이 비슷한 경제 운영을 취할 것이라고 예상된다. 그러나 중국만은 공산 집단주의 체제에서 출발하여 독특한 사회주의 시장경제를 구축함으로써 개혁·개방에 성공했다는 점에서 다른 나라들과 구별되어야 한다. 여기에 하나 더 따로 취급해야 할 나라는 러시아이다. 러시아는 막강한 군사력을 바탕으로 세계 정치에 미치는 영향력이 막강하여 G8로 분류되지만 경제력 면에서는 G20 내 12개 신흥 산업국가에 포함되어야 한다. 러시아는 옐친의 민주화 선언 이후 공산 사회주의 경제권에서 벗어나 서구 경제권에 진입하기 위해 모든 국영기업을 민간에 불하하는 등 경제 자유화 정책을 시행해 가고 있다.

이들 G20 내 12개 신흥 산업국가의 공통점을 좀 더 상세히 살피면 이들이 이끌어 갈 미래 자본주의 경제체제의 모습이 나온다. 미국을 필두로 하는 기존의 G7 중심 자본주의 경제체제가 글로벌 금융자본의 횡포에 휘말리면서 위기에 빠져 있는데 반해, G20 내 12개 신흥 산업국가들은 이를 반면교사로 삼아 매우 건실한 경제 운용을 하고 있다. 앞으로 세계 경제 체제·질서에 문제가 발생한다면 그것은 선신 자본주의 경제권의 경제 관리 부실과 실패 때문이지, G20 내 12개 신흥 산업국가들의 신생 자본주의 경제의 문제는 아닐 것이다. 경제 운영이 글로벌 금융의 자유방임 시장 논리에 휩쓸리지 않고, 국가가 관여하는 경제 문제는 각국 내부의 경제 문제로 취급되어 관리될 것이기 때문이다. 반면 선진 자본주의 경제체제에서는 어느 한 나라의 경제 문제가 곧바로 국제 문제가 되어 세계 경제 시스템 전체로 번져가게 되어 있는 글로벌 체제 속에 있다.

신자유주의적 경제 원리에 따르는 시장 만능주의를 고수하느냐, 아니면 경제 문제를 국가 관리 속에 운영하느냐에 따라 G7의 선진 자본주의적 경제운용과 G20 내 12개 신흥 산업국가의 케인스식 경제 운용 방식이 갈리게 된다. 양자가 나뉜 채 병존할 것인지, 하나의 체제로 통합될 것인지가 세계 자본주의의 미래를 결정할 것이다. G20 내 12개 신흥 산업국가들은 국제 자유무역을 지지하지만 금융시장 개방과 글로벌 금융자본의 통화론자 입장에 대해서는 유보적인 입장을 취한다. 2008년 이후 세계 경제가 불황의 늪으로 빠진 이유가 개방된 자본 시장과 글로벌 금융자본의 발호에서 왔다고 보기 때문이다. 태국에서 발생하여 한국 등 아시아 전체를 휩쓴 1998년의 아시아 경제 위기 때 IMF를 앞세운 서방 선진국들이 제시한 처방이 워싱턴 컨센서스적 자본 시장의 조속한 개방과 자유화였던 것도 이런 맥락에서 설명된다. 이때 세상을 놀라게 한 것은 말레이시아 수상 마하티르 Mahathir bin Mohamad 의 대처였다. 그는 선진 경제권이 제시한 개방과 자유화를 거부하면서 아시아 경제 위기의 본질은 선진국의 글로벌 금융자본인 헤지 펀드의 투기 농간이라고 주장하고 말레이시아와 연계된 외국 자본의 유·출입을 국가가 통제할 것을 제안하였던 것이다.

당시만 하더라도 국제 자본이 자유로이 이동할수록 선진적인 경제이고 그렇지 못하면 후진 경제라고 보는 시각이 지배했던 만큼 마하티르의 주장은 많은 비난을 받았지만 2008년의 금융 파동 이후로는 점점 그에 공감하는 사람이 늘어 가고 있다. 당사자인 미국의 정부 당국자와 경제학자들 또한 '즉시 개방'에서 '순차 개방' 쪽으로 입장을 바꾸었다. 후쿠야마는 자본 이동의 자유화는 금융기관과 금융자본의 규제책이 마련된 후에 하는 것이 좋다는 견해가 힘을 얻고 있음을 지적한다. 새로운 규제 장치의 존립 가능성과 방법론이 확정되지 않은 개발도상국의 경우에는 순차개방을 하더라도 기존 국내 관리 체제의 틀에 맞춰 관리해야만 헤지 펀드 등 비은행권 non-banking 투기 자본의 횡포로부터 안전하다는 인식이 퍼져 가고 있다.

정부의 감시 및 규제는 특히 제조업의 정상적인 발전을 위해 꼭 필요한 장치이다. 제조업은 투자은행권과 사모펀드 private equity fund 등 비은행권 금융기관의 돈놀이에 이용되는 인수·합병의 대상이 되기 때문이다. 독일과 중국을 제외한 미국·영국 등 선진국 대다수, 심지어 독자적 환율 주권을 포기한 일본까지 제조업 경쟁력이 약해지고 금융업과의 균형이 깨지고 있는 현상의 원인은 바로 도박성 단기 금융자본이 아무 감시·규제도 받지 않은 채로 마구 벌이는 차입 자본에 의한 인수·합병이다. G20 내 12개 신흥 산업국가에서는 금융자본이 국가의 감시·관리를 받는 만큼 이 같은 투기성 금융자본의 횡포나 제조업이 금융에 휘둘리는 일은 아직까지는 없었다.

최소 정부와 최대 시장, 최소 세금과 최대 복지 지출의 악순환에 빠진 워싱턴 컨센서스 국가의 경제와는 달리 G20 내 12개 신흥 산업국가의 정부는 산업 투자와 수출산업의 전략적 관리를 통해 제조업의 육성·발전을 우선하고 금융업을 포함한 서비스 산업과의 균형을 맞추는 정책을 펴고 있다. 아울러 시장 자유가 정부의 정책 선택 범위를 제약하지 않도록 하고 재정 적자가 국가 부도 사태를 유발할 정도가 되지 않도록 방만한 외자 차입과 무역 역조를 막는다. 특히 중국과 브라질, 멕시코 같은 나라는 연금과 사회보험에 의한 사회 안전망 사업을 추진하면서도 재정 지출이 감당할 수 없는 수준까지는 가지 않는 범위 내에서 행함으로써 경제발전과 사회 안전 간의 균형을 국가적으로 관리하고 있다. 1980년대 미국의 레이건 정권과 영국의 대처 정권이 정부 역할을 강화할 때의 낭비 및 비능률과 복지 남용으로 인한 재정 지출 과다를 이유로 사회 복지 정책을 축소하고 삭감했었으나 결과적으로는 과대 차입의 재정 적자의 후유증을 앓고 있는 것을 타산지석으로 삼아 사회 안전망의 설치와 복지·관리를 주요 목표로 보는 국가 경영인 것이다.

정부가 경제적 불확실성에 대비할 때 사회는 안정되고, 이는 정치의 안정으로 이어져 경제성장과 복지 증진의 병존을 가능하게 한다. 따라서 복지는 성장이 균형 있게 관리하게 된다. 성장의 밑바탕이 되는 것이다. 이는 같은 선진국이면서도 사회 안전망이 잘 정비된 북유럽 국가들은 최근의 세계적 불황을 그렇지 않은 미국과 일본, 영국, 프랑스 등에 비해 잘 이겨낸 데서도 입증된다. 금융자본의 횡포와 고용 없는 성장 속에 커져만 가는 중산층의 붕괴와 분노에 사회 질서마저 동요하고 있는 미국 등 선진국 경제와는 달리 모든 경제 행위가 국가의 경제정책과 정책 관리의 틀을 벗어나지 않고 은행권에 대한 감시·감독의 규제가 이루어지는 G20 내 12개 신흥 산업국가에서는 자본주의 경제체제 자체에 대한 국민적 저항이나 변혁 요구가 그다지 발생하지 않은 채 건실한 발전이 이루어지고 있다.

세계 경제는 2008년을 고비로 크게 변화했다. 브레턴우즈 체제에서 선진국의 경제 원조를 받던 신흥 산업국가들은 2008년 이후로는 반대로 원조를 제공하는 쪽으로 위상이 바뀌었다. 세계은행이나 IMF 등 G7이 주도하는 국제 금융 기구에서도 중국과 브라질 등 G20 내 12개 신흥 산업국가들의 참여가 확대되고 있으며, 그리스·헝가리·아이슬란드·아일랜드 등에 대한 구제금융 제공에도 이들이 크게 기여했다. G7도 이러한 판도 변화를 인정하고 이제는 그들만이 세계 경제 문제를 논의하고 다루는 시대가 끝나가고 있음을 암묵적으로 받아들이는 모습이다. G20 내 12개 신흥 산업국가의 급부상한 위상과 존재감을 가장 잘 보여 주는 나라는 중국이다. 중국은 정부 역할과 기능을 시장 움직임과 연계하여 효율적으로 운영한 결과 2008년의 세계 경제 위기에서 제일 먼저, 그리고 가장 확실히 벗어났고, 국제적 인플레이션의 위험 속에서도 중국의 제조업과 시장이 세계의 공장이자 세계의 시장으로 되리만큼 세계 자본주의 경제 전반의 안전한 기반을 제공하고 있다.

앞서 경제개발을 이룩한 G7이 크게 뒤처진 복지를 선심성 재정 지출로써 만회하려다가 성장 동력을 저하시키고 만 것과는 달리 G20 내 12개 신흥 산업국가들은 성장 초반부터 사회 문제에 대한 관심과 배려를 경제개발의 테두리 내에서 관리하였기 때문에 이들은 경제성장과 사회 안정을 함께 이룩하고 있고, 그만큼 세계 자본주의 체제 유지에 기여하고 있다. 사회 지출을 관리하는 정부의 공조직은 많은 경우 시행착오와 부정부패, 도덕적 해이에 빠지기 쉽다. 하지만 G20 내 12개 신흥 산업국가의 정부 관료 조직은 비교적 건전하게 운영되고 있다. 권력자의 이권 챙기는 수단이었던 전근대적 모습에서 현대적 행정 조직으로 변화·발전하는 데 성공한 것이다. 앞으로 이들은 강화된 정부 관료 조직을 활용하여 시장과 정부, 재정과 금융, 금융과 실물경제의 균형 있는 발전을 차분히 추진해 나갈 것이다. 복지 지출이 늘고 수혜 대상이 확대되면 복지 행정을 관리하는 공무원의 자질과 능력이 중요해진다. 이를 위한 제도 개발이 앞으로 정부의 공공행정에 큰 도전과 과제로 다가올 것이다.

확대되고 능률화된 정부 관료 조직을 갖춘 G20 내 12개 신흥 산업국가들은 더욱 큰 경제발전 가능성을 갖게 되었다. 시장과 정부를 양 축으로 삼는 국가에서는 전통적인 금융과 재정 정책 다음으로 산업 발전 전략이 중요한 경제정책이 된다. 개발도상국에서의 수입대체산업 정책과 개발 시동 단계에서의 수출산업 육성, 국가 산업의 경쟁력 제고 및 성장 동력 부여가 정착되면 산업 간 조정과 정부 및 민간 활동 영역의 조정 등 산업 발전 정책이 뒷받침되어야 한다. 현재의 G20 내 12개 신흥 산업국가군이 형성되는 데는 장기 저리 융자의 투자 지원, 세제 감면의 시혜, 투자 재원 지원 등 정부 개발 정책의 뒷받침이 컸다. 일본에서도 통상산업성MITI이 이와 같은 역할을 했기에 1960~70년대의 일본이 경제 대국이 될 수 있었다는 것이 찰머스 존슨의 주장이다. 그러므로 정부 산업 정책의 뒷받침이 없는 경제개발과 성장은 후발 경제개발 국가에서는 불가능한 일이었다. G20 내 12개 신흥 산업국가들은 이처럼 정부 주도 하에 민간 기업이 참여하는 산업 정책을 통하여 민간 기업의 성장·발전을 도모하고 해외 시장을 개척하는 등 국가 산업의 경쟁력을 높여 왔다. 이러한 정책에 대하여 지난 30년간 미국의 경제개발 관련 기구들은 정부 개입의 비능률과 부패가 경제성장을 막을 것이라 계속해서 주장하고 반대해 왔다. 그러나 이제 미국식 자본주의 모델이 흔들리는 상황에서 정부 주도의 산업 정책에 대한 평가는 달라지고 있다. 아직 여러 단서가 붙기는 하나, 아시아와 남아메리카, 심지어는 아프리카 지역의 여러 나라가 시현하는 경제성장 잠재력과 실적은 국가 산업정책과 경제성장의 연관성을 보여 주고 있다. 그 또 하나의 예가 되는 것이 다름 아닌 일본이다.

22
일본이 보여 주다

1990년까지 세계 최고의 성장률과 제조업 경쟁력을 자랑하던 세계 제2의 경제대국 일본은 1991년 그동안 주가와 부동산 가격이 실질 가치보다 많이 부풀려져 왔던 버블 경제가 붕괴한 이후 지금까지 20년 넘게 불황의 늪에서 벗어나지 못하고 있다. 그로써 일본이 자본주의 경제의 '최고의 성공 국가'에서 '최악의 실패 국가'로 전락하게 된 과정은 곧 자본주의 침몰의 생생한 현장을 보여 주는 것이기도 하다. 1960년대부터 30년간 세계가 부러워하는 고도성장을 이루어 온 일본 경제가 그 후 '잃어버린 20년'의 추락을 거듭하고 있는 까닭은 무엇인가? 그 원인을 분석하는 것은 자본주의 경제의 실체를 이해하고 앞날을 전망하는 데 다시없는 교과서가 되고 있다.

거품이 꺼지기 전의 일본은 경제계와 학계는 물론 모든 세계인의 관심과 선망의 대상이었다. 일본 경제에 찬사를 보내는 책이 없는 공항 서점이 없었고, 경제 기사를 읽는 이라면 누구나 일본의 경제 기적에 경탄했다. 1969년 미래학자 허만 칸 Herman Khan 은 『초강대국 일본의 등장』 *The Emerging Japanese Superstate* 에서 일본 경제의 고도성장을 이야기하며 일본은 21세기 세계의 경제 중심 국가가 되리라고 예측했다. 1979년 하버드대학의 역사학자 에즈라 보겔 Ezra Vogel 이 쓴 『세계 제일 일본』 *Japan as Number One* 이 베스트셀러가 되면서 일본 경제의 기적적 고도성장은 일반 대중에까지 널리 인식되었다. 1990년대 들어 매사추세츠공과대학 MIT 의 경제학자이며 제로섬 게임 이론의 레스터 서로우 Lester Thurow 는 저서 『세계 경제 전쟁』 *Head to Head* 에서 냉전이 끝난 21세기는 미국과 유럽 그리고 일본의 3강이 각축을 벌이는 시대가 될 것이라 본다. 여기에 일본은 생산자 경제 Producer Economic 국가로서 미국 경제를 위협하는 경쟁자가 된다. 공교롭게도 이 책이 출간된 1993년은 일본 경제의 거품이 터지며 침몰의 길목으로 완연히 접어든 해였다.

고도성장기의 일본은 연 10퍼센트대의 경제성장률을 보이며 제철과 자동차, 전자 산업에서 세계 최고 수준에 올랐다. 그러나 1990년대 이후 일본 경제의 성장 동력이 멈추면서 불황과 침체가 이어지고, 3년째 마이너스 성장을 이어간 1998년에는 국내총생산이 1991년보다 감소했었다. 2001년과 2002년에 다시 연속 마이너스 성장을 기록하고 0퍼센트에 가까운 금리에도 불구하고 산업 생산 투자는 활성화되지 않은 채 일본 경제는 춥고 긴 겨울에서 빠져나올 줄 모르고 '20년 디플레이션 함정'에서 못 벗어나고 있다. 일본 정부는 수십조 엔의 재정 자금을 쏟아 가며 수요도 없는 고속도로를 건설하는 등 토목공사를 벌였지만 경기 침체는 전혀 나아질 기색이 없이 제로 성장 zero-growth 이 이어지고 있다. 어느덧 재정 적자의 누적은 국내총생산 대비 200퍼센트가 넘는 세계 최대 채무국이 되었고, 일본은 사실상의 파산 상태에서 그간 쌓은 저축과 자산으로 연명하는 동맥경화증에 빠진 형편이 되었다. 자본주의 경제가 완전한 정지 상태에 들어선 셈이다.

세계 자본주의 경제사에서 유례를 찾아보기 힘든 이 같은 대침체는 대체 왜 찾아왔고 어떻게 진행되고 있으며 앞으로의 전망은 어떠한가? 그 답을 찾으려면 일본 경제사를 훑어볼 필요가 있다.

일본 자본주의는 서구와는 물론 제2차 세계대전 이후에 발전한 신흥 산업국과도 다른, 매우 특이하고 독자적인 배경에서 탄생했다. 1853년 흑선 黑船 네 척을 이끌고 우라가 浦賀 에 입항한 페리 Matthew Perry 제독에 굴복한 도쿠가와 德川 막부는 이듬해 일미화친 日美和親 조약을 체결함으로써 250년 이상 지속되었던 도쿠가와 체제의 쇄국의 빗장을 풀고 바깥세상과 교류하기 시작했다. 이때까지 일본은 천황 天皇 이 지배하되 실질적인 통치는 무인 武人 막부 幕府 정권이 하는 독특한 이중 구조적 중앙집권적 봉건제를 오랫동안 유지해오고 있었다. 개항 이후 이 묘한 이중 권력 구조의 한 축이던 막부가 통치권을 천황에게 반환한 대정봉환 大政奉還 을 통해 사회·경제 면에서는 아무 변화 없이 단일 구조의 덴노제로 복고된 정치 변혁, 즉 메이지유신 개혁이 이루어졌다.

일본인들은 이를 두고 만세일계 萬世一系 라 하여 2천년 이상 하나의 순수한 혈통으로 이어 온 천황의 정통성과 권위가 복원되었다고 본다. 이렇듯 오랜 전통을 존중하는 정치관과 문화를 바탕으로 하되 현실적인 이익을 위해 서구 사본주의 물질 문명을 도입한다는, 곧 일본적인 정신 위에 서양적인 기능을 얹히는 화혼양재 和魂洋才가 일본의 근대화 방침이 되었다. 1867년의 대정봉환 이후 명분과 실권을 모두 손에 쥔 천황의 친정 체제가 출범하면서 메이지유신이라 불리는 위로부터의 무혈 근대화 혁명이 시작된다. 그러나 이 혁명은 천황이 막부의 통치권을 흡수해 권력 구조를 단일화한 궁정 宮廷 혁명 이상의 의미를 부여하기 어렵다.

바로 이 점에서 일본의 메이지유신은 서구의 근대화 혁명과 큰 차이를 보인다. 서구의 근대화는 기독교 문화와 과학 기술 문명을 바탕으로 새로운 시대정신이 전개된 과정이었다. 중세의 봉건 세력과 정치 문화가 근대적인 시민 세력과 평등주의적 민주 문화에 전복되고 대체되는 사회·정치·경제적 대변혁이 이루어진 결과 근대적 자본주의 체제·질서가 서고 민주적 시민 계급이 새롭게 등장하였다. 반면 일본의 메이지유신은 이 같은 사회·정치 전반에 걸친 변혁의 소용돌이 없이 지배 계급 내부의 권력 구조 재편이 일어난 것에 지나지 않았다.

일본 근대화의 이러한 태생적 한계는 1573년 오다 노부나가 織田信長가 봉건국가적 지방 무사 세력을 무력으로 평정하고 통일 국가의 기반을 만든 데서부터 싹텄다. 그로부터 도요토미 히데요시 豊臣

秀吉를 거쳐 1600년 도쿠가와 이에야스德川家康가 패자가 되어 현재의 동경인 에도江戸에 막부 정부를 세우면서 일본 전역을 지배하는 새로운 무사 정권이 시작된다. 이로써 1867년의 왕정복고까지 260여년을 이어 가게 되는 중앙집권적 봉건체제가 들어섰다. 이 기간 동안 있었던 일본의 사회·경제적 변화와 정치 상황이 1868년 이후 메이지유신의 시대적 상황과 일본의 근대 자본주의 경제 흐름의 특징을 결정짓게 된다.

에도 시대의 일본 사회를 지배한 정치 세력은 1467년 오닌応仁의 난 이후 일본 전역을 전쟁터로 만들며 100년 이상 계속된 전국시대戰國時代에 대두한 사무라이 무사 계급이다. 무력을 기반으로 영주領主 지위를 획득한 이들은 일정한 토지와 농민 집단을 지배하면서 이를 더욱 확장하기 위해 끝없는 전쟁에 몰두했다. 무사 계급은 대부분 농촌의 부농富農 지주 계급 출신이었고, 농촌은 일찍부터 지배 계급의 직할지로서 봉건제의 기초였다. 그래서 무사 계급은 처음부터 농촌을 개간하고 농업 생산 기반을 증대하면서 농민들의 일상생활 속에 깊숙이 뿌리를 박는다. 그럼으로써 에도 시대의 일본에는 농촌을 비롯한 전국을 하나의 국가 공동체로 보는 의식이 곧바로 싹트고, 중앙집권적 권력에 의해 잘 관리되는 조직이 된다. 하극상下剋上으로 얼룩진 전국시대에는 늘 반란과 토벌이 반복되었고, 여기에 유력 지방 무사 세력 간의 이합집산과 대규모 전투가 일상화하였다. 이 과정에서 사무라이 영주인 다이묘大名의 지배력은 농촌에 더욱 깊이 침투했고, 무력 증강을 위한 군사

기술의 향상이 경쟁적으로 이루어졌다. 그에 따라 사회 체제는 더욱 조직화되었다.

전국시대의 지방 무사 정권이었던 오다 노부나가의 오와리 尾張 영국 領國 은 유럽에서 들여온 대포를 자체 생산할 만큼 기술이 발전했고, 농촌 간의 경제력 이동이 잦아지면서 사카이 堺 등 상업 도시가 발달했다. 생산력이 증대하면서 여러 다이묘들은 성곽 도시를 건설하고, 이를 중심으로 조카마치 城下町 가 형성되어 상인 계급과 예술인, 사무라이가 함께 섞여 사는 도시가 전국 곳곳에 생겨났다. 도시들 간에 상품을 수송하기 위한 교통망이 고카이도 五街道 를 중심으로 전국에 깔린다. 지방 다이묘가 가족을 에도에 두게 하고 영지와 에도의 두 거처를 매년 오가며 살게 한 산킨코타이 參勤交代 제도는 원래 지방 다이묘의 반란을 막기 위한 수단이었지만, 전국의 다이묘 200여 명이 수시로 에도를 오가게 되자 이들의 교통과 숙식 편의를 제공하는 역마점이 전국 각지에 생기면서 지역 간 경제 교류가 더욱 활기를 띠면서 일본은 일찍부터 지역 간 경제교류에 의한 통일국가적 경제·사회 환경을 정비해 갔다. 또한 농민 반란을 우려한 에도 막부는 무거운 조세 부담으로 농민 생활을 빈궁케 하면서 이들을 고닌구미 五人組 라는 5명 단위의 조직으로 묶어 연대 책임을 지게 하고 이들의 활동을 감시하는 메스케 目付 를 배치했다. 에도 시대의 일본에서는 동시대 세계 어느 나라에서도 보기 힘들 만큼 활발한 정치·경제·문화의 전국적인 교류가 이루어지면서 근대 국가적 통치 기구가 자연적으로 형성되어 갔다. 화폐 유통

활성화와 역마제 驛馬制 의 발달 또한 에도 시대의 일본 사회가 근대 국가적 지방 조직과 경제 환경을 갖추는 것을 도왔다.

영국을 비롯한 서구 자본주의 경제의 등장에는 두 가지 필수 조건이 있었다. 그 하나는 법과 질서의 중앙집권적 행정 능력을 갖춘 근대적 통치 국가이고 다른 하나는 경제개발이다. 이 두 가지 요건이 갖춰졌을 때 근대화 혁명의 경제적 측면인 자본주의 경제가 들어서고 정치적 측면인 시민 부르주아 민주정치가 뒤따르게 되어 있다. 이렇게 보았을 때 에도 시대 일본의 중앙집권적 막부 체제는 법과 질서의 근대적 통치 국가는 갖추고 있었고 자본주의 경제적 기반 또한 형성되었으나, 이를 주도할 시민 계급이 사무라이 지배 체제에 눌려 성장하지 못하고 에도와 각 다이묘의 조카마치에 기생하는 관변 상인 계급에 머물고 있었다.

영국은 1215년 국왕이 지역 토착 세력들에게 권력의 일부를 할애한 마그나 카르타 이후 1649년 올리버 크롬웰 Oliver Cromwell 의 영국공화정 Commonwealth of England 과 1688년의 명예혁명을 거쳐 국가 권력에 지역 토착 세력이 관여하고 "의회의 동의 없이는 세금도 없다." No parliament, no tax 는 민주적인 논리에 권력 행사가 제약받는 등 오랜 민주주의 투쟁을 거쳐 사회 세력 간의 권력 이동과 사회 구조의 변혁을 이루어냈다. 민주주의 정치와 자본주의 경제가 어우러진 근대화된 자유주의적 정경체제는 그 결과물이다. 영국이 500여 년에 걸쳐 이루어낸 시민 사회적 정치·경제체제를 단기간에 이룩해야 했던 독일과 프랑스 등 유럽 대륙 국가들은 1789년의 프랑스 혁명을 효시로 1848년 민족주의 혁명 등 대륙 곳곳에서 근대화 혁명을 겪어야 했다. 1848년의 혁명 파도 이후의 유럽은 근대화 혁명에 성공하면서 정치적으로는 근대 국가, 경제적으로는 시장경제 국가로 수렴되었고, 20세기로 넘어오자 유럽의 주요 국가에는 자본주의 시장경제 체제가 자리 잡기 시작한다.

19세기 서구 사회에서 일어난 이 같은 근대화 바람은 정치적으로는 통일된 민족국가를, 경제적으로는 자본주의 체제·질서를 유럽에 출현시켰다. 이를 바탕으로 유럽의 주요 강국들은 20세기 들어와 아시아와 아프리카의 여러 후진국들을 식민지로 만든다. 이러한 자본주의적 근대 경제가 발달하려면 몇 가지 선행 조건이 충족되어야 한다. 첫째, 지방 분권적 봉건 체제가 중앙집권적 민족국가로 통일되어야 하고, 둘째로는 교육 수준이 높고 재산을 모은 부르주아 시민 계층이 민주주의적 권력 구성과 행사에 참여하는 시민 민주주의가 뿌리를 내려야 한다. 셋째, 사회 구조가 신분 사회에서 계약 사회로 바뀌고 권력의 이동과 분포의 국민화가 이루어져야 하고, 넷째로는 농촌과 농업 위주의 경제체제가 도시와 산업 중심으로 옮겨가야 한다. 다섯째로 세습 중심의 계층 사회 질서가 능력 본위의 평등 사회로 바뀌어야 한다. 19세기에 완성된 서구 근대 국가 대부분은 이 같은 변화의 소용돌이를 거쳐 근대화 혁명에 성공한 것이었다.

이러한 서구의 근대화 과정과 비교할 때, 에도 시대의 일본 사회는 놀랄 만한 사회 변화와 경제력 향상을 이루며 근대 국가의 기본을 갖추어 갔지만 몇 가지 결정적인 결함이 있었다. 유럽이나 중국의 봉건 시대의 권력 지방 분산과 가산제 家産制 patrimonialism 권력 체제를 오래 유지하지 않고 중앙집권적인 막부 통치 지배 체제로 전환한 일본은 이미 17세기부터 민족국가적 정치 기반을 다져 왔다. 그러나 일본은 다음과 같은 몇 가지 이유 때문에 서구 사회와 같은 정치 근대화는 이룰 수 없었다. 일본의 농민 계층은 무사가 되지 않는 한 농업에 종사할 수밖에 없었다. 그들은 고닌구미와 메스케 같은 농촌의 감시 체제에 묶여 이동의 자유도 누리지 못했고, 농업 소득의 잉여분은 지세 地稅 로 공납하여야 했으며, 농업 이외의 활동을 사치로 규정하고 금지하는 검약제 儉約制 의 철저한 감시·감독을 받았다. 그리하여 일본에서는 농민 피지배 계급과 무사 지배 계급이 대립하는 신분 사회가 변함없이 이어졌다. 이러한 환경에서는 농민에서 벗어나 재산을 갖추고 높은 교육을 받은 지역 토착 세력, 곧 부르주아 계층이 등장하기 어려웠다. 신분적 제약과 도쿠가와 정권의 물샐틈없는 행정 감시 체제는 시민적 권리 의식과 도시 중심의 기업 문화의 태동을 허락하지 않았다. 260년 동안 권력의 이동과 분포 변화는 거의 일어나지 않은 채 일본 사회는 정치적으로 극도로 정체되었다.

이렇듯 에도 시대의 일본은 민족국가의 기본 골격은 갖추었으되 정치권력과 사회 세력이 수평 관계를 이루지 못한 채 전자가 후자를 깔고 뭉개는 이중 구조를 가진 전근대적 봉건국가로 이어져 왔다. 이렇게 볼 때 1867년 일본의 메이지유신은 기존의 전근대적 정치 지배 세력이 법과 질서의 사회 환경과 통일 국가적 통치력을 갖춘 서구의 자본주의 국가를 모방하고 능가하기 위한 체제 정비와 경제개발의 변혁만을 추구한 위로부터의 근대화가 된다. 메이지유신은 권력의 이동과 분포를 변화시킨 사회 변혁의 근대화 혁명이 아니었다. 정치적 변화는 통치와 지배가 이원화되어 있던 것을 덴노 단독 통치 체제로 통합하는 정도였다. 그러므로 일본의 근대화 혁명은 아래로부터의 변혁적 혁명이 아닌 이중 권력 구조를 단일 구조로 재편한 지배 계층의 정치권력 강화의 재편이었다.

메이지유신 이후의 일본은 사회 세력 구조는 그대로 둔 채 막부의 권력을 덴노에 흡수시켜 덴노의 권력을 정치권 위의 절대신 絕對神 으로 격상시켰다. 다만 그와 함께 서구 열강과의 교류에서 밀리지 않도록 국력 배양에 초점을 맞춘 부국강병 富國强兵 정책이 추진되었다. 부국은 자본주의 경제개발을 통해 서구와 경쟁할 만한 경제력을 키우는 것이 목적이었고, 강병은 식민지 공략을 위해 군비를 확장하고 군권 軍權 과 군령 軍令 을 분리하여 덴노의 군통수권을 확립하는 것이 핵심이었다. 덴노가 통수하는 군국주의적 국체가 정비되면서 그의 권력과 통치 기반을 흔들 수 있는 모든 사회·경제적 변화는 철저하게 억압되고 봉쇄되었다.

서구의 자본주의 경제에 뒤처지지 않으려면 자본주의적 성장과 시장 기능을 확충하는 수밖에 없다는 판단에 따라 일본은 덴노 체제에 영향을 주지 않는 범위에서 자본주의 경제체제의 개발·시행에 들어갔나. 메이지 정부를 운영하는 세력은 에도 시대의 지방 영주 세력이었던 사쓰마 薩摩, 조슈 長州 지방 다이묘 세력들이 이름만 다이묘에서 내각 각료로 바꾼 것이었다. 이들은 전국을 관료 조직화하여 통제하면서 메스케가 하던 것과 같은 방식으로 농촌 사회 세력의 정치 세력화를 철저히 봉쇄했다. 메이지 시대의 일본은 이름과 껍데기만 덴노제의 근대 국가로 바뀌었을 뿐, 지배 구조와 체제는 에도 江戶 막부 시절과 같은 중앙집권적 관료 지배 국가였다.

이렇듯 서구와는 다른 사회체제와 정치 질서에서 출발한 일본 자본주의 경제는 정부가 농민의 견직물 생산 등 농가 소득 잉여가치를 수탈하여 축적한 자본을 바탕으로 했다. 또한 에도 시대의 역마 驛馬 제도에서 싹튼 미곡상과 환전상 중심의 상인과 상인 단체들이 자유 시장 활동을 통하여 상공 계층과 기업인으로 발전하면서 마르크스가 말한 원시적 축적에 의한 자본주의 경제체제의 정비가 시작되었다. 여기에 정부 투자에 의해 기간산업을 개발하고 운송 사업을 민간에 불하하는 방식으로 민간 기업 성장을 촉진했으며, 면방직 산업과 견직물 제사 공장을 중심으로 제조업을 키워 나갔다.

일본의 메이지유신은 기존 상층부 권력의 이중 구조를 덴노에 집중한 단일 권력 체제로 바꾸고 관료 지배 체제의 중심이 에도 시대의 친위 영주였던 신반 親藩 과 후다이 譜代 로부터 사쓰마, 조슈 등 변방 영주인 도자마 外様 중심의 군벌 과두체제로 옮아간 것을 제외하면 사회 세력과 정권 세력의 수직 구조는 변한 것이 없었다. 새로운 집권 세력으로 등장한 삿쵸 薩長 과두체제가 막부를 대체하였지만 농민과 상인 등 피지배 계층은 여전히 억압과 지배를 받는 통치의 대상일 뿐이었다. 삿쵸 군벌은 덴노를 절대군주로 하여 에도 시대 이상으로 사회 세력을 통제하고 국가의 권력과 관료 조직을 동원하여 부국강병을 위한 자본주의 경제 건설을 촉진하였다.

그들이 택한 방법은 서양과 같은 밑으로부터의 자본주의가 아니라 위로부터 내려오는 중상주의적 자본주의 경제개발이었다. 이 시기의 식산진흥정책은 농민을 희생하여 지세 수입을 강화하여 마련한 정부 자본을 투자하고 외국 기술을 들여와 관영모범 官營模範 공장을 건설하고 조업이 정상화되면 이를 정부에서 보호하는 특권 상인인 정상 政商 에게 불하하는 식으로 진행되었다. 이렇듯 정부 주도의 관변 기업 중심 중상주의적 개발정책은 일본의 자본주의를 위에서 그리고 앞에서 이끌어 가는 관변 자본주의 경제체제로 만들어 갔다.

1894년의 청일 淸日 전쟁과 1904년의 러일 露日 전쟁의 승리로 전시 특수 경기가 찾아오면서 일본 경제는 산업혁명기를 맞는다. 철강에는 야와타 八幡 제철소, 무기 생산에는 니혼세이코 日本製鋼, 공작 기계에는 이케가이 池貝 철공소가 들어서면서 중공업 체제로 전환한 일본은 새로운 조선 강국이 되었고, 금융업을 중심으로 무역, 광업, 운수업 등 다각적 경영으로 콘체른 konzern 형태를 갖추는 근대적 산업국가 체제를 갖추어 나가기 시작했다. 그러나 이러한 위로부터 강행된 자본주의 체제의 이면에는 저임금과 과혹한 장시간 근무에 시달리는 임금 노동자들의 희생이 있었다. 러일전쟁을 전후로 공장 파업 등 노동운동이 일어나고 노동조합 설립 움직임도 나타났다. 정부도 할 수 없이 1911년에 노동자 보호를 위한 공장법을 제정하게 된다. 텐노제 하에서 경찰국가가 되어가던 일본 권력 체제는 위로부터의 중상주의적 자본주의 체제 발전에 저해되는 사회 세력의 등장을 방지하고 통제함으로써 에도 막부 때의 국가권력에 의한 사회 탄압과 봉쇄를 더욱 가혹하게 집행했다.

여기에서 나온 일본 경제의 특징은 자본주의적 생산 경제체제와 경찰국가적 천황 체제가 병존하는 기형적이고 왜곡된 근대화 구도였다. 자본주의 경제체제와 민주주의 정치체제가 함께 존립하며 발전하는 정상적인 구도가 크게 비뚤어진 일본의 정치·경제 체제는 일본 경제발전의 원동력인 동시에 패망의 길로 이끈 원인이기도 하다.

자본주의 시장경제가 성장·발전하면 중산층 계층이 형성된다. 중산층의 교육 수준과 경제력 그리고 인적 왕래가 높아지고 넓어지면 사회 전반에 먹고 사는 문제를 넘어 취미와 교제, 생활 여유와 가치를 추구하는 사회적 욕구가 일어나게 마련이다. 서구 자본주의 국가의 경우에는 이 사회적 욕구가 정치 참여 욕구로 이어지면서 선거권 확대와 의회주의 발전이 뒤따랐다. 자본주의 경제체제에서 성공한 국가들은 이 같은 사회 세력의 욕구와 발언권을 민주주의적 의회정치로 흡수·포용함으로써 사회 세력과 국가권력을 병립시켰고, 자본주의 경제와 민주주의 정치가 함께 존립·발전하여 왔다. 메이지유신 이후의 일본에서도 눈부신 경제 근대화가 이루어지면서 사회에는 농촌의 중농 中農·부농 富農 과 도시의 상공업인 계층이 등장하기 시작했다. 이들 중산층이 정치에 대한 의견과 발언권을 가지려는 사회 세력으로 발전하고 공장 근로자들은 노동조합 세력으로 커져가는 것이 정상적인 자본주의 경제체제의 필연적인 과정이다.

하지만 사회 평면의 시민의 정치 발언이 확대되고 참여 욕구가 커질 경우 만세일계의 덴노 절대 체제가 위협받게 되는 것이 일본 근대화의 딜레마였다. 그래서 일본은 덴노제를 지키기 위해서는 시민 사회 세력의 등장과 정치 요구를 군대와 경찰의 폭력으로 억압하는 강경책을 쓰면서 다른 한편으로는 식민지 침략을 벌여 이들의 욕구 불만을 풀어주며 노동조합을 설립하고 근대적 헌법과 의회제를 도입하는 등 온건한 무마책을 병용하게 된다. 가장 먼저 시도한 침략론은 메이지유신 과정에서 신정부의 권력에서 밀려난 사이고 다카모리 西郷隆盛 를 필두로 한 사무라이 정치의 연장을 주장하는 비주류 세력의 불만 해소를 위하여 한국을 침략·정복하자는 1870년대의 정한론 征韓論 이었다. 일본은 1910년의 한일합방으로 이를 실행에 옮겼고 이는 1930년대의 만주사변과 중일전쟁 도발, 1940년대의 제2차 세계대전 도발로 이어졌다. 이렇듯 일본의 대외 침략의 직접적 동기는 농촌과 도시에 새로 등장한 사회 세력들의 욕구불만을 국내의 덴노제에 위협을 주지 않고 해소하는 데 있었다.

일본의 대외 식민지 전쟁은 덴노제 유지를 위해 군부가 앞장서서 택한 방편이었다. 자본주의 발전에 반드시 뒤따르는 민주화 욕구를 선생으로써 우회하고 제거하려 한 것이다. 군부의 이 같은 덴노제 유지책에 발을 맞춰 경찰은 치안유지법으로 국체 國體 변혁 등의 정치활동을 금지하고 민권 운동가를 도쿄에서 추방하는 보안조례와 사상범을 전문으로 단속하는 고등계 형사 제도 등을 통하여 사회 세력의 민주화 요구와 운동을 철저히 뭉개 버렸다.

덴노제의 근간을 위협하지 않는 범위 내에서 사회 평면의 민주화 욕구를 완화하고 근대국가 체제를 갖추기 위해 메이지 정부는 1889년에 제국헌법 帝國憲法 을 공포하고 덴노의 군통수권과 외교권, 정부 관료 임명권을 침해하지 않는 범위 내에서 국민의 자유권을 인정하고 중의원 衆議院 과 귀족원 貴族院 으로 구성된 양원제 의회제도를 도입하였으며, 사회 평면의 정치 욕구 해소를 위해 정당제를 인정하였다. 그러나 이러한 헌법적 장치는 사회 세력의 민주화를 수용하는 것이 아니라 무마하고 회피하기 위한 제도로서 덴노의 절대 권위를 유지하면서 국민 불만을 무마시키려는 방책이었다.

그리하여 일본의 정치는 경제의 자본주의화에도 불구하고 2천년 전부터 유지되어 온 덴노의 절대 권위를 유지하기 위해 시민의 정치 욕구를 억누르는 무리한 전근대적 전제군주제를 1945년 태평양 전쟁 종전 때까지 이어 간다. 이 같은 무리한 정치체제를 유지하는 과정에서 군부는 의회는커녕 내각까지 무시하는 오만무도한 세력이 되었다. 청일전쟁, 러일전쟁, 한일합병을 주도한 군부는 1930년대 들어 5.15사건, 2.26사건에서 청년 장교가 민간 정치인을 암살하고 쿠데타를 기도하는 등 폭거를 일삼았고, 만주사변과 중일전쟁은 중앙의 지시와 통제를 뿌리친 일선 영관급 장교들의 음모와 반란으로 저질러진 것이었다. 그리하여 1930년대 이후의 일본은 군부가 지배하는 제국주의 군정 체제가 되어 중앙 정치의 통제에서 벗어난 군부가 멋대로 침략 전쟁을 벌이게 된다. 덴노제의 유지를 위한 보조장치로 전락한 일본의 자본주의 경제는 민주주의가 아닌 군부 독재주의의 하수인이 되어 갔던 셈이다.

일본 자본주의 경제는 생산력 증대와 시장 확대, 중산 계층의 등장과 같은 자본주의 경제의 골격 hardware 은 갖추어 갔지만 덴노 독재정치를 떠받치는 종속물이 되어버렸다. 덴노 정치는 자본주의 경제의 정치 세력화를 방지하기 위해 경제를 군대와 경찰의 감시와 지휘 하에 놓고 외국 침략 전쟁을 활용했다. 그렇게 일본 자본주의는 기형 자본주의 stunt capitalism 와 정부 권력으로 시장을 기형아로 만드는 관료 자본주의로 변질되어 갔다. 경제개발과 성장의 자연스러운 결과인 사회 세력의 대두와 정치화를 억압하고 왜곡하여 자본주의 경제와 덴노 독재정치가 공존하는 세계 유일의 시대착오적 국가동원 체제가 된 것이다. 일본의 자본주의 경제의 생산물은 국민 복지의 증진이 아닌 군비 확장과 식민지 전쟁에 필요한 군수 지원에 활용되었다. 일본을 태평양전쟁의 패전국으로 만들어 폐허화한 장본인은 바로 이 왜곡되고 시대착오적인 국가체제였다. 1945년의 일본 패망이 덴노 독재정치와 함께 경제체제의 정치 예속의 종언을 가져오면서 일본은 전연 새로운 20세기의 역사 경험을 맞게 된다.

1945년 8월 미국을 필두로 한 연합군에게 무조건 항복한 일본은 점령·관리 책임을 맡은 연합군 총사령부 사령관 더글러스 맥아더

Douglas MacArthur 의 군정 통치를 받게 되었다. 맥아더는 일본이 다시는 위협적인 군사 국가가 되지 못하도록 비군사화와 텐노 독재 체제 해체, 민주화를 골자로 하여 정치·경제·사회 등 전 부문의 일대 개혁 작업을 벌인다. 연합군 총사령부는 일본 텐노의 비정치화를 비롯하여 재벌 해체를 통한 경제 민주화·교육 자유화·부녀 해방·노동조합 허용·압제적 법제도의 철폐 등 5대 개혁 조치와 함께 농지 개혁·노동 입법·교육 기본법 제정 등 민주적인 개혁 조치를 실시하고 1946년에는 전쟁의 영구 포기를 내용으로 하는 평화헌법을 공포함으로써 전쟁 이전 일본의 통치 체제와 경제 질서를 완전한 자유 민주국가 체제·질서로 변혁·혁신하였다. 이로써 일본은 1600년 에도 막부 이래 유지되어 왔던 권위주의적 정치문화와 사회 세력을 억압해오던 정치·경제·사회의 모든 체제와 질서를 하루아침에 갈아엎은 대변혁을 제도화했다. 민주주의 국가사회로 새롭게 출발한 일본은 1951년의 샌프란시스코 평화조약을 통해 민주사회 국가로서 독립국의 지위를 회복하고 서구 중심의 국제사회로 복귀하였다.

1945년 패전부터 1951년에 이르는 짧은 기간 동안에 일본의 정치제도는 민주정치로, 경제체제는 자유 시장 자본주의 체제로, 사회 문화는 만민평등의 시민사회로 변모했다. 이 대전환에 따라 정치권력과 경제·사회 세력 간의 관계는 전자의 지배와 후자의 예속이라는 수직적 명령 복종 관계가 아닌 평면적 교류 협력 관계로 변했고, 그에 따라 경제 운영 시스템도 완전히 변모하였다. 자본주의적 경제 질서와 민주주의적 정치 체제가 함께 작동하는 전형적인 서구식 전통 자본주의가 정착되기 시작한 것이다. 이 같은 환경 변화와 함께 1950년 한국전쟁이 발발로 전쟁 특수 수요가 폭발하자 일본은 미군 군수 물자를 공급하는 생산기지가 된다. 이제 일본 자본주의 경제의 생산 능력은 전쟁 이전의 식민지 전쟁 물자 공급에서 벗어나 미국을 비롯한 전 세계 시장을 상대로 하는 수출과 국내 소비 시장을 위한 민간 중심의 시장 자본주의 체제가 정립하게 되었다. 국민의 소비 복지가 시장경제의 논리에 따라 경쟁적으로 확대되는 상황 속에서 권력의 억압에 비뚤어지고 기형적이던 전쟁 이전 경제는 말끔히 청산되었다.

일본인의 높은 근면성과 교육 수준, 뛰어난 손재주가 경제활동에 집중 투입되자 경제는 비약적으로 발전하고 국민 생활수준은 미국 다음의 세계 최대 민간 시장을 형성하였다. 여기에 더하여 무제한 접근이 가능해진 외국 기술과 지식이 도입·활용되었다. 1960년대 들어와서는 이케다 池田 내각의 소득배증계획이 추진되면서 경제의 중심은 1차 산업에서 2차·3차 산업으로 옮겨간다. 연평균 10퍼센트의 고도 경제성장 속에 중화학공업이 이끄는 선진 경제국으로 발전한 일본은 자동차·반도체·컴퓨터 분야에서 세계 중심 생산국이 되고 1968년에는 전체 경제 규모가 미국 다음인 G2의 경제 대국 자리에 오르게 되었다. '세계 제일 일본'의 시대가 열린 것이다.

일본을 폐쇄적 봉건국가에서 개방적 근대국가로 전환한 메이지 유신의 정치개혁으로부터 100여 년이 지난 1960년대의 민주국가 일본의 경제는 덴노 제국주의의 족쇄에서 벗어나면서 무서운 폭발력과 속도로 서구의 강대국들을 압도하고 미국 다음의 위치에 올랐다. 시장과 경쟁의 정통 자본주의 논리가 정치적 제약과 제국주의적 통제로부터 해방된 일본 자본주의의 잠재력을 유감없이 발산시킴으로써 기형적 자본주의 stunt capitalism 에서 정상적 자본주의 경제로 전환을 이루어낸 것이다. 요컨대 일본의 전후 경제 비상의 원인은 자질구레한 정책이나 시책 덕이 아니라 일본 경제가 가진 잠재력과 저력을 억압해 오던 덴노제적 정치 탄압과 통제가 미군정에 의하여 일시에 그리고 깨끗이 일소되고 민주주의적 경제 질서와 체제가 정착된 자본주의 경제 시스템의 본격 가동에서 비롯된 것이었다.

일본 자본주의 경제체제의 장점을 유감없이 발휘케 한 정치 환경 변화는 1960년대를 지나며 시장과 정부의 관계로도 이어졌다. 이제까지 정부 관료가 전적으로 통제하던 상하 관계에서 시장의 논리와 정부의 정책 의지가 수평적으로 상호작용하는 협조 관계로 바뀐 것이다. 이때 등장한 것이 통상성의 산업 정책적 행정지도에 시장의 경제 단체와 기업체가 협조하는 관민 협력 체제이다. 이른바 '일본주식회사' Japan Inc. 시대의 시작이다. 대장성 大藏省 의 재정 정책과 금융 정책이 산업 자원 확보와 배분에 있어서 관민 官民 협조가 밀접하게 이루어짐으로써 군림하던 덴노 체제의 정부관료는 경제계와 솔기 없는 협력 관계를 형성하였다. 정부의 이 같은 산업 정책과 금융 정책의 지원·협조를 바탕으로 일본 경제는 세계가 부러워하는 초일류가 되어 갔다. 세계 고급 소비 시장에 일본 상품이 없으면 품격이 없다고 할 만큼 일본 경제는 성공한 자본주의 경제의 상징으로 손꼽혔고, 일본은 자유민주주의 정치와 자본주의 경제가 병존하며 발전하는 이상적 민주 자본주의 국가가 되었다. 1970년대 들어서는 마침내 일본 경제가 자동차·전자 제품·통신 장비·반도체·컴퓨터 산업을 석권하면서 세계의 무역 균형이 일본 쪽으로 기울고, 미국을 비롯한 서구 선진국들은 대일 무역 역조와 제조업의 경쟁력 저하로 경제 위기에 내몰리는 상황이 벌어지기 시작했다.

일본의 월등한 수출 경쟁력과 국제 수지 흑자가 다른 선진국의 경쟁력 저하와 수지 역조로 나타나는 경제 불균형은 마침내 브레턴우즈 체제의 근간을 흔들 지경까지 이르렀다. 이에 세계 경제의 불균형 문제를 해결하기 위해 미국·영국·프랑스·독일·이태리·캐나다·일본의 7개 선진 산업국가 간의 협의기구인 G7 그룹이 형성되고 이 나라들의 정상회담과 재무장관급 회의로 구성된 G7 회의가 출범하게 된다.

G7 회의에서 가장 시급한 사안은 브레턴우즈 체제의 핵심인 IMF의 금환본위 단일 고정환율제의 폐기 문제였다. 금 공급 부족과 무역 교류 확대, 그리고 일본 경제에 의한 경상수지 불균형 문제 때문에 더 이상 금 1온스당 미화 35달러의 고정 환율을 유지할 수 없었던 미국은 1971년 8월 15일 닉슨 행정부 주도 하에 닉슨 쇼크 Nixon Shock라고 불리는 정책, 즉 금과의 연계와 교환을 난설하고 동시에 IMF의 단일 고정환율제를 방기하는 정책을 채택함으로써 변

동환율 시대를 가져왔다.

이때부터 변동환율을 둘러싼 금융 투기가 생기고 환율 조작을 통한 무역수지 관리 정책이 경쟁적으로 이루어지게 된다. 이 같은 무역 관계 긴장의 가장 큰 원인은 일본 경제의 돌출 성장으로 생긴 선진국 간 국제수지 불균형의 확대였다. 이때부터 일본 경제는 국제적 질시와 견제를 받기 시작한다. '일본 주식회사'라는 폄훼적인 용어가 일본을 두들기고 견제하는 풍조를 자극하게 되었다. 세계 경제가 무역 역조의 난관에 빠진 큰 이유가 일본 제품의 수출 경쟁력이 다른 경쟁국의 산업 경쟁력을 떨어뜨리기 때문이라는 분석이 나오고, 따라서 일본의 수출 경쟁력을 낮춰야 한다는 목소리가 높아지게 되었다. 이에 따라 1985년 9월 미국 플라자 호텔에서 개최된 G7 회의에서 플라자 합의서가 발표되었다.

플라자 합의는 일본의 수출 경쟁력을 낮추고 세계 무역수지 균형을 도모하기 위하여 엔화 가치를 절상할 것을 전격적으로 합의한 것이다. 플라자 합의가 있었던 1985년에서 1987년 2년 동안 엔화는 미국 달러화 대비 100퍼센트 절상되었고, 그 이후로도 계속 절상되는 엔고円高 시대가 이어지면서 10년 후인 1995년 4월에는 플라자 합의 당시에 비해 달러화 대비 엔화 가치가 세 배나 치솟기도 했다. 이와 함께 워싱턴 컨센서스에 따른 각종 규제 완화와 구조조정을 통하여 일본 정부의 제조업과 금융업에 대한 행정 지도와 협조 체제를 없애고 일본 산업의 구조 환경을 다른 선진국 수준으로 평균화하는 길이 열렸다. 플라자 합의와 뒤이은 워싱턴 컨센서스

폭풍에 휘말려 이후 일본 경제는 내리막길에 들어선다. 엔화 가치가 두 배로 평가 절상되자 일본 수출 상품의 국제 가격 경쟁력이 하루아침에 절반으로 떨어진 셈이었고, 일본 경제는 이때부터 엔고로 인해 국제 경쟁력을 잃어가기 시작했다.

설상가상으로 1980년대 이후로 경제개발에 성공한 한국과 대만 등 아시아 주변국들이 수출력을 키워 세계 시장에 나섰다. 세계 경제는 G7만의 독점 무대가 아니었고, 일본제 상표가 세계 시장을 주름잡는 시대는 끝나게 된 것이다. 수출 경쟁은 점점 치열해지고, 엔고에 의해 일본 제품의 수출 경쟁력이 하락하면서 수출 국가가 다원화된다. 그리하여 일본의 제조업이 사양길에 접어들자 그간 축적된 민간인과 민간 기업의 현금 보유고가 미국 등 선진국의 부동산 투기에 몰렸다. 금융 부문은 새로운 투기 시장을 쫓는 유동성의 팽창으로 과열되고 투기 자본은 해외의 미술품 경매시장과 부동산 시장에서 국내로 환류하는 등 자금 흐름의 광란 속에 1980년대 이후의 일본은 부동산 투기의 광풍에 휩싸였다. 오랫동안 생산 경제 Producers Economy 였던 일본의 이미지는 그렇게 투기 광풍의 버블 경제로 변모해 가고 말았다.

이 같은 버블 광풍에 휩싸인 일본을 워싱턴 컨센서스의 금융 세계화의 직격탄에 부딪치면서 일본식 경제발전의 요체였던 간접금융에 의한 장기융자가 증시의 단기자금에 의한 직접금융으로 대체되었다. 여기에 빌 클린턴 Bill Clinton 미 대통령이 직접 나서 미국 자본의 대일 진출이 확대되도록 일본 국내시장의 개방과 기업 운영

시스템의 구조조정을 강요하면서 일본 경제의 돈줄을 미국 뉴욕의 월가가 쥐고 조종하게 되었고 이로써 일본 금융 부문의 국가 관리제가 일시에 허물어지고 말았다. 제조업의 자금 조달이 장기성 간접금융에서 단기성 직접금융으로 바뀌면서 일본의 전통적인 정책 수단인 재무성의 금융 정책이 힘을 잃었고, 다른 한편 금융의 손에 맡겨진 제조업 부문의 구조조정은 통상성의 산업 정책의 활동 공간을 앗아갔다. 이처럼 대외적으로 환율 절상에 의한 엔고로 수출 경제력이 저하되고 1990년대의 버블 붕괴로 인한 디플레이션 함정의 지속으로 국내 소비마저 위축되면서 일본 경제는 성장 동력의 원천을 상실하게 되었다. 금융 정책과 산업 정책이라는 양대 정책 수단이 무력화되자 일본 경제는 '잃어버린 20년'의 끝없는 추락에 빠지고 만 것이다.

이 같은 경제 내부의 문제를 더욱 악화시킨 요인은 국내 인구구조의 급격한 변화였다. 저출산에 노령화가 겹치자 인구와 수요가 모두 줄면서 국내 소비 시장은 생산 추진의 힘을 잃었다. 베이비붐 세대의 은퇴와 함께 일본은 저축은 하되 소비는 검약하는 과소소비 국가가 되어 갔다. 엔고에 의한 대외 수출시장의 정체와 인구 감소 및 노령화에 따른 국내 시장의 수축이라는 이중 침체에다 1980년대 동안 쌓여 온 금융과 부동산의 버블이 마침내 1991년에 터지자 일본 경제는 대내외적으로 운신조차 할 수 없는 동맥경화증에 빠지는 형국이 되어 갔다. 10퍼센트대 성장은 온데간데없고 마이너스 성장이라는 불황 국면의 장기화·일상화가 시작되었다. 금리가 떨어지는데도 투자와 소비가 줄어드는 디플레이션 함정이 장기화되면서 경제는 디플레이션 불황의 함정 속으로 빨려 들어가는 형국이 되었다.

이처럼 저성장·저물가·저금리의 악순환에 빠진 경제를 회생시키기 위해 일본 정부는 수십조 규모의 재정을 투입하여 사람보다는 짐승이 더 많이 이용한다는 우스갯소리를 낳은 고속도로망을 전국적으로 확대하는 등 공공투자에 의한 케인스식 뉴딜 정책을 채택하였지만 경제는 디플레이션에서 빠져나올 줄 모르고 있다. 이미 재정 적자의 누계가 국내총생산 대비 200퍼센트를 넘는 세계 최대 채무국이 되었지만 공공사업 투자의 효과도 없고 0퍼센트의 금리도 외면당하는 일본 경제를 구원할 방안을 제시한 인물이 폴 크루그먼 교수였다.

크루그먼은 일본을 여러 차례 방문하면서 3퍼센트 내외의 인플레이션 유발 정책을 제안하였다. 당시 0퍼센트에 머물던 명목금리를 마이너스 2~3퍼센트 내외로 내림으로써 0퍼센트의 물가보다 2~3퍼센트 정도 낮은 금리로써 명목금리가 아닌 실질금리를 0퍼센트로 내리자는 제안을 한 것이다. 그러면 투자자의 생산 수익성은 올라가며, 일반 국민은 인플레이션을 겁내 저축보다 소비를 선호하게 되므로 소비 수요가 늘어나고 동시에 엔화 환율을 절하하는 엔저 円低 효과로 수출 장려의 효과뿐 아니라 노년층의 과대한 저축도 줄어들 것으로 기대할 수 있다는 것이었다. 그러나 전쟁 시기의 물자 궁핍증과 인플레이션의 악순환의 기억에 사로잡힌 일본중앙은행은 신자유주의 경제 논리에 함몰되어 디플레이션보다 인플레이션을 걱정하여 0퍼센트의 이자율을 고수하는 데만 신경 쓰는 옹고집이었다. 이에 크루그먼은 독립적 권한을 가진 일본중앙은행이 과거의 인습에 사로잡혀 금리 인하를 통한 인플레이션을 완강히 거절한다면 재정에 의한 공공투자도 밑 빠진 독에 물붓기인 상황에서 일본 경제는 회생 가능성이 없다는 진단을 내렸다.

그토록 활기차게 승승장구하던 일본 경제가 플라자 합의와 워싱턴 컨센서스의 파도에 휩쓸려 엔화의 가치 절상과 수출 부진, 그리고 디플레이션에 의한 내수 시장의 위축 그리고 정부, 특히 일본 중앙은행의 정책의 무력화가 낳은 버블 붕괴와 뒤이은 디플레이션 불황에서 20년이 넘도록 헤어나지 못하고 있는 현 상황은 많은 것을 느끼게 해 준다. 난숙한 자본주의가 온갖 금융공학 기법에 의한 단기 투기성 금융이 날뛰는 금융 세계화의 사슬에 묶여 들어간 채로 국가의 관리에서 벗어난 초국가적 자본의 논리와 생리의 세계에 속박된 데서 오늘날 일본 경제 몰락의 원인을 찾을 수 있기 때문이다.

세계 전자 업계를 주름잡던 소니Sony가 추락하고 세계 제일을 자랑하던 조선·철강·전자 등 제조업계는 오늘날 한국과 중국에 밀리며 금융업은 월가의 금융권에 휘둘리고 있다. 20년간 장기 불황에 시달린 일본은 지금도 디플레이션과 유동성의 함정에서 벗어나지 못하고 있는데도 이를 치유하는 경제정책 대안을 개발하지 못하고 1년도 못 되어 수상이 바뀌는 정치 무력증 속에서 허송세월을 해 왔다. 2013년 올해 들어 새로 등장한 아베安倍 정권이 지금에 와

서야 크루그먼이 2002년에 제시했던 인플레이션 금리에 의한 엔저와 내수 경기 확대 조치를 시행하며 '엔고 정치의 종언'을 내걸고 있다. 이런 일본과 달리 미국 등 선진 산업국가들이 끈질기게 요구하는 워싱턴 컨센서스 수용과 자본 자유화, 환율 절상 압력에도 불구하고 정치의 경제 관리 원칙을 흔들림 없이 지켜내면서 세계 제2 경제대국으로 부상하면서 날로 번창해 가는 중국 경제는 한 가지 매우 중요한 사실을 환기시켜 준다. 다름 아닌 금융의 세계화와 초국가화가 민족국가 단위의 정치 관리를 무력화할 때 경제는 불황의 늪에서 못 벗어나게 된다는 역사적 사실이다.

자본주의, 성공 스토리가 생생하다

7부

23
자본주의, 세계 경제를 일으키다

제2차 세계대전까지 자본주의 경제체제·질서를 갖추고 있던 국가들은 미국과 영국, 독일과 프랑스, 스웨덴과 덴마크 등 주로 서구 기독교 문명권 국가들이었다. 이들 서구 자본주의 국가들의 공통분모는 기독교 문화국이었고 과학주의 합리문화가 15세기의 종교개혁과 함께 착근하게 되고 왕권과 봉건 영주의 전근대적 경제구조를 부르주아적 근대 경제로 전환하는 데 성공했고 1917년의 러시아 공산혁명에 의한 돌연변이적 사회주의 소련 경제권을 제외하면 모두가 자본주의적 시장경제 체제로 전환하는 데에 성공한 국가들이었다.

자본주의 경제의 발달사를 보면 영·미의 앵글로색슨식 경제개발이 전부는 아니었다. 독일은 보호무역으로 영국의 자유무역에 대항하는 자본주의 체제를 관과 민이 함께 개발·추진하였다. 독일은 비스마르크 통일 독일 재상의 선제적 사회개발 시책 속에서 독일

산업자본에 의한 경제 근대화에 성공하였고 프랑스는 콜베르 Colbert의 중상주의적 국가 개입과 지원 속에서 자본주의를 발전시켜 왔으며 그리고 북유럽 국가들은 영국식 자유주의적 자본주의를 베른슈타인의 사회주의 수정 이론에 따라 사회민주주의 방식으로 발전시켜 왔다. 이들 각기 다른 모델들은 그러나 역사적 큰 시각에서 보면 찻잔 내 태풍과 같은 정도의 차이일 뿐 민간 기업에 의한 자유 시장 경제라는 큰 틀의 자본주의 범주에 포함될 수 있다.

게다가 자본주의 경제는 미국과 유럽 그리고 페리 흑선의 충격으로 1858년 개국하고 이후 근대화에 박차를 가하며 20세기에 들어와 자본주의 국가 대열에 참여하게 된 일본을 제외하면 세계 여타 지역에서 자본주의 경제체제는 전무하였다. 세계는 서구 국가들과 일본의 근대화된 국력을 배경으로 하는 영토 확장의 식민지와 피식민지 관계로 연계되었고 평등한 국제적 연계는 없었다. 식민지 국가들과 피식민지 국가들로 양분된 세계에서 1917년 소련연방 경제가 신경제정책 NEP의 과도기를 거쳐 1930년대 집단농장화와 중앙 통제계획으로 특징지을 수 있는 공산 경제권이 존립하였으나 1991년 자연 붕괴하고 마는 취약한 경제구조로 시종했다. 소련식 개발 모델에 뒤이어 1949년 중국 통일에 성공한 마오쩌둥 공산당 정부가 소련의 레닌-스탈린식 공산주의 개발을 좇아 1952년 대약진운동과 1956년 인민공사운동을 전개하였으나 3천만 명에서 5천만 명으로 추정되는 아사자를 낳는 참극을 빚었다. 그런 만큼 공산주의 경제는 자본주의 경제와는 경쟁할 수 없는 체제·질서로 판명되었다.

제2차 세계대전이 끝나고 반세기 동안 전쟁이 없는 평화 시대가 도래하면서 과거 피식민지 국가들의 자각과 브레턴우즈 체제의 정착으로 많은 저개발 후진 국가들이 경제개발을 통한 식민지 탈출과 근대 국가 건설에 모두가 뛰어들고 성공함으로써 20세기 말 세계 경제 지도는 19세기 서구와 일본 중심의 소수의 자본주의 경제에서 전 세계적으로 확장된 세계 자본주의 경제로 바뀌었다. 세계 경제를 선도하는 중심 국가가 미국·영국·독일·프랑스·이탈리아·캐나다·일본의 G7에서 G20으로 확대되고 경제 세력의 분포 확대로 중국·인도·브라질·한국·남아프리카공화국·터키 등 5대주 6대양으로 확대되는 등 경제개발에 성공한 자본주의 경제체제가 전 세계를 지배하고 있다.

다니엘 예르진 Daniel Yergin 의 『지휘 사령탑』 *The Commanding Heights : The Battle for the World Economy* 은 제2차 세계대전 후 경제개발에 성공한 주요 국가들의 발전 과정을 비교 시각에서 상세하게 기술하고 있는 책이다. 그는 책에서 제2차 세계대전 후 중국·한국·싱가포르·대만·인도·터키 등 아시아권과 브라질·멕시코·아르헨티나·칠레와 같은 중남미권 국가들의 경제개발 성공 스토리를 상세히 설명하고 있다. 공통된 특징은 이들 전후 개발 국가들 대부분이 국가의 강력한 지휘탑 관제 하에 민간 기업과 자유 시장을 육성하는 혼합형 자본주의 방식으로 경제개발에 성공했다는 점이다.

예르진이 조사한 이들 저개발 후진 국가들의 혼합형 자본주의는 다양한 모습을 보여 준다. 1950년대 중남미는 네오 마르크스주의 계열의 종속이론 從屬理論 에 매몰되어 있었으나 많은 시행착오 끝에 자본주의식 개발의 길로 들어서 성공했다. 중국의 경우는 레닌-스탈린식 소련 모델을 좇았던 마오쩌둥이 대약진운동과 인민공사운동에 실패하면서 대재앙의 늪에 빠졌으나 이후 덩샤오핑의 개방·개혁 노선을 채택하면서 중국식 사회주의 시장경제 즉 국가자본주의를 일으켰고 그 결과 오늘날 세계 제2의 경제대국으로 발돋움하는 대성공을 거두었다. 인도의 경우에도 네루 Nehru 시대 때 추진했던 사회주의식 경제개발의 실패를 딛고 싱 Singh 총리가 자본주의 모델을 따르면서 중흥의 길로 들어서게 되었다. 이처럼 제2차 세계대전 후 여러 신흥공업국이 등장하고 경제력의 세계 분포가 영·미의 서구에서 전 세계적으로 확대해 가는 데 결정적인 역할을 한 것이 바로 자본주의 방식의 경제개발이었다.

G20의 21세기 자본주의 경제의 현재와 미래를 보고 예측함에 있어서 이들 신흥 산업국들은 매우 중요한 위치를 점하고 있다. 이들이 어떤 자본주의식으로 개발을 어떻게 추진했고 어떻게 자본주의 경제를 운영하고 있는가를 살펴보는 것이 매우 중요하다.

한국은 제2차 세계대전 후 자본주의 개발 모델로 경제개발에 성공한 대표적인 신흥 산업국이다. 한국은 공산주의 체제와 대치하고 있는 분단국 상황에서 자본주의 경제개발에 매진하면서 개발과 산업화, 인권과 민주화의 과정을 거쳐 일찌감치 정보화 시대로 진입해 가고 있다. 산업화와 민주화를 동시에 이룩한 보기 드문 개발 성공의 신화가 되어 있고 전자·통신·철강·조선 부문에서 서구 중심의 경제 지도를 바꾸고 있는 아주 특이한 국가이며 성장 중심의 경제개발의 과정을 거쳐 성장과 복지를 병존시키며 경제민주화의 과정에 들어서고 있는 점에서 특별한 관심의 대상이 되고 있다. 자본주의 개발 모형에 의한 신흥 산업국이 되고 있는 한국은 어쩌면 세계 경제의 미래를 표상할 수 있을 뿐 아니라 1960년에 시작한 경제개발 계획이 자본주의 시장경제 원리와 중상주의적 정부 관여를 결합한 최초의 혼합형 자본주의 국가의 전형이기도 하다. 한국의 개발 성공 경험이 오늘날 많은 후진국 개발에 수출되고 있는 점에서 한국의 자본주의 모델에 의한 경제개발 과정과 미래 전망을 살펴볼 필요가 있다.

한국이 오랜 전근대적 왕조 정치체제에서 벗어나면서 본격적으로 근대적 자본주의 경제체제를 경험한 것은 1948년 대한민국 건국 때부터였다. 개인 토지 소유와 시장 상거래는 조선 왕조 때부터 있었지만 생계 위주의 상거래에서부터 상거래에 의한 수익 증대가 중심이 되는 시장경제는 1948년 이후 도입되었다. 대한민국 건국과 함께 시작된 지주와 소작인 대립관계였던 전근대적 토지제도가 토지 혁명에 따라 경자유전 耕者有田 의 근대적 농업구조로 개혁되어 지주의 지대 착취의 경제권이 없어지면서 자본주의의 기반이 닦이기 시작했다. 개인의 농지 소유가 제도화되면서 개인의 시장경제 활동의 자유가 확립되었다. 개인의 평등한 시장 활동의 자유가 헌법으로 보장되고 이 같은 헌법적 경제 질서가 확립되고 유지되는 법질서가 해방 정국을 뒤흔들던 좌·우익 대립의 혼란으로 인하여 제대로 정착되기도 전에 1951년 한국전쟁이 일어났고 모든 경제 상황이 혼돈의 아수라장으로 내몰렸다.

이후 3년간 전쟁이 지속되면서 한국 경제는 생산력이 거의 파괴되었고 전쟁이 남긴 폐허 속에서 한국 국민은 미국의 구호품과 구제 자금으로 연명하면서 기아와 빈곤의 악순환의 굴레에서 살아가야만 했다. 피난살이로 공동체가 풍비박산이 된 가운데 그나마 일본 식민지 통치 하에 구축되었던 경제 기반시설도 완전히 파괴되었다. 한국 국민은 미국의 식량 원조와 구호양곡 PL 480의 판매 대전으로 짜인 전시 예산으로 인고의 세월을 보내야만 했다. 국가의 생산시설이 다 파괴되고 농촌의 경제생활이 피폐된 전쟁 후 한국은 1인당 국내총생산이 70달러에도 미치지 못하는 세계 최빈국이었다.

1953년 정전협정으로 전쟁의 포화가 멈추면서 한국 국민은 그동안 축적해 온 생활 지혜와 생계를 꾸려오던 경험을 바탕으로 맨주먹으로 경제 재건의 길에 들어서게 되었다. 한국은 해외 원조 자금과 경제개발의 지식을 활용하고 정부의 전쟁 복구의 열정과 노력 그리고 국민의 경제 재건에 대한 의욕과 동참 등을 결합하여 전후 경제 재건에 차근차근 성공하기 시작하였다. 일본의 식민지 착취와 한국전쟁의 폐허의 참상을 경험한 한국은 이때부터 시작된 경제 재건과 경제개발의 성공으로 오늘날 G20의 세계 경제 부국으로 부상하는 성공 스토리를 쓰기 시작했다.

이 같은 스토리의 전개 과정에는 4.19 민주혁명과 5.16 군사혁명이라는 큰 정치 소용돌이가 휘몰아쳤다. 이 소용돌이 가운데에서도 "잘 살아보자."라는 국민적 경제 열망과 잘 살기 위한 관과 민의 노력이 결합하면서 역사의 전개 과정이 경제의 후퇴나 정지가 아니라 꾸준한 성장 발전으로 이어져 왔다. 5.16 군사혁명으로 들어선 군사정부와 그 뒤를 이은 박정희 朴正熙 민간정부가 경제개발 제일주의를 국가 목표로 삼고 밀고 나감으로써 남과 북의 대치 상태, 좌·우익 이데올로기 대립의 정치 이념에 흔들림 없이 경제 논리에 따라 실사구시적 개발 계획과 개발 행정을 꾸준히 추진하면서 1970년대부터 한국 경제는 근대적 경제구조를 바탕으로 착실한 고도 경제성장의 길에 들어서게 되었다.

박정희 정부는 강력한 지도력을 바탕으로 먼저 국가의 기본 질서의 정치 안정을 도모하는 데 성공했다. 프랜시스 후쿠야마 Francis Fukuyama는 근대적 정치 발전의 3대 기본 항목으로 법과 질서 law & order의 확립, 국가 체제 정비 state building 그리고 민주적 책임정치 accountability를 제시하고 있다. 법과 질서, 통치 기구 정비가 이루어지는 곳에서 경제개발이 시작된다는 지적이다. 민주적 책임 즉 민주주의는 정치 발전의 주요 구성 항목이지만 경제개발과는 반드시 병행하는 것이 아니고 경제개발은 권위적 정치체제 아래서도 이루어질 수 있기 때문에 시계열 상으로 동시에 추진할 수도 있고 선 先 개발, 후 後 민주화도 가능하다고 하면서 후자의 성공 사례로 터키·한국·대만·인도네시아 등을 그 예로 제시하고 있다. 민주주의는 경제개발에 앞서서 있어야 하는 상지가 아니기 때문에 세 가지 항목 중 국가 체제 정비와 법과 질서의 확립만은 근대적 경제개발의 선행조건이 된다고 지적하고 있다.

박정희 정부는 먼저 국가 체제 정비와 법질서 확립의 초석을 마련함으로써 경제개발의 필수 기반을 마련하는 데 성공했다. 이 두 가지 선행조건의 충족에 성공한 박정희 정부는 근대적 경제개발의 기반을 만들고 경제개발의 전략과 정책을 실행하기 시작하였다. 이같이 기본 여건과 제도와 전략과 계획을 정비하고 추진함으로써 대한민국을 경제개발에 성공한 국가로 정착시키는데 성공했다. 1962년에 처음 도입한 경제개발 5개년 계획이 성공적으로 추진되고 경제안정과 개발이 착실히 진행하면서 경제구조는 점차 브레턴우즈의 자본주의적 경제체제로 발돋움해 갔다. 나아가 1980년대에 들어서서는 산업국가적 체격과 체질을 갖추어 갔다. 자본주의 경제시스템으로 경제개발에 착수한 지 불과 20년 만에 성공한 경제개발을 이루는 역사상 최초의 모델 국가가 되었다.

박정희 정부의 개발 계획의 전략과 정책은 그 첫째가 국민 계층 간 착취와 희생이 없는 윈-윈 전략과 정책이었다. 일찍이 마르크스는 본원적 자본축적 primitive capital accumulation 이 없는 농업 국가가 산업국가로 발전해 가려면 공업 투자에 필요한 자본이 있어야 하고 이 자본은 어느 계층의 희생과 부등가 교환이 전제되기 마련이라고 주장했다. 다시 말해 초기 자본축적은 농민 계층의 부등가 교환 즉 희생·착취에 의존할 수밖에 없다고 보았다. 영국에 양이 농민을 잡아먹었다는 말이 있다. 양모 생산을 위한 양을 사육하는 양모업자의 목장 확보에 농민이 밀려나는 이른바 인클로저 운동 Enclosure Movement을 상징하는 말이다. 19세기 말 일본 메이지유신 정부의 초창기에는 견직물 산업을 위한 잠업 농민의 희생이 수반되었고 1930년대 소련의 중화공업의 본원 축적은 농민 생산의 집단화를 통한 농민 착취에서 이루어졌다. 완전 실패로 끝난 중국의 1950년과 60년대 대약진운동과 인민공사운동도 다름 아닌 본원적 자본축적 과정으로 농민의 수탈과 희생 속에서 진행된 것이었다.

본원적 자본축적의 착취 수탈의 방법을 쓰지 않고 경제개발을 시동한 한국의 경우 미국의 구호 원조와 원조 자금이 정부의 재정을 거의 다 충당해 주었다. 산업 시설 건설 투자금은 초기에는 원조 자금에 의존하고 나중에는 외국 민간자본 특히 외국인 직접투자와 차관 자본을 도입함으로써, 내자와 외자를 공히 원조와 차관을 통하여 조달함으로써 국내 자본의 본원적 축적·동원 없이 그리고 개발에 따른 계층 간 착취·희생을 겪지 않고 쉽게 산업 건설 자금을 확보하고 여기에 따른 기술과 노하우는 외국의 기술을 도입·활용하였다. 한국이 준비해야 했던 것은 토지와 훈련된 노동력 그리고 정부의 개발 능력뿐이었다. 이처럼 외국의 차관 자본과 외자 투자, 그리고 기술 도입으로 경제개발을 할 수 있는 유리한 조건하에서 한국의 경제개발 5개년 계획이 1962년부터 시작되었다.

둘째로 한국 경제개발의 성공 요인은 불균형 개발 접근법이었다. 1960년대 당시만 해도 후진국이 경제개발에 착수한 것은 인도와 중국 그리고 이집트 정도였고 개발 경제학도 후진국 개발 문제를 제대로 다루고 있지 못하였다. 브레턴우즈 체제의 세계은행을 중심으로 후진국 경제개발 문제에 대한 관심이 점차 일어나고 있었지만 개발 패러다임과 모델 같은 것은 없었다. 네덜란드의 얀 틴버겐 Jan Tinbergen, 영국의 아서 루이스 Arthur Lewis 그리고 미국의 래그나 넉시 Ragnar Nurkse 같은 학자들이 개발 문제에 대한 이론적 연구를 막 시작할 때였다. 후진국 경제를 개발하기 위해서는 농업을 근간으로 해야 할 것인가, 아니면 공업을 중심으로 할 것인가에 대한 이론이 아직 정립되지 않은 시기였다. 학자들은 후진국의 경제 상황을 선진국 수준으로 바꿔 놓아야 한다는 당위에는 모두 공감하고 있었으나 그 과정에 대한 정론이 없었다. 대부분의 경우 이런 것을 갖추고 저런 것을 갖추고 균형감 있게 개발해야 한다는 이론에 기초한 균형성장론으로 의견이 모아져 있었다.

그러나 박정희 정부의 개발 전략은 극히 현실적이고 실사구시적이었다. 농촌 농민과 도시 근로자, 농촌경제와 산업경제가 각각의 생리에 따라 성장·발전하는 분야이기 때문에 경제개발도 모든 것이 똑같이 갖추어진 상태에서 동시다발적으로 진행되는 것이 아니라 빨리 갈 수 있는 것은 빨리 가게 하고 늦는 것은 늦게 따라가게 하는 것이 좋다고 보았다. 농업과 산업이 똑같이 개발되어야 한다는 균형발전론의 접근법을 배격하고 선도 부문을 개발하다 보면 뒤이어 후속 부문의 투자가 필요하게 되는 시점이 오며, 이때 정부가 들어서 사후 조정하게 되면 시간상의 차이는 있지만 언젠가는 경제개발의 모멘텀과 동력이 전 산업으로 확대해 가게 된다는 이른바 단계적 접근 방법으로 개발을 추진했다. 경제개발의 불균형 성장론을 현실 경험으로 확인하고 실험한 것이었다. 박정희 정부는 개발 모델의 중심이 남의 돈과 기술로써 되는 것부터 먼저 추진하고 진전되는 개발 투자 효과가 빠른 공업 생산을 중심으로 경제개발을 진행한다는 개발 패러다임을 처음으로 개발하고 실행한 것이었다.

북한 김일성 공산체제의 도전과 위협에도 불구하고 체제 유지의 최후 보루인 농촌 인구를 당장은 상대적 빈곤 상태에 둔 채, 공업화 선도의 불균형 개발 전략을 택한 것으로 박정희 정부의 이러한 모험주의적 개발 추진은 역사적 평가를 받을 만한 일이었다. 90퍼센트 이상의 세입이 미국의 원조 구호양곡의 판매 대전으로 충당되고 있는 상황에서 공업화의 공장 건설과 인프라마저 외국의 자본과 기술에 의존하면서 진행된 개발 정책이 이 같은 모험적 개발 전략으로 입안되고 추진된 것이었다. 국가가 주관하는 경제입국의 추진이라는 독일의 리스트가 제창한 중상주의적 개발 전략과 일본의 메이지유신의 부국강병 개발 전략이 그 배경으로 작용했다고 볼 수 있다.

셋째로 박정희 정부의 개발 전략은 처음부터 서구의 자본주의 시스템 위에 기반을 둔 도전이었다. 북쪽에는 남한의 공산화를 노리는 김일성 공산 정권이 있고 옆으로는 공산당 이념으로 무장한 경제개발을 추진하고 있던 중국이 있었다. 인도 대륙도 네루의 사회주의 경제개발이 진행 중이었다. 미·소 대립의 냉전 구도 하에서 세계 곳곳이 소련 공산주의 세력이 확장하고 있는 가운데 미국이 중심된 브레턴우즈 체제인 서구 자본주의 체제의 미래에 대하여 많은 국가들이 확신이 없고 공산 사회주의가 미래의 파도라고 보는 인식 경향이 있던 상황이었다. 더구나 그때까지 후진국이 경제개발로 자본주의 경제체제로 성공한 일도 없고 또 그렇게 하여 성공한다는 보증도 없는 상황이었다. 그런 상황 속에서 남의 돈, 남의 기술로써 절대빈곤 국가였던 한국이라는 조각배가 대해에 떠 있는 서구 자본주의 경제 시스템을 향하여 출범한다는 것은 가히 만용이라고 할 수밖에 없는 것이었다. 실제 어느 누구도 세계 최빈국이 외채 의존으로 불균형 접근의 경제개발 계획에 성공할 것으로 누구도 믿지 않았었다. 경제 상식에서 볼 때 한마디로 무모한 모험 그 자체였다.

그러나 북한 체제의 공산 개발 방식을 거부하고 이기기 위한 개발 전략을 구상함에 있어서 박정희 정부는 놀라운 예지와 배짱을 보여 주었다. 한국 경제는 남의 나라 원조로 겨우 지탱해 가는 처지였지만 어렵게 남의 돈, 남의 기술로 공장을 지어서 거기서 나오는 제품의 질은 떨어져도 가격 면에서 싸게 해서 팔아 경쟁하겠다고 나섰다. 미·소 대립의 냉전 구도 속에서 한국전쟁을 지원해 주고 원조 자금으로 나라 예산을 도와준 미국은 공업화 개발 계획을 뒷받침해주지 않으면 극동 전선이 적화될지도 모른다는 생각에서 한국의 경제개발을 돕기 시작했다. 한국이 맨입으로 도와 달라는 것이 아니고 힘들게 공장을 지어서 그 제품을 팔려고 미국식 자본주의 경제체제에 들어온 만큼 미국은 한국의 수출품에 대해 기꺼이 시장을 개방하였다.

미국은 가발에서 시작하여 농수산물, 공장 제품에 이르기까지 한국 수출품에 대해 자국 시장을 개방해 주었다. 세계 최대의 소비 시장 국가인 미국이 문 열어 주었던 만큼 한국은 수출 주도 경제개발 계획을 앞뒤 볼 것 없이 추진할 수 있었다. 이같이 하여 한국은 1960년대부터 개방체제적 경제개발을 추진하게 되었다. 한국 경제는 경제개발의 성공과 함께 자본주의 세계 경제의 일원으로 자본주의적 경제체제·질서를 갖게 되었다. 한마디로 대담한 승부수의 대성공이었다.

넷째, 박정희 정부의 두드러진 개발 전략은 생산 공급은 민간기업이 주도하고 소비는 자유 시장에서 일반 국민이 한다는 민간 기업 경제기틀을 다지는 데 있었다. 초기 투자에서 민간 기업의 힘이 부족한 상황에서 정부는 외자를 투자나 차관으로 조달하는 길을 열어 주고 기술과 노하우를 외국에서 사서 조달하게 하고 내자는 산업은행과 중소기업은행과 같은 국책 금융기관을 통한 재정 자금 중심의 금융 지원을 하게 하고 정부가 주인이 되어 있고 정부의 감독 규제를 받고 있던 시중은행도 정부의 금융 지도를 받고 있었다. 개발 초기의 자본 투자 수요를 금융권만으로 어려운 상황에서 정부는 개발 초기에는 사채시장의 자금도 활용하는 것을 묵인하여 민간 기업의 개발 투자에 필요한 자본 지원 체제를 마련함으로써 한국전쟁을 거치면서 도·소매상으로 밑천을 축적한 민간 상업자본이 산업 자원으로 활용되는 것을 지원함으로써 민간 기업이 우후죽순처럼 일어나고 경쟁하였으며 활발한 해외 자본과 기술을 도입하는 일에 기민하게 움직였다. 그만큼 한국 국민의 몸에는 돈 벌고 잘아보겠다는 자본주의 유전 인자가 많은 나라였다. 합리주의적 경제 문화가 급속히 뿌리내고 있었다.

다섯 번째 특징은 점진주의적 단계별 개발 전략이었다. 경제 형편과 국민의 경제 인식의 변화에 맞추어 개발 전략을 한 단계 한 단계 올라가는 단계주의적 접근이 뚜렷했다. 경제개발의 1단계는 국민 식생활의 안전과 기본적 생활 욕구를 충족시키는 생활 구호를 위한 개발이었다. 먼저 긴급한 문제는 먹는 문제의 해결이고 다음이 생활용품 그리고 그 다음이 주택 수요였다. 정부는 해외 무상원조 정책은 식량 증산에 절대적으로 필요한 비료와 농약 그리고 농기구의 공급, 쌀·밀가루·설탕 등의 식료품의 확보 그리고 시멘트·슬레이트·목재 등 주거 자재의 공급을 최우선으로 하여 이 같은 기본적 요구를 충족하지 못함으로써 오는 사회 불만과 갈등의 소지를 없애는 일이 개발 1단계의 과제였다. 1953년 휴전이 되면서 대량의 미국 무상 민수 원조로 국민 생활이 어느 정도 안정되었고 제1차 경제개발 5개년 계획이 본격적으로 추진되면서 1963년부터는 수입대체산업 건설에 착수했다. 나일론 공장과 비스코 공장이 건설되고 방직 공장이 곳곳에서 가동되고 시멘트 공장과 석탄 생산시설 보완과 연탄 공장 그리고 제분 공장 등 수입에 의존해 오던 물자의 국내 생산 기반시설이 갖추어지게 되었다. 때마침 한·일 국교 정상화와 정유 공장과 비료 공장에 대한 대규모 미국의 민간투자가 이루어짐으로써 기름과 비료, 섬유와 시멘트 등의 수입대체산업 건설이 활발하게 이루어지고 PL 480 미국 잉여농산물 판매대전이 투자 재원으로 활용되고 이들 수입대체산업 가동에 필요한 사회간접자본 시설과 수송 시설 등이 갖추어짐으로써 1965년을 고비로 경제개발의 본격 가동이 가시화되기 시작했다.

박정희 정부의 단계별 개발전략은 수입대체산업이 어느 정도 정비되자 수입 대체에서 수출 사업 기반 조성으로 옮겨지게 되었다. 박정희 정부는 개방주의적 국제 자본주의 경제체제에 들어갈 때 국내 수요만을 고려하는 수입대체산업을 곧바로 수출산업으로 전환시켜야 비로소 안정되고 지속된 경제개발이 가능하다고 보고 수입대체산업 개발과 수출산업 개발이 동시 추진되어야 한다고 보았던 것이다. 대표적인 케이스가 종합제철공장 건설이었다. 애초 계획을 입안할 때에는 국제적으로 인정되는 100만 톤 규모의 공장을 계획했으나 국내 철강재 수요는 몇 년을 지나도 30~40만 톤에 불과하여 수입 대체 명목의 공장 건설은 불가능하다고 국내외 전문가들이 공통 인식하고 있던 터라 박 대통령은 "공급은 그 자체의 수요를 창출한다."라는 세이 이론에 따라 국내의 기존 시장 수요가 아니라 새로운 수요를 창출하는 수출산업으로 육성한다는 발상으로 100만 톤이 아니라 연 300만 톤을 생산하는 포항종합제철 공장 건설 성공을 위하여 계획과 현장 관리를 직접 챙기는 개발 지휘관이 되었다. 이 같은 전략적 고려의 단계 추진 계획이 결합되면서 한국의 경제개발의 단계별 이동은 빠른 속도로 진행되었다. 수입대체산업으로 건설된 대부분의 공장들이 곧바로 제품시장을 해외에서 찾는 수출산업으로 전환되었다. 제1차 경제개발 5개년 계획이 마무리되던 1967년이 되면서 한국의 산업구조는 수입 대체와 수출시장 개척이 하나의 연속대를 이루게 되었다.

정유 공장과 비료 공장 그리고 화학 · 섬유 공장들은 규모에 있어서 서서히 국제경쟁력을 가지기 시작했다. 저급 단계의 수출품, 생산 시설이 정비되면서 한국 경제개발은 한 단계 높은 급의 산업 시설 투자로 이동하기 시작했다. 1967년을 고비로 한국은 한 단계 높은 산업인 석유 · 화학 산업의 투자를 시작했다. 나프타 크래킹 시설이 국내 정유 공장에 설치되면서 석유 · 화학 산업의 계열화 투자가 이루어지기 시작했다. PVC · 폴리에틸렌 · 스티렌 부타디엔 고무 SBR · 에틸렌 글리콜과 같은 석유화학 계열 공장이 정비되기 시작하자 한국 정부는 곧바로 종합 제철 공장 건설에 착수하기 시작했다. 정유 산업과 비료 · 화학 산업 · 석유화학제품 산업, 거기에다 국제 규모의 종합 제철소가 들어서면서 한국은 1960년대 3천만 달러의 수출이 1970년대에는 1억 달러 고지를 넘어서고 100억 달러 고지를 향해 돌진하는 수출 주도형 중진국 경제로 발돋움하게 되었다. 박정희 정부가 자본주의 경제체제에 알몸으로 도전한 수출 주도형 경제개발은 특히 미국의 시장 개방 정책에 힘입어 큰 성공을 거두기 시작한 것이었다.

이 단계에 돌입한 한국 경제개발은 그 자체의 다이너미즘에 따라 스스로 나아가는 형국으로 발전하게 되었다. 공업국가로서 기본적 시설을 모두 갖추었을 뿐 아니라 이들 모든 시설이 수입 대체의 단계를 훨씬 뛰어넘어 수출 기지가 되었고 제품 시장도 전 세계를 아우름으로써 세계 시장의 중요한 회원으로 성장하고 발전했다. 종합제철의 기공식을 마치자마자 박정희 정부는 곧바로 중화학공업 산업 단계로 진입해 가는 전략을 추진하였다. 에너지와 원자재 공급 능력이 확정되는데 맞추어 한국은 이들을 취합·가공하는 고부가가치의 제품 생산을 위한 소재를 생산하는 중화학공업 단계로 넘어갔다. 중화학공업이 경제발전의 흐름 속에 자연히 형성 발전해 가는 것이 일반적인 발전 과정이었으나 한국은 그러한 자연적인 여건 조성 과정에서 시장 수요에 맞추어 가공 조립의 단계를 거치는 중화학공업이 아니라 처음부터 정부가 선두에 서서 일련의 중화학공업을 진흥하는 산업 정책을 계획하고 실행에 옮겨갔다.

박정희 정부는 1970년대에 들어서자마자 한국군의 군수 물자의 자급을 통한 자주 국방력 강화의 길을 선도하기 시작했다. 국가의 존망이 걸려 있는 남·북 대치의 군사력 안정과 균형을 유지한다는 것은 어떤 의미에서 절체절명의 국가적 과제였다. 이 국가적 과제인 군수품의 자립 여건을 마련한 것이 중화학공업 투자 계획이었다. 중화학공업 진흥 계획도 단계별 접근에 따라 점화點火 효과가 있는 기본 투자를 정부가 주도하여 계획하면 시장과 민간이 연관 부분을 연속 확대하는 방식을 취하였다.

여기에서 등장한 것이 4대 핵공장이라는 이름의 정부 주도의 중화학공업 기초 생산 시설 투자 건설 계획이었다. 핵공장의 첫 번째는 소총·대포 등의 원료 사업의 기초가 되는 신동伸銅 공장이고 두 번째는 자동차 제조 공장, 셋째는 조선 시설, 넷째는 주물 공장이었다. 정부는 이를 추진하기 위하여 정부의 실무진과 한국과학기술연구소KIST 연구진으로 이루어진 대책반task force을 구성하여 계획을 맡겼고, 투자와 건설은 민간 사업체가 수지를 맞추는 방식으로 추진하게 하였다. 민간 기업인의 선정과 투자를 대통령이 나서 직접 진두지휘하는 돌격대식 추진체가 가동되었다. 이 핵공장들이 투자되고 건설되고 여기에서 발생하는 파급 투자와 연관 투자가 정비되면서 1980년대 중반에 이르자 한국은 세계 유수의 중화학공업국으로 변모 발전하게 되었다.

경제개발의 추진에는 내·외자 투자가 이루어져야 한다. 외자와 외국 기술은 중앙정부의 주선과 지원으로 이루어지지만 내자는 정부투자와 민간투자로 나누어서 볼 때 개발 의욕이 전국화하면서 민간투자는 은행 등 공적 자금 이외에도 사채시장의 사채 자금에 의존한 민간투자도 늘어나게 되었다. 정부가 관여하는 공적 금융기관의 금융 저축에 흡수되지 않은 시중 사채 자금이 늘어가는 상황이 전개되었다. 이 문제를 타결하기 위하여 정부는 상상을 초월하는 극약 처방을 구사했다. 시중 자금이 10퍼센트 이하의 공적이자를 지급하는 시중은행으로 자금이 집중되지 못하고 연리 20~30퍼센트의 사채시장으로 흘러들어 가고 민간 기업의 자기자본 축적이 제대로 안 된 1960년대의 기업 주요 자금원이 사채시장 고리 자금일 수밖에 없었다.

이 같은 금융 구조의 전근대성을 혁파하기 위하여 한국 정부는 기상천외한 처방을 제시했다. 즉 사채 자금의 시중은행 예금에 대하여는 시중 사채시장 이율과 같은 수준의 20퍼센트대 이자를 지불케 하고 대출 이자는 종전의 10퍼센트대 이하로 고정하는 역예대逆預貸 마진제를 실시하였다. 역마진제로 발생한 은행의 대출 손실을 정부가 예산으로 보상해 주고 사채시장에서 차입한 재계 기업들에게는 사채 이자를 신고하게 하고, 이자 지불은 중지하게 하는 대통령 긴급명령을 발동하여 고리의 사채를 면제해 주고 사채업자에게는 공금융으로 전환하는 기회를 제공해 줌으로써 한국은 오랫동안 뿌리내렸던 사금융私金融 시대를 끝내고 금융 근대화의 계기를 마련하게 되었다.

이 같은 개발 초기의 부산한 움직임 속에 한국의 금융 제도는 제도 정비에 들어서게 된다. 정부 출자로 장기 신용의 산업은행이 설립되어 국영기업과 민간 대기업의 중·장기 대형 프로젝트 파이낸싱을 담당했고 중·소기업체를 전담 지원하는 중소기업은행이 설립되어 중·소기업의 생산 투자 자금의 조달을 집중 지원했다. 다른 한편, 농촌 농민의 금융 수요를 위한 농업은행, 그리고 서민 신용을 담당하는 신용금고와 신용협동이 갖추어지면서 금융기관의 정비와 함께 경제개발과 순환을 담당한 금융 기구와 제도가 정비되었다. 이들 모든 금융기관은 간접금융 방식의 대출로 실물경제활동을 지원하고 연계하고 자금 시장을 통한 시중 금융은 은행 관계법의 감시와 규제를 받도록 하는 시스템이었다. 금융자본의 단기 금융 투기 돈놀이는 원천적으로 금지되었다.

이처럼 생산 투자 측면에서나 금융 지원 체제 면에서 1970년대 한국 경제는 경제개발에 성공한 신흥 산업국가군으로 등장하면서 홍콩·대만·싱가포르와 함께 아시아의 '네 마리 용'이라는 별명을 얻을 정도로 경제구조가 선진화에 들어서는 단계까지 경제개발에 성공하였다. 외국과의 경쟁에서 국제 자본주의 시장경제 체제 속에서 살아남기 위한 개발 단계에서는 신경 쓸 여력이 없었던 경제 낙후 부문에 대한 관심과 문제가 우후죽순처럼 발생하기 시작했다. 개발 투자에 밀려났던 농업 개발 부문, 국토 개발 사업, 사회복지 문제, 관광 여가 산업 등의 개발 문제가 부각되었다.

농업 부문은 농협 조직의 정비와 비료와 농약의 공급, 농업 자금 지원 등의 사업은 1960년대 중반부터 활발히 전개되고 있는 가운데 1965년 한·일 국교 정상화에 따른 2억 달러의 무상자금이 주로 농촌 기반 조성과 하천 유역 개발 등 농업 개발 부문에 집중 투자되고 이때부터 활발하게 대한국 투자를 증대시키고 있던 세계 은행과 아시아개발은행의 자금이 농업 기반 조성 사업에 투자되기 시작했다.

국토 개발 사업 가운데 운송 시스템의 핵이었던 고속도로망 정비가 1960년대 후반부터 본격화되면서 경부고속도로가 개통되는 것을 신호로 전국적인 고속도로망 확충이 전국적으로 확대하기 시작했고 수자원 관리를 위한 개발 투자의 상징으로 꼽히는 소양강댐 공사가 착공되고 하천 유역 정비 관리 사업과 상수도 및 하수도 사업이 늘어나는 물 수요와 이용에 맞추어 정부 자금의 뒷받침으로 진행되었다.

이때 한 가지 눈에 띄는 대목은 초기 개발 투자가 진행 중이던 1970년대에 들어오면서 국가에 의한 전 국민 의료보험제도가 추진되어 개발과 복지를 병행하는 시대를 열었다는 점이다. 경제개발의 초창기 국가인 처지에 서구의 선진 복지제도를 도입하여 사회안전망을 구축하는 사업이 1970년 중반에 도입되었다는 것은 정말로 엄청난 발상이었고 투자였다. 공장 설립이 늘어나면서 크고 작은 노동 현장의 분쟁이 생기면서 1970년대에 들어오면서 한국은 선진국 수준의 노동법과 노사분규 조정 관련 법제도를 정비하기 시작했고 경제개발과 사회복지 문제가 한국의 경우는 다른 나라들이 수십 년에 걸쳐 완성하였던 국민연금법제도 정비를 마련하는 등 복지 부문에서도 압축 성장이 진행되었다.

관광 여가 산업에 눈을 돌리면서 민간에 의한 경주 보문普門 단지 관광 개발 사업이 시작되었다. 이를 신호탄으로 수영장·골프장·콘도 사업·등산 산업이 뒤따라 일어났다. 이와 함께 대형 백화점과 유통망이 정비되면서 국민의 소비 양식도 선진국화하기 시작했다. 이러한 가운데 한국의 중산층이 두텁게 형성되면서 사회 세력의 중심을 잡아가기 시작했다. 대학이 늘어나고 정당 활동이 일어나고 교회 등 각종 종교 활동이 크게 늘고 신자 수가 천만 명을 넘는 수준으로 확대되면서 한국 사회는 더 많은 사람들이 국가 평면의 문제에 관심을 갖고 집단 요구와 단체 행동을 분출하는 사회상원 social mobilization 의 시대를 열게 되었다.

이러한 각 부문이 들고일어나는 사회동원의 시대를 맞이하면서 정부는 공업과 농업의 균형 성장을 위한 농촌 개발 사업 국민운동을 유도했다. '새마을사업'이라고 이름 붙여진 농촌 근대화 사업은 비단 농어촌 기반 시설과 주택 개량, 도로 개·보수 사업과 같은 물질적인 정비, 투자 이외에 농어민들에게 잠재해 있던 "잘 살아보자.", "하면 된다."로 집약된 생활 의욕을 고취하는 정신 운동을 결합시킨 농촌 개발 복합 운동이었다. 대통령이 새마을 운동의 가요와 가사를 직접 쓰고 작곡도 하고 이를 시·도 단위의 지방조직을 통하여 전국에 홍보하였다. 미국 정부 등이 가지고 있던 새마을운동의 정치성에 대한 의심을 풀기 위하여 세계은행과 협력하여 설득함으로써 새마을사업의 자금 지원이 정부의 자금 말고도 외국 정부와 국제기관으로부터도 경제적 관점에서 지원할 수 있는 체제를 마련하였다.

박정희 대통령은 1962년에서 시작하여 1979년까지 18년간 한국을 통치하면서 후진국 정치지도자로서는 유례를 찾을 수 없는 탁월한 지도력과 사업 추진력으로 한국을 최빈국 대열에서 10대권 경제력을 가진 국가로 발전시키는 초석과 기반을 닦았다. 그러나 개발의 수행 방법을 권위주의적 정치권력에 의존하였기 때문에 사회동원의 시대에 들어오면서 많은 시비와 논란에 휩싸이게 되었다. 현대 국가의 정치 발전의 삼각 발판으로 거론되는 세 가지 항목 즉 국가 통치 기구 정비와 법과 질서의 안정 그리고 민주적 책임정치 항목 중 첫째 요건과 둘째 요건은 문제가 없었지만 세 번째 항목에서는 시비 논쟁의 대상이 되고 있다. 이에 대한 검증 논란은 세 가지가 동시에 갖추어져야 하느냐 아니면 시차를 두고 단계별로 갖추어지느냐의 큰 틀이 문제가 되고 있다. 다시 말해 근대적 속성들이 다 함께 공존하느냐 아니면 시계열 상으로 단계적으로 발현하느냐 하는 것이다. 경제개발의 성공이 세 가지 항목의 동시 충족 위에서 진행되느냐, 혼융의 과도기를 거치고 진행되느냐에 따라 셋째 항목의 결여 상태를 독재적 개발로 볼 수 있고 혼융 단계를 인정하면 권위주의적 개발 방식으로 보게 되는 것이다.

프랜시스 후쿠야마 교수는 그의 신저 『정치 질서의 기원』*The Origins of Political Order* 에서 민주정치의 기본 속성인 권위의 민주화는 신속하고 효율적인 국가 정책 결정을 어렵게 하고 사회 세력 간 이해 충돌로 말미암아 효과적인 정책 수행이 어려운데 반하여 권위주의적 정치체제 하에서는 국가의 개발 정책이 신속하고 효율적으로 적기에 이루어지고 정책 과정에 있어서도 국가 지도력이 사회적 평면의 이해 충돌에 의한 지연 중지 사태를 막을 수 있기 때문에 비서구 국가로서 근대화에 성공한 모든 국가들은 개발 초기에는 민주정치가 아니라 권위주의 정치가 효과적으로 경제개발을 했다고 지적하고 있다.

제2차 세계대전이 끝난 후 세계의 많은 식민지 후진국들이 경제개발을 시도하였다. 대표적인 것이 네루 치하 인도의 경제 개방 계획이었고 마오쩌둥 중국 공산당 정부에 의한 자력갱생적 공산 경세

개발 계획이었다. 인도의 경우는 인도식 민주정치의 비능률로 50년이 지난 2000년대에 들어와서 비로소 개발에 성공하기 시작했고 중국의 공산주의식 개발 전략은 완전 실패로 끝났었다. 제2차 세계대전 이후 세계 각국의 경제개발 과정을 폭 넓게 비교분석한 예르진의 저서 『지휘 사령탑』은 각국의 경제개발 과정을 전수조사하면서 내린 결론을 담았다. 아시아는 물론 중남미를 비롯한 전 세계 각국의 경제개발에 있어서 공통적인 특징은 경제개발을 지휘하는 중앙 관제탑의 지휘와 지도가 잘된 나라가 경제개발에 성공했다는 결론이었다. 여기에서도 경제개발과 민주정치는 동시 병행하기 보다는 경제개발의 진척과 중산층 등장에 따라 민주정치가 착근해 왔다고 보고 있다. 오늘날 경제개발에 성공하여 경제 선진국에 진입한 '네 마리 용', 한국·홍콩·대만·싱가포르와 BRICs인 브라질·러시아·인도·중국, 그리고 G20 내 신흥 그룹 국가 대부분의 공통적인 발전과정은 경제개발이 선행하고 민주정치가 뒤따랐음을 보여 주고 있다.

이렇게 학술적으로나 역사 현실에서 볼 때 민주정치가 경제개발 시동에 선행하거나 병진하지 않고 오히려 경제개발이 다져지고 중산층이 형성되면서 민주정치가 착근하게 되었음을 확인하게 된다. 경제개발에 따른 생활수준의 향상과 개발 이익의 확산에 따른 중산층이 형성되지 않은 곳에서 민주주의는 형식과 구호에 끝나기 마련이다. 무어의 "중산층 없이는 민주주의도 없다."라는 경구가 이를 확인시켜 주고 있다. 한국의 경우, 박정희라는 걸출한 대통령이 선두에서 지휘하고 지도한 경제개발의 성공이 중산층의 형성과 사회동원을 가져옴으로써 민주정치의 기본 조건이 비로소 형성되었다고 볼 수 있다. 인도의 경우, 오랜 민주정치 속에서 민주정치의 모양과 구호는 갖추어졌지만 경제적 빈곤이 연속되어 민주정치가 사회생활 속에 뿌리 내리지 못하고 정치 구호로 시종해 왔다.

이 같은 시각에서 볼 때 박정희 정부의 경제개발은 한국 정치 발전의 한 과정으로서 민주정치를 부인한 독재 권력이 아니라 경제개발의 시동 단계에서 민주정치의 효력을 정지시킨 권위주의적 개발방식이었다고 할 수 있다. 하지만 경제개발과 함께 사회동원이 진행되고 민주정치의 기본 틀은 다 갖추어 놓은 상태에서 민주화 욕구 분출은 권위주의적 유보 조치를 무력하게 만들 만큼 거세게 일기 마련이다. 1979년 10. 26 시해 사건은 말하자면 본인이 이루어 놓은 성공한 경제개발이 민주화 사회동원을 폭발시키는 상황 논리에 밀린 자기 성공의 희생극이었다.

이후 유신체제가 해체되고 곧바로 권위주의적 유보 조치가 제거되면서 한국은 곧바로 민주정치의 궤도에 진입하기 시작하였다. 경제개발의 성공과 민주정치의 기능 회복이 동시에 이루어지면서 한국은 산업화와 민주화를 함께 이룩하는데 성공했다. 1980년대 이후의 한국의 역사는 경제개발의 성공과 민주정치 실현을 함께 하는 경제개발의 성공으로 민주화를 이룩하여 근대국가적 정치 발전의 세 가지 조건을 골고루 갖춘 모범적인 개발 연대를 졸업하고 선진국 대열에 서게 되고 G20의 열강 국가의 대열에 서게 되었다.

G20 국가 중 중국을 제외한 여타의 모든 나라는 인도를 빼고 자본주의 경제체제 하에 경제발전을 먼저 이룬 후에 정치 발전을 이룩하였다는 공통점을 갖고 있다. 중국의 경우에 있어서도 공산당 일당독재의 정치체제이지만 경제 제도와 경제 운용은 개인의 영구 임대 소유 토지 제도와 주택 소유 제도 등의 부문을 제외한 나머지 부문은 자본주의적 개인 소유제 경제체제가 되어 있다. 시장경제 위에 공산 정치를 얹어 놓은 제도를 중국 특유의 사회주의 시장경제라는 용어로 표현하고 있다. 사회주의적 정치와 시장경제적 자본주의 경제가 공존하는 특수한 구조물이지만 현실 경제 운용은 자본주의적 체제·질서의 틀 안에서 진행되고 있다.

중국의 이 같은 특수한 결합의 체제·질서의 향방에 따라 세계 경제의 모습도 영향받게 되어 있다. 사회주의적 정치질서와 자본주의적 경제체제가 공존하는 중국식 모델의 고착 여부에 따라 여태까지 경험하지 않았던 변질된 이종異種의 새로운 자본주의 경제체제가 될 것이냐 아니면 사회주의 체제가 없어지고 민주주의적 정치질서와 자본주의가 병립하는 현재까지의 자본주의 체제로 합일·통합되는 단일형의 자본주의 사회로 귀일하느냐의 여부가 결정될 것이다. 전자의 경우에는 중국식 사회주의 시장 자본주의와 자유민주 자본주의가 병존하는 다원적 자본주의가 될 것이며 후자의 경우에는 현존하는 자유민주 자본주의로 통합될 것이다. 두 개의 자본주의 시스템의 병존이냐 아니면 단일 자본주의 시스템이냐 하는 문제는 경제적 측면에서만 봐서는 안 되고 정치와 경제를 함께 묶어 관찰해야 하는 총합적 접근으로 다루어야 할 숙제가 되고 있다.

이와 관련하여 중국의 정치 상황이 큰 변수로 떠오를 것이다. 중국의 공산당 일당독재의 정치체제와 자유민주적 경제사회문제가 어떤 역학 관계로 발전되느냐 하는 시각에서 다루어져야 할 것이다. 중국의 현 지도부는 제4대의 후진타오 체제나 제5대 시진핑 체제나 모두 현재의 개방 개혁의 기운과 도정이 가져온 현재의 G2 중국의 세계 위상을 높이 평가하고 자부하고 있는 점에서 개방 개혁의 현 노선이 변경될 여지는 없어 보인다. 개방 개혁의 직접적 가시 성과인 높은 경제성장과 높아진 세계 위상을 수정하거나 거부할 가능성은 매우 희박하다. 이렇게 세계 경제대국이면서 세계 정치 주도국인 중국이 안고 있는 현재의 문제도 심상치 않은 도전이 되고 있다. 그것은 개방, 개혁의 높은 국가 발전 효과에도 불구하고 사회 평면의 불만, 항거는 농촌과 근로 현장을 중심으로 하루에도 수십 건씩 일어날 정도로 수에 있어서나 강도에 있어서 체제 안정을 위협하는 조짐을 보이고 있다. 이 같은 불만, 항거는 소득 격차에서 오는 빈부 문제, 토지 보상을 둘러싼 분쟁, 노사대립 문제, 재판 불공정, 언론 봉쇄, 그리고 공산당 부패와 같은 사회 경제적인 문제였으나 최근에는 정치 참여 문제, 공산당 독재 메커니즘, 인권 문제, 국민 선거제도, 공산당 지도부 선출 방식 등 정치적 문제로까지 번지면서 시진핑 정부 출범을 계기로 정치개혁을 제1의 과제로 삼을 정도가 되고 있다.

이 같은 문제들은 자본주의 경제 시스템 문제가 아니라 공산당 일당독재 정치 시스템의 문제인바, 그 해결을 위한 현 지도부의 정치 개혁이 초미의 관심사가 되고 있다. 이렇게 볼 때 자본주의 경제 문제가 아니고 사회주의 정치 개혁 문제가 중국의 장래 그림을 그리는 변수가 되고 있다. 중국의 경제력이 G2 수준까지 커지고 있는 상황에서 현재의 체제를 변경할 계기가 있다면 중국의 경제와 사회가 중산층의 확대, 언론의 세력화, 사회동원의 가속화, 중국 국민의 권력 참여 욕구 등 민주화 욕구가 높아가는 정치 환경에서 현재의 절충형 체제·질서가 기능 장애에 빠질 상황이 생길 때일 것이다. 현재 중국 내에서 각종 인권 운동이 많이 발생하고 국제적 관심의 대상이 되고 있는 상황임에 비추어볼 때 경제체제보다는 정치 질서 면에서 변화의 조짐이 일어날 가능성이 높아지고 있는 것이 오늘날 중국의 현실이 되고 있다.

정치권력 구조는 소수의 권력층의 문제이지만 경제생활 구조는 사회생활 속에 널리 퍼져 있는 인민 대중의 생활문화의 영역이기 때문이다. 중국은 현재 사회 평면에서 일고 있는 정치 민주화의 욕구 분출에 나름 적극적으로 대처하고 있다. 최근의 보시라이 薄熙來 사건이 많은 것을 시사하고 있다. 현재의 이 같은 흐름에서 볼 때 중국의 국가자본주의는 사회주의 쪽이 아니라 자유 시장 쪽으로 기울어질 공산이 매우 크지만 현재의 시스템으로 경제가 계속 번영하고 사회 안정과 민주화 욕구가 능률적으로 해결되어 대다수 중국 국민이 더 이상 정치 문제에 관심을 두지 않을 만큼 능률 있고 깨끗한 정치체제로 정착이 되면 일당독재지만 민주사회로 세계적으로 인정받고 수용되는 리콴유의 싱가포르식 일당독재와 민주 경제가 병존하는 체제로 귀착된다면 세계는 두 종류의 자본주의가 병진하는 시대를 맞을 수도 있을 것이다.

24
자본주의, 민족 공동체를 세우다

자본주의 경제가 본격적으로 역사 무대에 등장한 18세기부터 시작하여 21세기의 오늘에 이르기까지 자본주의 체제·질서는 언제나 민족국가 단위의 정치 공동체 속에 존립해 왔다. 민족국가적 정치 공동체는 근대화 혁명을 거쳐 생성 발전해 왔다는 역사적 사실의 뒤편에는 전근대적 정치체제였던 왕실국가 monarchial state 나 봉건영주국가 feudal state 나 도시국가 등의 권력과 권위로부터 해방되고 독립된 시민계급의 경제활동의 영역을 확보하기 위한 정치 혁명의 결과로 등장한 권력 체제가 민족을 구성단위로 하는 정치 공동체의 형성이 있었다. 모든 국민들이 경제활동의 자유를 향유하고 사유재산의 자유가 보장되는 정치 공동체로는 민족을 구성단위로 하는 민족국가밖에 없었다.

민족 단위를 넘어서 만국 노동자의 단결에 의한 프롤레타리아 계급 혁명으로 등장할 프롤레타리아 세계국가를 학리적으로 설명하고 열망하였던 마르크스 공산 사회주의 공동체는 유토피아의 세계에 있었지 현실에는 존재할 수 없었다. 이는 1917년 시작하여 1991년까지 70여 년의 기간 동안 존립하였던 소비에트 공산 사회주의 체제의 붕괴와 함께 역사의 무대에서 사라져 버렸다. 1991년 이후 세계 역사는 민족이 주체가 되는 민족국가 정립의 시대로 다시 정돈되었다. 민족국가 단위를 넘어선 정치 공동체는 상념과 이데올로기에서만 있지 현실 세계에는 있을 수 없다는 것이 역사적 진실이 되고 있다. 민족국가를 넘어서는 세계국가 world state 가 현재 인간의 지혜나 능력으로는 실현될 수 없다는 것은 제2차 세계대전이 끝나고 설립된 국제연합 UN 도 초국가적 정치 공동체가 아니고 독립된 민족국가들의 협력의 틀 속에서 나온 국제적 협력체였지 민족국가를 넘어선 세계국가적 협력체는 아니었다는 사실에서 확인할 수 있다.

민족국가적 정치 공동체를 해체하고 인간과 인간이 자유롭고 평화롭게 살아가고 교류하는 협동조합 공동체를 표방하는 아나키즘의 이상향은 이론과 상념의 세계에서 존재해 왔다. 프루동이 생디칼리스트 조합사회적 syndicalist cooperative 정치 공동체를 제시하였으나 현실 세계의 경제생활을 공동체적으로 엮어 가기에는 너무나 비현실적인 이상향의 세계였다. 바쿠닌 또한 국가 단위의 공동체를 넘어서 인정과 동정의 협동주의 사회를 제창했으나 현실의 찬바람을 피하는 공동체를 실현하는 데는 실패했다.

이렇게 볼 때 세계를 하나의 정치 공동체로 묶는, 요원한 미래에서나 상정될 수 있는 세계국가, 세계정부가 들어서기 전까지는 자본주의 경제 공동체와 병존할 수 있는 정치 공동체는 민족국가적 정치 공동체밖에는 없는 것이 현실이다. 인간 공동체는 가족에서 부족, 부족에서 왕실국가로, 왕실국가에서 봉건국가로, 봉건국가에서 민족국가로 이행하는 변화 속에 부침을 거듭해 왔으며 그 연장선에서 세계국가, 세계정부를 지향하는 노력들이 계속되고 있다. 언젠가는 초국가적 세계국가와 세계정부가 들어설 날이 있을지 없을지, 온다면 그게 언제쯤일지를 현 시점에서 가늠하기는 어렵다. 따라서 자본주의 경제는 민족국가적 공동체의 틀 안에서의 체제·질서로 남아 있게 되어 있다. 공산 사회주의의 계급 혁명에 의한 세계 공산국가나 아나키스트의 조합 국가와 같은 정치 공동체가 결성되지 못하였거나 붕괴한 현 상황에서 민족국가적 자본주의 체제·질서는 앞으로도 오랫동안 미래 세계의 체제·질서로 남아 있게 될 것이다.

민족국가적 정치 공동체 밖에서 자본주의 경제는 생성 발전할 수 없다는 것이 하나의 역사적 진리가 되고 있는데 최근 자본주의를 민족국가적 틀 밖에서 운용하려는 노력이 두드러지고 있다. 그 첫째는 금융자본의 세계화의 파도를 타고 국가 단위의 공동체를 넘어 초국가적인 경제활동을 추구하는 글로벌 금융자본의 증상이고 또 다른 하나는 유로존 경제연합EU이다. 글로벌 금융자본이 국가 단위의 규제와 감시를 벗어나서 세계를 하나의 활동 공간으로 보고 투기 자본의 수익을 초국가적으로 추구하고 있는 상황과 이로 인한 자본주의 경제의 병리 현상에 대해서는 앞에서 이미 논의하였고 여기서는 유로존 경제연합을 살펴보기로 한다.

그리스와 이탈리아, 스페인, 포르투갈 등 남유럽 국가들의 국가부도 사태를 둘러싼 널뛰기식 경제 운영이 오늘의 세계 경제를 침체와 불안으로 몰아가고 있는 주범이 되고 있다. 경제 여건과 개발 정도가 서로 다른 유로 국가들을 단일 통화권 european monetary union 으로 묶어 만든 유로존 자본주의는 세계화된 금융자본주의의 한 단면이다. 이집트의 수에즈 운하 봉쇄로 중동의 전운이 고조되는 가운데 이집트에 진주했던 영국과 프랑스가 미국의 압력으로 철수하게 된 1956년 서독 수상 콘라트 아데나워 Konrad Adenauer 는 냉선 양극체제에서 유럽이 존재감을 가지고 국제 관계에서 발언권을 강화하기 위해서는 유럽을 하나로 묶어 연합하는 수밖에 없다고 주장하였다. 이것이 계기가 되어 그 다음 해에 유럽 공동시장을 만들겠다는 로마협정 Treaty of Rome 이 체결되고 이를 기반으로 유럽에 관세 철폐와 노동 이동의 자유를 보장하는 단일 시장이 형성되었다. 여기에서 한발 더 나아가 유럽은 1992년 마스트리히트 조약 Maastricht Treaty 으로 관세 철폐의 공동시장 단계를 넘어 단일 통화권과 시장 통합의 한 단계 높은 통합체를 형성했다.

마틴 펠드스타인 Martin Feldstein 이 적절히 지적했듯이 국가 단위의 국내 경제 조건과 이해를 조정하면서 진행하는 밑에서부터의 점진적 통합에 앞서서 동일 통화권의 유로존을 위에서부터 곧바로 서둘러 만든 것은 전적으로 정치적 목적이었다. 경제발전 정도가 다른 데다 산업 정책과 재정 정책은 그대로 둔 채 단일 통화 기반 위 금융 통합을 시작한 데는 미국 중심으로 강력하게 추진되는 금융자본의 세계화에 밀리지 않는 유럽 중심의 글로벌 금융자본 체제를 가져야 하겠다는 정치적 선택이었다고 보아야 한다는 것이다. 1999년 단일 통화권의 유로존 협약이 발효되면서 이를 뒷받침하기 위하여 유럽 각국은 연간 예산의 적자재정은 국내총생산 GDP 의 2퍼센트 이내, 부채 총액은 국내총생산의 3퍼센트 이내로 한다는 안정협정 stability agreement 을 맺어 유로 단일 통화가치를 유지하고 유럽중앙은행 ECB 을 만들어 단일 통화권의 유로 체제를 뒷받침하는 금융체제를 갖추는 등 보완 장치를 만들었지만 각국의 재정까지 통합하는 연방제식 통합은 이루지 못하고 단일 통화 체제를 유지하기 위한 금융 통합 협력 관계만 유지해 왔다. 그러나 2010년에 들어오면서 실물경제 실력이 떨어지는 남유럽 국가들의 과대한 재정 지출과 금융 차입으로 국가 부도 사태의 회오리가 일면서 유로존 연합을 해체하느냐 아니면 연방적 협력 체제로 가느냐 하는 중대한 위기 국면에 빠져 있는 것이 오늘의 현실이다.

오늘날 유로 국가들이 겪고 있는 홍역은 금융자본이 모든 것을 뒤엎는 글로벌 금융자본주의 홍역의 일단면으로서 유로 경제체제가연방 통합식으로 재편되지 않고는 근본적인 해결책은 없고 오직 그때그때 위기 상황에 대처하는 누더기 땜질 처방밖에는 없어 보인다. 문제의 발단은 유로화의 금리로써 통화와 물가 안정을 지향하는 유럽중앙은행의 고전적 인플레이션 억지 정책이 시행되고 유로 금리가 낮게 책정되면서였다. 평소 인플레이션이 높은 수준에 있던 이탈리아나 스페인, 그리스 같은 나라에서 저금리는 가계는 물론 정부까지 싼 금리를 활용하기 위한 차입을 늘리는 촉진제가 되어 가계와 정부가 과도한 부채 차입을 안게 되었다. 여기에다 단일 환율제하의 유로 국가들은 국제수지 개선을 위한 수출 가격 인하를 위한 환율 조작마저 할 수 없게 되어 과소비, 과부채의 경제 흐름에다 수출 경쟁력의 상실, 수입품에 대한 소비 수요의 증대 등이 겹쳐 국내와 대외 면에서의 경제의 균형 관계가 무너지는 상황이 연속될 수밖에 없었다. 독일과 같이 높은 수출 경쟁력과 건전 재정 상태로 유로 시스템의 혜택을 누리는 국가와 그렇지 못한 국가들 간 불균형이 해가 갈수록 깊어지게 되었다. 이처럼 유럽은 시간이 흐르면서 유로존 국가를 똑같은 유로 국가로 보던 시각에서 깨어나 회원국 간 경제 펀더멘털의 이질화를 목격하게 되었다. 이에 따라 저금리에 기댄 방만한 경제 운영에 제동을 걸기 위하여 유럽중앙은행이 저금리 정책을 수정하기 시작하면서 저금리 시대는 끝나고 금융 수요를 진정하기 위한 고금리 시대가 되어 갔다.

특히 그리스 같은 나라의 경우 그리스 정부의 채무 상환이 어려워지고 있다고 인식되면서 그리스에 적용되는 금리가 고금리로 바뀌게 되는 상황을 맞게 되었다. 이에 따라 그리스 은행에 예금했던 민간인들이 은행의 유로 예금을 인출하는 사태가 발생하면서 그리스의 국가 채무와 민간 채무가 유로 경제의 발목을 잡기 시작하였다. 금리 인상이 금리 인상을 유발하는 금리의 연쇄 상승 작용이 직동하면서 단순한 유동성 위기를 넘어 국가 부도 사태의 위기로 치닫게 되었다. 2010년 그리스를 필두로 이탈리아, 스페인 심지어는 유로 시스템의 기둥 역할을 하던 프랑스까지 국가 부도 위기설에 휩싸이게 되면서 유로 제도의 근본 문제를 논의하기에 이르렀으며 오늘도 그리스발 유로 위기로 세계 경제가 요동을 치고 있다. 국가 부도 위기 속에서 단일 환율에 묶인 수출 경쟁력 상실과 국내 인플레이션을 모면하기 위한 수입 수요의 상승으로 이들 국가들의 국제수지 문제는 파탄 상태로 치닫고 있다.

이 같은 상황에서 문제 해결은 그리스 등 취약 국가가 유로에서 탈퇴하거나 아니면 유로존 내에서 각국 단위의 국내용 별도 통화 시스템으로 수출 경쟁력과 국제수지 안정을 추구하는 것을 허용하는 차선의 선택지밖에 없다고 보는 시각이 널리 확산되고 있다. 유로 시스템이 해체되느냐 아니면 이중 통화제의 보완 시스템과 병행하느냐의 선택에 몰리고 있는 가운데 독일과 프랑스는 유로존에서 탈퇴하는 일은 없다는 입장을 가지고 논의하고 있으나 근본 문제는 그리스와 독일과 같이 경제력 차이가 큰 나라들을 한데 묶는 것에 대한 평가는 정치인들의 문제의식에서가 아니라 일반 시민들의 일상생활의 문제의식에서 이루어져야 할 일이다. 이렇듯 유럽형 글로벌 자본주의는 진퇴양난의 형국이 되고 있는데다 영국마저 유로권 탈퇴를 국민투표에 부치는 문제를 검토하면서 사태는 더욱 심각한 국면으로 흘러가고 있다.

세계화의 피해는 경제 흐름 특히 금융 흐름을 보편적인 시장 경쟁론에 묶어 국가적 정책 의지를 벗어나 주인 없는 공간에서 금융놀이를 즐기는 금융 천국이 나타나고 실물경제의 위축, 특권적 자산가의 금융 투기, 부의 극단적 편재와 불평등을 낳고 있다. 전 세계는 자유민주적 정통 자본주의적 국가 규제를 벗어난 초국가적 금융 세계화가 그리스·이탈리아·스페인 경제를 어떻게 곤궁에 빠뜨려가고 있는가를 확인하였다. 지탱하기 어려운 곤경에 처한 유로존 문제는 부도 위기에 몰린 국가들을 단일 통화권의 속박에서 벗어나 각국이 긴축의 공포에서 벗어나 성장을 통한 안정을 회복할 수 있는 길을 터주어야 해결의 실마리를 찾을 수 있다. 글로벌 금융자본주의의 틀에 맞추어 긴축 일변도로 채무를 줄이는 방식으로는 유로존 해체 방지를 위한 일시적 미봉책으로 끝날 것이며 오히려 상황을 더 어렵게 만들 뿐이다. 근본적으로는 금융 조직 만능주의에 함몰된 신자유주의 해법에만 의존할 것이 아니라 재정 활용을 통한 성장 촉진의 케인스적 해법을 원용해야 할 것이다.

유로존 위기의 본질은 경제구조가 연합체를 구성할 만한 상황에서 이루어진 것이 아니라 금융자본의 논리에 이끌려 경제의 연합federation이 아니라 통화만의 연합union으로 진행했다는 데 있다. 금융자본의 세계화에서 보듯이 금융은 구성 국가의 제약을 벗어나는 성질과 경향이 있기 때문에 저변 경제의 펀더멘털과 동떨어진 독자적인 활동 공간을 향유하려고 하지만 금융의 저변에 있는 산업구조와 고용구조 그리고 소비문화는 통합할 상황이 되지 못했던 만큼 금융 중심 유로존의 출발은 애당초 무리였던 것이다.

이렇듯 경제 전체가 통합되기 어려운 상황에서 금융만 떼어서 통합을 하게 된 직접적 계기는 미국발 신자유주의 경제의 세계적 확산과 정부의 경제 관제탑 능력이 위축된 가운데 금융 정책이 곧 경제정책이라는 착시 현상이 만연하였던 시대 배경에서 찾을 수 있다. 금융 주도의 통합이 앞서고 각국은 재정 세입의 부족을 증세와 세출 조정의 정상 방법을 포기하고 유로화 표시 국채를 발행하고 이를 글로벌 금융이 인수하는 손쉬운 방법에 의존하게 되면서 회원국의 재정 부도, 국가 부도의 위기가 뒤따르는 악순환에 빠지게 되었다.

뒤늦긴 했으나 최근 유럽에서는 변화의 조짐이 일고 있다. 2012년 있었던 프랑스 대통령 선거에서 그리스 문제를 재정과 금융을 함께 묶어서 긴축 일변도 대책을 주장하던 현직 대통령 니콜라 사르코지를 꺾고 새 대통령으로 당선된 사회당의 프랑수아 올랑드는 유로존 유지를 긴축 일변도로는 안 되고 성장의 적극 정책과 함께 풀어야 한다는 주장을 대통령 취임식을 마치자마자 바로 만난 독일 수상 앙겔라 메르켈과의 회담에서 제기했다. 이어 미국 캠프 데이비드 산장에서 개최된 G8 정상회담에서도 같은 내용의 담론이 제기되었다. 이를 계기로 종래의 긴축 일변도에서 긴축과 성장을 동시에 추구하는 해법을 모색하기로 방향 전환이 이루어지고 있는데 비록 때늦었으나 다행스러운 일이 아닐 수 없다 하겠다.

이렇듯 지난 30년 동안 뒷전으로 밀려났던 재정 개입의 케인스 요법이 다시 각광을 받게 될 상황에 이르렀다. 국가 단위의 경제 관제탑에 의한 재정과 금융의 규제 관리가 없이 중앙은행의 금융 조작만으로는 오늘의 글로벌 자본주의가 침몰의 위기에서 벗어나기 어렵다는 판단이 선 것이다.

25
자본주의, 민주의 받침돌이 되다

자본주의는 지난 3세기 동안 온갖 풍상을 겪으면서 근대화된 민족국가들의 거의 유일한 경제 시스템으로 성장·발전해 왔다. 마르크스주의 공산 사회주의와 나치 파시즘의 대안 도전도 물리치고 두 차례의 세계대전의 폭풍우도 견디어 내면서 인간이 가진 자연 극복을 통한 경제적 부를 증대시키고 역사상 경험하지 못했던 풍요의 생활 향상을 이끌어 온 끈질긴 생명력을 가지고 있다. 수많은 비판 세력과 여러 대안 체제가 자본주의의 자리를 넘보며 도전장을 내밀었으나 모두 다 물리치고 인류의 생활 복지 향상에는 더 이상 다른 대안이 없을 만큼 지속 발전해 왔다. 경제적 곤란이나 정치적 소용돌이가 있을 때마다 자본주의를 대체하려는 수많은 노력이 있었고 지금도 있지만 아직까지 자본주의를 넘어서는 새로운 경제체제·질서는 없는 것으로 역사가 증언하고 있다.

원래 자본주의 이데올로기는 새로운 구상으로 새로운 것을 만들기 위한 특정 인물이나 집단이 창안한 사상체계에 의하여 짜인 것이 아니었다. 자본주의의 사상 체계와 구조 질서는 애덤 스미스의 『국부론』 출간과 함께 영국에서 존재해 오던 경제활동의 양식을 개인의 자유 시장 활동을 중심으로 규범화되고 근대화 혁명으로 등장한 민족국가들의 합리주의적 경제생활 속으로 융해되고 실천되면서 자연발생적으로 정리된 것이었다. 자본주의 이데올로기는 따라서 상대를 치고 올라오는 투쟁적 이데올로기 assertive ideology 나 논쟁적 이데올로기 polemic ideology, 이상 추구의 이데올로기 utopian ideology 가 아니고 생활 주변에서 일어나고 있는 경제행위를 정리하고 가치화하는 일을 떠맡게 된 이데올로기 residual ideology 이었고 논쟁 중에는 사라졌다가 논쟁이 끝나면 현장에 와 있는 궐석 이데올로기 default ideology 이었다.

이 같은 자본주의 이데올로기는 생활 속에 녹아내리면서 이데올로기적 첨예성은 없어지고 생활 습관·문화 속으로 융해되면서 생활문화로 정착하게 되었다. 이렇게 자본주의는 현장에 존재하고 있는 문화 의식 속으로 흡수되면서 언제나 과거와 현재의 연결 고리 속에 있어 왔기 때문에 새로운 사상 체계와 이념들은 먼저 현장의 문화 질서인 자본주의를 이미 존재하고 있는 보수 체제로 규정하고 매도하고 타파하려고 하였다. 마르크스가 자본주의를 대체하려고 내세웠던 공산 사회주의는 자본주의의 구체제를 타파하고 새로운 사회를 건설하겠다는 미래의 파도로 등장하였고 심지어 나치 독일과 제국주의 일본도 식민지 쟁탈의 침략 전쟁을 일으키면서 미·영 중심의 낡은 자본주의를 밀어내고 새로운 제국주의적 생활권을 창설하는 미래의 파도로 자처했다. 자본주의는 그때마다 번번이 기존 질서를 옹호하는 구시대적 낡은 체제·질서로 매도되고 규탄되었다. 하지만 자본주의는 끈질긴 생명력을 가지고 미래 파도로 자처하는 급진적 진보주의의 저항과 도전에도 불구하고 결과적으로 응전·제압하는 생명력이 질긴 체제·질서였고 민족국가 단위의 경제생활 공간이면 언제, 어디서나 비집고 들어가 번식하는 잡초 같은 경제체제·질서였다.

자본주의는 이처럼 외부로부터의 저항이나 도전에서 오는 대체의 위험에서 벗어나고 있음이 21세기에 들어오면서 확실하게 부각되고 있다. 왜냐하면 오늘의 자본주의를 배격하고 대체하는 대안 이데올로기의 생성 가능성이 아직 지평선에 떠오르지 않고 있기 때문이다. 그렇다면 현재의 자본주의는 미래 세계를 석권하는 지배적 체제·질서로 계속 버티어 갈 것인가?

이 문제야말로 자본주의 경제 시스템 속에서 살고 있는 모든 세계인이 관심을 갖고 대답해야 할 숙제가 되고 있다. 앞에서 살펴본 것처럼 현재의 인간 지식과 지혜에서 볼 때 외부적 요인에 의한 자본주의 경제 시스템의 폭파 위험성과 가능성은 없다고 보아야 할 것이다. 그러나 이 같은 관찰과 가정은 자본주의가 외부로부터의 도전과 변화에 대하여는 통용될 수 있지만 자본주의 자체의 내부 파열에 의한 시스템의 붕괴, 침몰 가능성 문제에 대해서는 별도의 검토가 필요한 상황이 전개되고 있다. 중국의 국가자본주의의 등장과 성장은 자유 시장 자본주의를 외부에서 위협하는 대안 체제가 되어 자본주의의 구조와 기능에 변혁을 자극하고 있고 유럽연합 경제 통합이 새로운 변혁 추구의 필요성을 제기하고 있고 중상주의적 국가 관리 경험 속에서 성장한 G20 내 12개 신흥국가들의 경제체제도 새로운 변혁의 가능성을 시사하고 있다.

중국의 국가자본주의 체제 · 질서는 처음부터 그렇게 설계된 제도가 아니고 공산 사회주의 혁명으로 근대국가의 문을 연 마오쩌둥의 공산 정권이 1949년 권력을 잡고 나서 곧바로 전근대적 중국 경제를 마르크스-레닌 교조주의에 충실한 경제사회로 개조하기 위한 일련의 국가 개혁 작업에 착수하였으나 실패 끝에 나온 결과였다. 마오쩌둥 공산 정권은 1950년대와 1960년대에 대약진운동과 인민공사운동으로 농촌을 집단 농장화하고 시장을 없앴다. 중앙 계획의 명령 경제체제를 세워 1930년대 스탈린의 사회주의 건설의 길로 전 국민을 동원하고 강압하였다. 시장과 개인의 경제 동인을 무시한 중앙 통제적 명령 경제는 철저하게 실패하고 붕괴했다. 이 같은 모험주의적 경제개발의 결과, 3천만에서 5천만에 이르는 인민들이 아사하고 생산성은 정체되고 빈곤의 악순환이 계속되었다. 이에 대한 책임으로 일시적으로 시골에 내려가 반半 은퇴 생활을 해야 했으나 마오쩌둥은 양쯔강을 수영으로 횡단하는 체력을 과시하면서 실패한 경제 동원이 아닌 청년 학생이 주동이 된 홍위병 문화대혁명을 일으켜 다시 권좌에 복귀하였다. 그 결과, 중국은 정치 후퇴와 경제 퇴영의 쇠사슬에서 벗어나지 못한 채 파산 상태의 빈곤

국가로 전락하였다.

이 같은 비참한 낙후 상태에 빠진 상황에서 마오쩌둥이 1976년에 사망하고 장칭 등 이른바 4인방을 둘러싼 당내 갈등과 투쟁에서 마침내 1981년 덩샤오핑을 정점으로 하는 실용주의적 개혁파 세력이 중국 공산당을 장악함으로써 사회주의 경제 건설의 실험은 끝났다. 그때부터 덩샤오핑을 중심으로 한 개방 개혁이 시작되어 곧바로 폐쇄와 자력갱생의 공산 사회주의 경제개발을 폐기하고 경제구조의 개혁과 대외 개방의 자본주의 시장경제 모델에 따른 경제개발의 근대화 작업에 돌진하기 시작했다. 이 같은 노선은 오랫동안 정치적 혼란과 경제적 빈곤을 재생산해 온 공산 정치의 악순환에 질린 국민의 전폭적인 지지 속에서 급속하게 그리고 강력하게 추진되었고 그로부터 30여년 지난 오늘날 미국 다음의 세계 경제 대국으로 비약적으로 발전하였다.

이런 과정에서 덩샤오핑이 새롭게 제창하고 추진한 경제체제·질서가 중국 특색의 사회주의 시장경제라는 이름으로 세상에 알려지게 되었다. 사회주의 시장경제는 사회주의 정치에다 자본주의적 경제를 결합한 특이한 체제로서 오랜 인류의 경제 경험과 역사에서 한 번도 경험해 보지 못했던 실로 중국만의 것이다. 이 같은 접목 시스템인 중국의 사회주의 시장경제는 사회주의 경제 건설을 망친 원인으로 지목된 집단주의적 중앙 통제 계획 경제 시스템을 개혁함에 있어서 공산당 일당독재의 사회주의 정치는 건드리지 않고 경제활동은 시장 원리에 입각한 자본주의 경제를 활용하는 절충적 결합물이다. 이는 경제 이론에도 없고 현실 속에서도 전혀 경험한 적이 없는 혼합체로서 설계의 검증도 운영의 경험도 없는 현장 실험의 새로운 모험이었다.

덩샤오핑의 안목과 지혜에서 생겨난 혼합체인 사회주의 시장경제를 중국이 1993년에 공식명칭으로 '중국 특색의 사회주의 시장경제'라고 명명하였다. 중국은 이를 뒷받침하는 정치 메커니즘으로 공산당 일당독재 체제의 외양은 유지했으나 내용에 있어서는 자본주의 경제 원리와 논리를 수용했다. 일인 독재 영구 집권으로 시종한 소련 공산당과는 달리 중국 공산당은 10년 임기의 7~8명으로 구성된 집단지도체제를 도입했고 세대교체의 제도화로 시장경제 논리와 양립할 수 있는 정치권력 행사를 담보하는 새로운 정치개혁을 도입, 제도화하였다. 자본주의 시장경제 논리와 요구에 기능적으로 적응할 수 있는 조직과 구성의 정치 개혁을 동시에 도입하였다.

사회주의 시장경제라는 묘한 복합체에 10년 임기제의 집단지도체제를 덮어씌운 특이한 체제 · 질서가 나온 것이었다. 사회주의 시장경제는 사회주의 공산당에 의한 시장경제 체제이기 때문에 경제활동의 주역은 개인과 국가가 소유하고 있는 국영기업이 될 수밖에 없다. 경제 주체는 자연히 개인과 민간 기업이 중심되고 있는 자유시장 자본주의 체제와는 달리 개인과 국영기업이 주도하는 시장경제활동 체제가 되었다. 따라서 경제활동의 주체와 자본은 국가가 관리하는 국영기업과 국책기관이 중심이 되기 때문에 국가가 운영하는 국가자본주의라고 칭하게 되었다. 중국의 국가자본주의는 이런 배경에서 형성, 발전되어 왔다.

이 같은 배경에서 볼 때 중국의 사회주의 시장경제 즉 국가자본주의는 용도 폐기된 사회주의 시스템을 혁신하는 과정에서 이론의 세계에서가 아니라 현장 실험을 통하여 시행착오의 과정을 거쳐 도입 원용된 것이라는 점에서 사회주의 경제로 흡수하기 위한 자본주의의 해체 수정이 아니라 사회주의 정치가 경제 운영은 자본주의적으로 운영하는 데서 생긴 자본주의의 외연 확장의 한 국면으로 볼 수 있다. 따라서 중국의 공산당 사회주의 경제가 자본주의의 힘을 빌리지 않고도 제대로 기능하거나 발전하는 상황이 오고 자본주의 외연 확장이 정지된다고 해도 자본주의가 실패하고 폭파되는 상황은 있을 수 없다. 그만큼 자본주의 경제생활은 중국 국민 전체의 생활문화가 되었다. 반대로 중국의 국가자본주의가 사회주의 정치와의 병존에 성공하고 사회주의 정치체제의 공산당 일당 체제가 자본주의화 과정의 사회적 민주화 욕구 분출을 수용하는 자유화 쪽으로 변화하는 과정에서 사회주의 정치와 자본주의 경제가 혼연일체의 유기체 관계로 발전되고 중국 국민의 다수가 수용하게 된다면 중국의 국가자본주의는 서방의 시장 자본주의와 경합하는 체제로 발전해 갈 가능성이 매우 높다. 이런 경우는 중국의 국가자본주의와 서구의 시장 자본주의가 평화 공존 관계와 경쟁 대체 관계의 양단을 오고 가는 관계를 유지하는 가운데 서구의 시장 자본주의가 금융의 세계화에 의한 내부 폭발로 침몰을 하게 된다면 중국의 국가자본주의가 자본주의를 대표하는 상황이 올 수도 있다. 그런 점에서 중국의 국가자본주의는 서구의 시장 자본주의와 병존하는 경쟁체제로 남게 될 가능성이 꽤 있는 것이다.

중국은 오랫동안 중화와 야만의 이분법적 틀을 가진 문화주의 국가였다. 그러나 1949년부터 시작된 프롤레타리아 국제 연대의 공산주의 국가를 거쳐 1981년부터 본격화된 개혁 개방으로 지금은 정상적 민족국가 체제를 다져가고 있다. 워싱턴 컨센서스로 상징되는 금융자본주의의 국제화를 거부하면서 민족국가적 정치 공동체를 공고히 구조화해 가고 있다. 일본과는 센가쿠 尖閣 열도, 중국명 디아위다오 釣魚島 를 둘러싸고, 베트남과는 난사 南沙 · 시사 西沙 군도를 둘러싸고, 필리핀과는 황옌다오 黃巖島 를 둘러싸고 영토 분쟁을 벌이고, 한국과는 동베이공정 東北工程, 그리고 서남중국의 소수 민족들과는 시난공정 西南工程 으로 갈등을 빚고 있는 데서 볼 수 있듯이 중국은 민족과 영토와 문화를 구성단위로 하고 있는 민족국가적 정치 공동체 확립의 기본 작업을 본격적으로 가동시키고 있다. 사회주의 시장경제도 공산주의 경제의 중국 민족국가화의 필연의 한 과정으로 치부될 수 있다. 이처럼 민족국가적 정치 공동체가 다져져 가고 있는 가운데 시장 경쟁과 기업의 자유가 인정됨으로써 자본주의는 다른 곳에서도 그러했듯 오늘날 중국 속에 조용히 잡초처럼 뿌리내려 가고 있다. 이를 덩샤오핑이 정치 슬로건으로 개념화한 것이 바로 중국 특색의 사회주의 시장경제 즉 국가자본주의이다.

이렇게 민족국가적 경제 공동체를 유지 발전해 가는 한, 중국이 공산당 노래를 부르며 범죄를 소탕한다는 창홍다헤이 唱紅打黑의 마오쩌둥 시대로 복귀하는 일은 없을 것이다. 민족국가적 정치가 발전되어 자유화 욕구와 자본주의 경제 논리의 관계를 부드럽게 하는 유연한 10년 임기의 집단지도체제가 제5대 시진핑 시대에서도 순탄하게 승계 발전되면 중국의 국가자본주의는 독자성과 표본성을 가진 자본주의 체제로서 서구의 시장 자본주의 체제와 병존 발전할 공산이 매우 크다. 이러한 신생의 국가자본주의가 전통의 시장 자본주의와 선의의 경쟁을 벌이게 될 것이라고 본다. 어느 쪽이 최후의 승자가 될지는 현재로서는 누구도 예단하기 힘든 상황으로 어느 쪽에 내부 폭발이 없는 경제 운영을 누가 얼마나 잘하는가에 달려 있다고 봐야 할 것이다. 외부 폭발에 의한 자본주의의 종말은 이미 가능성이 없는 것으로 결론이 난 상태이기 때문이다.

자본주의 경제는 자유시장과 자유 경제활동을 허용하고 보장하는 정치체제가 기능하는 곳에서는 성장 번창할 수 있다는 경제 공리를 재확인하게 된다. 중국의 오늘의 경제가 번창하고 있는 이유도 중국의 정치체제가 사회주의이지만 자유시장과 경제 자유를 보장하고 있기 때문이다.

유로 경제 위기의 기저에는 현재 초국가적 단일 통화권의 경제 통합을 뒷받침하는 정치체제의 환경 보호가 제대로 기능하지 못하여 노천에서 벌거벗고 서 있는 경제 시스템에 대한 정치체제적 보호와 관리가 없는 데서 연유하고 있다. 지금 유럽 경제는 정치 통합까지 진행하여 연방제 유로체제 federal euro system 로 가느냐 아니면 현재의 금융 경제만의 유로 통합을 일시 중단하고 민족국가 단위의 경제로 돌아가느냐 하는 택일의 기로에 서 있다. 정치 공동체와 경제 공동체가 상응하는 정치 통합으로 더 나아가든지 아니면 현재의 국가 단위의 정치체제·질서에 바탕을 둔 국제 협력 강화 쪽으로 가든지, 두 길 가운데 하나를 택해야 하는 단계에 봉착해 있는 것이다. 이렇게 유로존의 경제 위기 문제는 자본주의의 운명에 영향을 미칠 내·외 폭발의 문제가 아니다. 시스템 운영의 문제일 뿐이다. 그러나 한 가지 금융 세계화로 자본주의의 자폭 침몰 가능성이 높아가고 있다는 점은 매우 우려가 된다.

자본주의 경제의 장래 문제와 관련하여 한 가지 더 살펴보아야 할 사안이 있다. 다름 아닌 G20 내 12개 신흥 산업국가들의 경제체제·질서 문제이다. 중국과 인도, 브라질과 한국 등 이른바 신흥 산업국가들은 경제개발의 성공으로 무시 못할 경제력을 축적하고 있다. 이들 국가들이 현재의 개발 단계를 넘어 성숙 단계로 넘어가게 될 때 이들의 시장경제 체제가 서구 자본주의 체제·질서로 합류할 것인지 아니면 중국식 국가자본주의가 될지 아니면 제3의 체제·질서를 형성하게 될지 하는 문제이다. 이들 국가 가운데 러시아와 중국 그리고 인도는 현재의 경제 도약을 하기 이전인 1950년대와 1960년대에 사회주의식 경제개발을 경험했고 그리고 실패한 이력을 가지고 있다. 그리고 브라질·아르헨티나·칠레·멕시코 등은 중남미를 휩쓸었던 반反서방 종속이론에 따라 대외 개방과 자유무역을 기피하고 자력갱생의 폐쇄적 개발을 시도하고 실패했던 나라이다. 한국과 대만 그리고 터키와 인도네시아 등 아시아권 국가들은 브레턴우즈 체제 안에서 반공주의적, 친親 서방 개방 정책으로 경제개발에 성공한 나라들이다.

이처럼 다양한 배경의 신흥 산업국가들이 도약 단계를 거쳐 성숙 단계의 경제체제를 갖추게 되면서 국제사회에서나 UN과 같은 국제기구에서 발언권을 높이고 세계 경제의 미래 문제에 적극 관여하고 있다. 이들 다양한 배경과 개발 경험을 가진 신흥 산업국가들이 국제사회의 책임 있는 회원국으로서 장차 세계 경제의 향방을 좌우하는 수준의 경제력을 가지게 될 때 이들이 과연 어떤 경제체제·질서를 갖게 될 것인가가 자본주의의 세계 판도에 큰 영향을 미치게 될 것임은 자명한 일이다.

이들 신흥 산업국들의 개발 과정을 보면 이들은 시장은 개방하고 민간투자와 외국자본은 자유화하는 기조 위에 개발 투자와 금융 지원에 있어서는 국가가 선도적인 역할을 하는 중상주의적 자본주의 체제를 견지해 왔다. 1868년에 시작된 일본의 메이지유신 이후 국가 주도의 자본주의 시장경제는 동아시아 경제의 주류를 이루었다. 한국의 박정희 정부, 대만의 장징궈蔣經國 정부, 싱가포르의 리콴유 정부 모두 국가 주도의 자본주의 체제를 채택하였다. 중남미의 신흥 산업국가들이나 러시아의 경우도 이 같은 중상주의적 자본주의 체제였다. 이들 국가 중상주의적 신흥 산업국들이 그동안 유효하게 작동해 온 국가와 정부의 역할을 포기하리라고 보기는 어렵다. 국가와 정부의 역할이 상당하게 작용하는 국가 관리 하의 시장 자본주의 체제로 수렴해 가는 것이 가장 현실적인 모습이 아닐까 생각된다.

이들 신흥 산업국가들은 지금까지 성공했던 중상주의적 개발 방식을 그대로 고집하지는 않지만 자본주의적 세계 경제 질서 속에 주도적으로 참여할 수 있도록 해 준 자신들의 경제개발 방식을 버리지는 않을 것이다. 크게 지장이 없다면 관성의 법칙에 따라 정부의 입김이 작용하는 중상주의적 자본주의 체제로 남게 될 공산이 크다. 이와 관련하여 어제와 오늘의 일본 경제에서 많은 시사점을 찾을 수 있다. 1980년대 초까지만 해도 국가 주도의 산업 정책과 금융 조직으로 G2의 경제 대국으로 발전해 가던 일본 경제가 1985년 플라자 합의에 따라 금융 자유화와 시장 개방을 받아들이고 워싱턴 컨센서스에 자의 반 타의 반으로 합류하게 되는데 이때부터 일본 경제는 엔고에 의한 수출 경쟁력 상실이라는 타격을 입게 되었고 금융 세계화가 가져온 1990년대의 금융 버블에 휩싸이게 되면서 오늘날까지 20여 년간 디플레이션 침체의 늪에서 벗어나지 못하고 있으며 결국 G2 자리를 중국에 넘겼을 뿐 아니라 세계 제일을 자랑하던 제조업마저 해외 경쟁에서 밀리는 위기에 내몰리고 있다. 일본의 이 같은 금융 자유화의 경험에서 G20 내 12개 신흥 산업국들은 많은 시사점을 얻게 되리라고 본다. 그 요체는 경제는 산업 정책으로, 금융은 국가 관리에 따라 민족국가적 기틀 속에 담아 두어야 지속적 경제발전을 이룰 수 있다는 점이다.

이들 국가들은 자신들을 G20의 회원국으로 만들어 준 체제·질서를 신뢰하고 이를 연장해 가려는 움직임을 보이고 있다. 이렇듯 이들 12개 신흥 그룹 또한 현재의 자본주의 체제·질서에 변화를 줄 유인이 별로 없는 상황이기 때문에 이들이 자본주의의 외연적 폭발이나 내면적 자폭의 원인을 제공할 가능성은 별로 없다고 하겠다.

자본주의, 침몰이냐 회생이냐

8부

26 자연과학적 경제학이냐, 인문사회적 경제학이냐

27 신자유주의적 금융자본주의냐, 전통적 산업자본주의냐

28 시장자본주의냐, 국가자본주의냐

26
자연과학적 경제학이냐, 인문사회적 경제학이냐

오늘의 자본주의 경제학의 최대 약점이 자폐증이다. 금융공학적 모형 수식을 적용할 수 없는 사회·경제문제에 대하여는 머리를 집어넣고 마는 달팽이 자폐증에 빠져 있다. 2012년도 노벨경세학상을 수상한 앨빈 로스 Alvin Roth가 세계 경제니 하는 것은 묻지 말아 달라고 한 언론 인터뷰가 잘 말해주듯이 자기 전문분야인 행동경제학 및 실험경제학 이외의 경제문제에 대하여는 아예 머리를 집어넣는 자폐증의 경제학이 되고 있다. 2008년 겨울의 영국의 런던정경대학 건물 낙성 기념식에서 저명한 세계적 경제학자들이 모인 행사에서 엘리자베스 영국 여왕은 축하 연설에서 지난번의 금융 쓰나미로 전 세계 경제가 대혼란에 빠져 있는데 경제학자들은 왜 말을 하지 않으냐고 화제를 던졌으나 현장은 침묵으로 일관했고 다음해에 영국 중앙은행의 저명 경제학자들이 여왕에게 보낸 공개편지에서 경제 불황을 예측하지 못한 데 대하여 공개 사과를 했을 뿐이었다.

카지노 금융의 수익 증대와 위험 분산의 금융공학이 되어 가고 있는 경제학의 달팽이 자폐증의 퇴치 수술이 없으면 자본주의 경제학은 자본주의 경제의 자폭성을 진단하고 대처하는 학문으로서 무용지물이 될 공산이 매우 높다.

경제학 자폐증의 치료는 첫째로 개인을 수익 추구의 경제동물뿐 아니라 공동체의 성원으로서 그리고 시민사회의 구성원으로서 사익만 챙기는 몰사회적인 인간이 아니라 사회 속에 그리고 공동체 성원으로서 정치·경제·문화 등의 모든 부문을 살아가는 사회적 인간으로서 연구 대상이 되어야 한다. 개인과 기업이 시장 활동의 결과로 얻게 되는 재화는 경제 재화 economic goods 이며 경제 재화는 가치가 가격으로 수량 표시가 되기 때문에 경제 이익 계산이 쉽게 이루어질 수 있지만 공동체의 성원인 시민과 정부가 사회활동에서 얻게 되는 공공재 public goods 의 가치는 가격화가 직접적으로 나타나지 않기 때문에 손익 계산의 수량화가 어려운 것이다. 경제생활이 이루어지는 사회 공간은 민족국가적 정치 공동체 공간으로서 여기에 필요한 재화는 경제재뿐 아니라 공공재를 함께 필요로 하는 점에서 개인의 이해 세계를 넘어 있는 사회 전체의 관점에서 다루어져야 하기 때문에 경제 재화만을 가치물로 보아서는 아니 된다.

신자유주의 경제학은 수량 통계화가 되지 않는 공공 가치물은 개인과 기업의 시장 영역이 아닌 정부의 영역에 있다고 보고 이를 이론 세계에서 제척 除斥 하고 있다. 정부의 사회 영역의 역할도 가급적 민간 기업에 넘김으로써 정부의 역할을 최소한으로 축소하는 시장우선주의에 일관하고 있기 때문에 갤브레이스가 말하는 '빈한한 정부와 살찐 기업'의 자본주의 체제가 되고 있다. 공동체 구성원으로서의 개인과 정부가 창출하는 공공재를 챙기지 않는 현재의 자본주의 경제학은 현실 경제의 실상에는 눈을 감고 추상화 된 이념세계에 빠져 현실을 외눈으로 보는 이데올로기적 관념주의가 되어 추상화된 이데올로기 세계에 갇혀 외부 세계로부터 고개를 숨기는 자폐증 경제학이 되고 있다. 이 같은 이데올로기적 자폐증에 빠진 개인 제일주의로부터 자본주의 경제학을 구하기 위해서는 현재의 경제학의 시계를 넓혀 통계 수치와 모델로는 파악할 수 없는 사회공공재를 수리 모델이 아닌 개념적 모델에 포함하고 설명하는 경제학 교과 과정의 수정이 필요하다. 수학 모델의 경제재 세계와 개념 모델의 사회 공공재 세계를 함께하는 균형 잡힌 자본주의 경제학이 다시 태어나야만 한다. 이렇게 할 때 경제학의 자폐증을 치유하고 개인과 경제 공동체를 함께 아우르는 균형 잡힌 경제학이 되고 내부 파열의 자폭성을 제거할 수 있다. 이럴 때 경제학은 사회생활의 물질적 측면의 모두를 포용하는 새뮤얼슨이 말한 사회과학의 여왕이 될 수 있다.

신자유주의 경제학의 또 다른 절름발이 현상은 경제를 논리와 법칙만이 통하는 자연과학의 세계로 보고 경제학 자체를 자연과학화하고 있음으로 인해 인문사회 현상의 측면을 사상하고 있는데서 나타나고 있다. 신자유주의 경제학의 태두인 프리드먼은 경제학을 실증주의적 학문으로 규정하리만큼 수학과 통계의 과학 지식만으로 경제 현상을 논리와 법칙으로 다루어야 한다고 설파하고 있다. 경제 현상을 객관적 자연현상으로 보고 자연과학적 접근법으로만 다루어야 한다는 것이다. 인문사회 현상인 경제를 자연과학적 접근법으로 다루는 신자유주의 경제학은 경제학으로부터 도덕 가치나 사회규범과 같은 것은 말할 것도 없고 빈부 격차, 소득 편차, 일자리와 실업, 복지와 후생, 공정 경쟁, 분배 형평, 기부와 자선 등 사회경제적인 문제마저도 경제학의 본령에서 빠지게 된다. 남는 것은 수리 모델에 따른 정밀과학 exact science 의 세계로 현실경제와 유리된 유리장 속의 공학 지식의 기술 학문의 경제학이 되어 버렸다. 미국우주항공국의 우주공학 엔지니어링과 같은 기술 학문이 되고 있다. 미국 일부 대학의 경제학 과목의 명칭이 경제학 economic science 에서 금융공학 financial engineering 이 될 정도로 신자유주의 경제학은 카지노 돈놀이 money game 에 활용되는 위험 관리와 수익 증대의 기술 지식에 필요한 고급 수학 지식으로 짜인 자연과학 학문으로 전락하고 있다. 세계 경제를 엄습하고 있는 불황의 경제 파도 앞에서 말을 못하고 있는 경제학이 되어 가고 있다. 경제학이 이처럼 스스를 자연과학적 기술 지식으로 가두어 가면서 경제 세계의 인문사회 현상에는 눈을 감고 목을 집어넣고 있게 되었다.

이같이 자연과학화하고 있는 경제학을 경제학 본래의 모습인 인문사회과학으로 되돌리기 위해서는 자연과학적 정밀 지식에 국한된 단면적 one-dimensional 경제학을 경제와 사회의 양면성 two-dimensional 경제학으로 바꾸는 교과 교육 과정의 개혁이 필요하다. 수학적 모형에 의한 경제 현상 파악의 자연과학화를 지양하고 인문사회 현상으로서의 경제의 다면성을 이해하고 설명함에 있어서 정밀 지식이 아니라 개념 파악과 성향 이해의 개념 지식을 활용하는 사회과학적 접근의 적합성과 타당성 연구에 기초한 경제학으로 새롭게 태어나야 한나. 노벨 경제학 수상학자가 경제·사회문제에 대하여 내 소관이 아니니 묻지 말아 달라고 손사래를 치는 단면적 경제학이 되어서는 안 된다. 카지노 자본주의의 수익 증대를 위한 공학적 기술 지식이 아니라 산업 중심의 자본주의의 균형 발전을 위한 이론과 정책의 사회과학 지식의 경제학 학문이 되어야 한다.

신자유주의 경제학의 또 다른 문제점은 문제의 접근을 언제나 수익성과 효율성의 능률 기준으로 경제 현상을 보고 정책을 구상함으로써 능률의 반대편에 있는 공정성과 균형성의 형평 기준을 사상하고 있다는 점이다. 냉혹한 능률 잣대로 경제 세계를 보고 다룸으로써 자연히 생산 효율과 수지 계산이 아닌 따뜻한 가슴의 형평 잣대에 의한 소득 배분의 복지 문제와 승자와 패자 간의 형평 윤리와 같은 사회적 배려가 들어설 자리가 없게 된다. 경제학이 투자의 수익과 수익의 극대화를 위한 능률 문제만을 다루게 될 때 능률주의에 함몰된 경제학은 성장과 복지의 형평성을 외면하고 소득 양극화와 사회 계층화, 민주정치의 기반인 중산층의 몰락과 같은 경제의 사회비용을 등한시하게 된다. 이렇게 될 때 경제 공간은 정치·사회적 문제를 다루지 못하는 외눈박이 세계가 되고 경제의 파국 국면이 전개된다. 이 같은 상황은 곧 자본주의 경제의 조종으로 귀결

될 수 있다. 이 같은 경제사회 전체를 균형 시각으로 보고 관리하기 위하여 경제학이 능률주의의 굴레에서 벗어나서 균형 형평의 시각에서 보고 처신하는 지식과 지혜를 함께 다루고 연구하는 학문으로 다시 태어나야 한다. 능률주의적 외눈 시각의 경제정책으로 고용 없는 성장과 근로층의 궁핍화 속에 중산층이 엷어지고 소득 양극화와 사회 계층화가 만연하면서 실업자가 양산되고 "월가를 점령하라."라는 미국민의 거리 행진으로 자본주의의 미래가 암담한 상황을 능률과 효율을 넘어서 형평성과 균형성을 함께 보고 대처하는 새로운 경제학 학문이 태어나야 한다. 돈 즉 자본의 수익 증대만을 보는 능률 지상주의의 글로벌 금융의 횡포가 산업자본주의를 카지노 자본주의로 변모시키고 있는 이 시기가 균형 잡힌 경제학이 새롭게 태어나야 할 때이다.

27
신자유주의적 금융자본주의냐, 전통적 산업자본주의냐

자본주의 경제학이 현실 경제가 아닌 표준 모형화된 의제擬制 경제를 다루는 기술 학문이 되면서 자본주의 경제 또한 현실 경제 세계와 떨어진 자기 운동의 궤도 위에서 움직이고 있다. 자본주의 경제의 논리는 근대화된 민족국가의 경제 공동체의 논리이다. 근대화되지 않은 국가 체제나 민족국가적 정치 공동체가 형성되지 않은 곳에서는 존립·발전할 수 없는 태생적 특성 논리를 거부하거나 수용하지 않은 환경에서는 제대로 성장·발전할 수 없는 것이 자본주의 경제의 체질이다. 근대 자본주의 경제는 이 같은 외부 환경조건이 이루어지는데서 생성되고 발전해 왔다. 이 같은 정치적 환경을 떠나서는 자본주의 경제는 온전하게 존재할 수 없다.

이 같은 상황이 곧 자본주의의 생존 논리이고 조건이 되고 있다. 근대적 민족국가 체제는 국가의 권력으로부터 떨어져 있는 시민사회가 있고 개인의 자유 경제활동이 인정된 정치체제이다. 이 같은 시민사회적 정치 공동체 내에서 비로소 근대적 자본주의 경제가 생성·발전할 수 있다는 사실은 경제의 공리 公理 인 것이다. "만국 萬國 노동자여 단결하라." 잃을 것은 자본가의 착취의 쇠사슬이고 얻을 것은 프롤레타리아의 자유해방이라고 절규했던 마르크스의 공산 사회주의 경제가 몰락·붕괴했던 원인 중의 하나가 바로 근대적 국가 공동체의 틀을 넘어 만국 노동자의 세계 국가를 지향했던 데 있었다. 그만큼 민족국가적 정치 공동체의 틀과 규제의 틀 밖에서의 경제 행위는 공동체를 배제한 개인과 계급의 사익 私益 추구 행위가 됨으로써 공동체 성원 전체의 공익이 밀리게 되고 구성원의 배척과 저주의 대상이 된다. 구성원이 거부하고 배척하는 경제는 도덕적 정당성을 상실한 산적 山賊 집단으로 전락하게 된다.

오늘날 워싱턴 컨센서스의 깃발을 앞세운 금융 세계화는 19세기의 식민지 확장에 비유되리만큼 세계 곳곳의 국가 단위 금융활동을 글로벌 표준양식의 지배 체제 하에 묶음으로써 각국의 정치 관할의 밖에서 하나의 끈으로 세계 경제를 묶어 가고 있다. 세계화의 초국가주의 transnational 시대가 지금 세계적으로 번져 가고 있다. 이 같은 초국가적 세계화의 바람을 타고 전 세계를 날아다니고 있는 글로벌 금융자본은 세계를 하나의 거대한 단일 금융시장으로 만들어 가고 있다. 각국의 금융 주권이 유명무실하게 되고 월가의 금융센터가 조작, 모니터링하는 거대한 글로벌 금융시장이 작동하고 있다. 이들 자본을 조종하는 복합 투기 금융기관과 금융 자본가들이 오늘은 여기서 내일은 저기서 투기 수익시장을 좇아 24시간 움직이는 거대한 초국가적 카지노 투기 금융의 움직임 앞에 각국의 경제 자주권은 위축되고 경제 공동체의 독자성은 위협받고 있다. 이 같은 정치 공동체와 국가의 감시·규제를 벗어난 글로벌 금융자본을 다시 국가별 정치 공동체의 울안으로 가두는 일대 개혁 없이는 자본주의 경제는 기능 부전의 종양으로 자폭하게 되어 있다. 세계국가나 세계정부가 있기까지는 각 나라의 민족 공동체적 정치 공동체의 우리 안에서 감시받고 규제받는 자본주의 경제체제의 재정비 없이는 자본주의 경제의 앞날은 초국가적 글로벌 금융자본의 카지노 도박장이 되어 갈 수밖에 없다.

워싱턴 컨센서스는 역사의 유물 전시관으로 보내고 국가 간의 국제 협력 체제가 자유무역지대가 되든 지역 공동체가 되든 식민지 지배식의 획일적인 초국가주의의 금융 세계화가 아닌 국가 간 연대 협력 체제의 새로운 시대를 열어 가야만 한다. 이렇게 할 때 비로소 금융 세계화에 의한 '불황의 일상생활화'의 오늘의 위기를 물리칠 수 있고 금융자본의 횡포에 눌려 있던 산업자본의 활성화를 통한 일자리 창출의 경제 체질을 회복할 수 있다.

인간은 사회적 동물이라고 하고 정치적 동물이라고 한다. 그것은 생물적 인간이 사회 관습과 규범에 따라 교화되고 순화되어 예측 가능한 사회적 인간이 되고 정치 공동체의 관행과 규범에 따라 행동하는 예측 가능한 정치적 인간이 되기 때문에 이 같은 사람들의 집합체인 사회와 정치는 가측성 可測性 이 있는 행동 세계가 된다. 이 같은 관습과 규범이 없는 데서의 인간은 생물적인 인간이지만 문화적인 인간은 못 되는 것이다. 개인의 욕구가 사회적 관습과 규범에 따라 그리고 정치적 관행과 규범의 제약을 받을 때 가측성이 있는 안정된 사회생활이 되고 정치생활이 되어 여기에 발생하는 요구는 질서 있고 안정된 충족이 이루어진다. 이처럼 인간의 경제 욕구가 가측성 있게 그리고 안정되게 표출이 되고 이를 충족하는 경제활동과 정치 공동체가 갖추어질 때 개인과 사회 그리고 정치 공동체는 함께 안정되고 발전하는 구조를 갖게 된다.

금융 세계화는 이러한 가측성 있고 안정된 사회적, 정치적 제약에서 벗어난 초국가적 경제활동이 되어 사회적 연계와 정치적 연관성이 없는 공중에 떠도는 떠돌이가 되어 언제 어디서 무슨 일을 할지를 예측할 수 없는 괴물이 되기 시작하고 있다. 이 같은 글로벌 금융괴물의 출몰과 행선의 가측성이 없기 때문에 고삐 풀린 망아지처럼 세계 경제는 좌충우돌하고 있다. 미국의 서브 프라임 금융 파동, 영국의 은행을 대표하는 바클리은행 Barklays Bank 의 리보 LIBOR 금리 조작의 금융 비리 부정 사건, 유로존의 끝없는 금융 위기, 금융 자유화에서 비롯된 일본의 잃어버린 20년의 장기 디플레이션 침체 같은 좌충우돌이 끝없이 이어지는 금융스캔들의 온상이 바로 사회·정치적 제약을 벗어난 글로벌 금융괴물이 만들어내고 있는 연출물이 되고 있다. 이 같은 고삐 풀린 망아지를 사회·정치적 공동체 안에 묶어 가측성 있고 안정된 국가별 금융 질서가 국제주의적 협력의 테두리로 새로운 금융 국제화 질서가 형성되어야 한다. 그러지 않고는 자본주의 경제체제·질서의 미래는 암담할 뿐이다. 균형 잡히고 예측 가능성 있는 자본주의의 미래는 사회·정치적 제약을 벗어난 글로벌 금융 괴물을 사회·정치적 수평 연결체인 국제 협력에 바탕을 둔 협력 체제 속으로 순화馴化시켜 갈 수 있느냐 하는 데 달려 있다.

자본주의 경제의 미래 전망을 결정할 두 번째는 경제가 생산과 분배, 소비와 복지가 하나의 연결체를 이루는 문제이다. 절약과 저축으로 얻어진 자본이 금융기관의 도수로를 따라 산업자본이 되어 생산 경제를 일으키고 분배를 확대하고 소비, 복지를 향상할 때 경제는 각 부문 간의 균형 발전이 이루어지는 건강 체질이 된다. 이 같은 건강체를 지탱해 주고 성장 발전을 촉진하는 혈액순환체계는 금융이 산업자본의 흐름을 원활히 해 주는 금융 시스템이 될 때 건전하게 작동한다. 산업사본 금융이 활발히 그리고 풍부하게 공급될 때 경제는 발흥하고 후생 복지는 증대하게 된다. 산업금융자본이 곧 실물경제 투자가 되고 실물경제 투자가 경제성장과 발전으로 선순환적으로 연결 작동되는 과정이 경제발전의 과정이 되고 경제발전의 전략적 항목이 산업금융자본이 되어 왔었다. 마르크스도 자본이 경제의 중심이고 자본의 원시축적이 자본주의의 시작이고 자본의 소유 여부가 인간의 계급성을 결정짓고 자본의 소유주인 자본가의 타도에 의한 프롤레타리아 혁명이 인간 해방과 구원의 길이라고 할 만큼 부정적인 의미에서 자본론자가 될 정도로 자본의 중심성을 설파하였다

1980년대의 신자유주의 경제학과 경제시스템이 자리 잡으면서

그때까지 당연시하였던 자본은 산업자본의 중심이라는 등식이 흔들리기 시작했다. 신자유주의 경제학은 시장의 자유경쟁을 통하여 얻어지는 개인과 기업의 수익 증대의 실현을 최고 가치로 봄으로써 모든 경제활동을 시장 수익의 프리즘을 통하여 가치 판단하기 시작했다. 경제의 각 부문 간의 균형 문제나 경제 행동에 대한 사회적 정치적 제약과 같은 문제들은 쓸데없는 강목으로 취급하는 개인 선택 주권주의가 팽배하게 되었다. 사회적 제약이나 정치적 한계에서 떨어져 나온 개인과 기업의 사익 추구 앞에는 공공재나 공동선과 같은 것은 별 볼일 없는 항목이 되면서 시장의 사적 이익의 증진을 추구함에 있어서 값싸게 쉽게 얻을 수 있는 방법이라면 무엇이든지 거리낌 없이 선택하는 개인 선택 주권시대가 되었다.

경제 부문 간의 균형적 구조 속에서 생산 영역과 분배, 복지 영역이 균형 잡히게 작용하던 산업자본이 힘들게 수익을 올리는 전통 방식으로부터 쉽게 그리고 빠르게 수익을 올리는 방법이라면 아무 거리낌 없이 행하는 투기성 금융 유통자본이 되어가기 시작했다. 산업자본의 말뚝에서 떨어져 나온 금융자본은 생산 세계나 후생 복지의 세계는 아랑곳하지 않고 오직 수익 증대를 위한 부동자금이 되어 수익 차이를 찾아다니는 돈놀이 노름의 투기 자본으로 변질하게 되었다. 21세기에 들어오면서 한편으로는 세계화의 초국가 자본이 되고 다른 한편으로 카지노 도박판을 휘젓고 다니는 투기성 부동자금이 되어 경제의 여타 부문으로부터 떨어져 나온 괴물이 되기 시작했다. 생산 경제와 연계된 투자자본이 아니라 투기판을 찾아다니는 단기 부동 자본이 되어 동에 번쩍 서에 번쩍하는 신출귀몰한 도깨비 자본이 되어 가고 있다.

도깨비 글로벌 금융자본은 국가적 감독과 규제가 없는 초국가적 자본인 점에서 M&A와 차입 매수 LBO 에 의한 기업의 매수·합병의 방법으로 산업 시설과 공장을 투기 거래의 대상으로 만들고 조작하기 때문에 도깨비 금융자본의 돈놀이 노름에서 벗어나지 못하여 산업계는 부단한 소유권 이전과 구조조정의 풍랑 속에 놓이게 된다. 레버리지 금융 기법이 동원되고 투자은행이 부실담보대출 채권을 담보로 발행하는 채무담보증권을 다시 담보로 하는 파생 상품을 발행하여 금융시장의 단기 투기성 자금을 조달하여 자산 운용에 활용함으로써 내 돈 안 내고 산업 시설을 금융 조작의 대상으로 만들어 막대한 금융 이득을 챙기게 됨으로써 산업 시설이 도깨비 금융자본이 펼쳐 놓은 장기판의 졸 卒 이 되는 산업자본의 붕괴가 일어나게 된다. 도깨비방망이가 된 금융자본은 이 같은 방법으로 산업계를 농락하고 노동자를 희생시키면서 챙긴 막대한 금융의 부를 시민과 소비자의 복지 등의 공동체를 위하여 사용하는 것이 아니라 한탕 배당·보너스 잔치가 끝나면 또 다른 한탕의 투기 카지노를 찾아 나선다.

신출귀몰한 금융공학이 만들어낸 돈놀이 게임의 버블 바람이 꼬리에 꼬리를 무는 연속극이 이어지게 된다. 이 같은 카지노 자본주의는 버블과 불황의 연쇄 사슬에서 벗어나지 못하고 있다. 카지노 자본주의는 생산과 분배 그리고 소비의 국민경제의 각 부문 산의 균형을 깨고 가측성과 안정을 흔들어 금융 버블이 꼬리에 꼬리를 무는 불황 연속 상시화의 자본주의로 시종하게 된다. 디지털 정보화 사회의 자연 극복의 과학기술이 최고도로 발달된 21세기에 들어오면서 인간 생활의 기본이 되는 경제생활이 끝없이 만들어지는 금융 버블의 불황 연속을 제어하지 못하는 경제체제와 질서가 되어버린 오늘의 자본주의를 안정 성장의 궤도에 다시 올려놓자면 카지노 자본주의를 산업자본주의로 환원하는 일부터 시작하여야 한다. 글로벌 금융자본을 초국가적 영역에서 끌어내려 국가 공동체의 규제 속으로 다시 집어넣어야 하는 것이다. 민족경제 단위의 국가 규제와 감독을 받는 금융 시스템을 복원하는 일이 긴요하고 또 시급하다.

20세기형의 식민지 정책의 판박이로 지목되고 있는 워싱턴 컨센서스의 폐기에서부터 시작하여 글래스 스티걸법과 같은 금융 업무의 칸막이를 부활하여 시중은행과 투자은행이 분리·병립하고 금융업과 보험법·증권업이 별도의 금융기관에 의하여 분리·독립되고 현재 버락 오바마 Barak Obama 정부가 추진하고 있는 볼커법 Volcker Rule 과 같은 정부에 의한 금융에 대한 감독·규제권을 강화하고 금융업의 자기자본의 수익 운영을 규제하고 비은행권의 장외 활동을 감독 당국에 보고하고 검사 받도록 하는 금융 활동 규제법이 시행되어야 한다. 채무담보증권의 발행과 파생 상품의 개발 등을 규제 대상에 넣고 시장에서 움직이는 모든 금융 상품은 채권과 증권을 비롯한 현물 거래와 옵션 거래도 당국의 규제와 감시를 받게 함으로써 고삐 풀린 괴물의 금융자본을 개별 국가의 국민경제의 울타리 통제를 받게 할 때 가측성과 안정성이 담보될 수 있는 관리 체제의 틀 안에서 경제 시스템의 정상적인 운영이 가능하게 된다. 침몰 위기의 자본주의 경제를 되살리는 확실한 출발 지점이 된다.

1997년의 아시아 통화 위기가 극에 달해 있을 때, 한국과 인도네시아를 비롯한 아시아 국가의 외환위기를 수습할 때, 국제통화기금의 긴급 융자와 월가 금융자본의 기한 연장 여부로 전 지역이 위기 상황으로 치닫고 있을 때, 미국 재무당국과 국제통화기금은 워싱턴 컨센서스에 따른 금융 자유화와 규제 철폐, 긴축 경제라는 글로벌 금융 논리를 앞세워 피해 국가들의 구조조정과 재정 긴축을 통한 자구노력을 요구 조건으로 제시했을 때, 말레이시아의 마하티르 수상은 이 같은 글로벌 금융의 압력에 항거하면서 아시아 외환위기는 헤지 펀드 등 국제 금융자본의 투기 놀음에서 비롯되었다고 갈파하면서 외국자본의 입출을 감독하고 거래세를 부과하여 글로벌 금융의 횡포를 방지할 것을 주장하여 세계를 깜짝 놀라게 하였으나 그로부터 15년이 지나면서 세계는 마하티르 수상을 주목하고 각국에서는 국제 금융자본의 출입과 투자 활동에 토빈세 Tobin Tax 를 신설해야 한다는 논의가 이제는 넓게 번지고 호응을 얻고 있고 워싱턴 컨센서스의 중심에 있던 IMF도 최근에는 워싱턴 컨센서스의 금과옥조였던 자본 자유화 주장을 내리고 각국의 외환 관리·감독에 반대하지 않는다는 입장을 밝히고 있다. 그만큼 세계는 이제 초국가적 괴물인 글로벌 투기 금융자본의 실체에 대한 현실 인식을 달리 하고 있다. 볼커법 제정 등 금융 규제 문제가 등장하자 최근 골드만 삭스 Goldman Sachs · 모건 J.P. Morgan 등 초대형 투자은행이 업무 조정과 인원 감축에 나서고 있는 데서도 그러한 인식 변화를 읽을 수 있다.

카지노 투기성 국제 금융자본은 자본의 소속 국가의 국내 법적 규제뿐 아니라 국제 거래에 있어서의 초국가적 글로벌 금융의 국제간 이동에 대해서도 감시하고 규제해야 한다는 인식이 높아지고 있다. 스위스 은행 당국도 비밀 계좌의 절대 비밀주의를 버리고 공적 수사에 협조하겠다고 하고 있다. 특히 스위스 · 영국 · 미국 등 금융자본 본원지에서는 심지어 금융업 CEO의 보수액을 축소하고 감시해야 한다는 여론이 일어나고 있을 정도이다. 산업자본주의가 카지노 자본주의로 변질되고 있는 자본주의 경제체제 · 질서는 심대한 기능 부전의 체내 이상 분비 현상으로 정상적인 체질 조건을 상실하고 기능 상실의 병리 현상에 빠지고 있다. 사회 · 정치적 공동체의 틀에서 벗어난 초국가적 금융 세계화와 함께 산업자본주의를 카지노 자본주의로 변질시키고 있는 탈법제적 버블, 불황의 카지노 금융자본의 횡포를 방지하는 정치적, 법제적 제어장치의 개발 · 시행이 절실하게 되었다.

산업자본주의로 환원하는 작업은 규제 철폐를 통한 금융자유화의 작업과는 반대로 현재의 상태를 자본주의의 황금기였던 1950~60년대에 시행되었던 정부와 공공기관에 의한 감독 규제를 살리되 그동안의 달라진 여건을 감안한 조정된 새로운 감독 규제의 법제화가 되어야 한다. 우리는 볼커 전 미연방준비제도이사회 의장이 이끌고 있는 오바마 정부의 경제회복자문위원회 ERAB가 국가 단위의 금융 시스템으로 글로벌 금융을 규제 관리하는 금융 감독 규제 시스템의 개발이 잘 진척되기를 간절히 소망하고 있다. 자기 운동의 타성에 따라 신자유주의 경제학의 금융공학화의 세력 바람을 타고 오늘에 이른 금융 괴물을 감독·규제의 우리 속에 가두어야만 한다. 이러한 당위는 최근 행동화의 움직임을 보여 주고 있다. 글로벌 금융의 발호 방지 움직임에 발맞추어 다국적 산업자본의 해외 생산 offshore production 기지가 줄어들고 미국 대기업의 생산이 미국 내로 되돌아오는 상황이 전개되고 있다고 이코노미스트지 최근호가 전하고 있다.

현재의 자본주의 경제가 드러내고 있는 또 다른 병리 현상은 재정과 금융 간 균형 관계의 훼손이다. 시장과 대치하고 있는 정부는 감독 규제의 법제적 제어 기능과 함께 시장의 긴장 상태를 풀어 주고 도와주는 경제적 지원을 함께 할 때 회초리와 당근을 함께 구사하는 공동체 관리자가 된다. 모든 공동체는 경제 공동체이든 정치 공동체이든 국가 공동체이든 체제·질서를 유지하는 관리자를 필요로 한다. 지나친 자유가 체제·질서 유지의 관리력을 넘게 되면 방종과 무질서에 의한 무정부적 혼란 상태에 빠지게 마련이다. 체제적 질서가 없는 시장은 정상적으로 기능할 수 없는 태생적 한계를 가지고 있다. 정부가 국가 공동체를 대표하여 시장 자유를 관리할 때 자본주의 경제는 정상 운영된다. 이 같은 정상 운영을 도와주고 관리하는 정부의 수단 장치가 재정과 금융의 양 축이다.

재정은 정부의 예산을 통하여 조성된 세입 예산을 확보하고 이를 지출 사용하는 세출 예산의 집행을 통하여 국방·치안·사법과 같은 시장 수급에 직접 영향을 미치지 않는 행정 경비 등을 공제한 잔여 세출 예산을 경제 안정과 발전을 위한 항목에 지출되는 자금을 총칭한다. 행정 경비는 시장 수급에 직접 영향을 주지 않지만 경제 안정과 발전을 위해 지출되는 예산 지출은 그 양과 사용처에 따라 재정의 규모와 내용이 결정된다. 따라서 케인스 경제학에서는 총수요 증대를 위한 재정 지출이 증대되지만 작은 정부론의 신자유경제학에서는 재정 지출의 규모를 줄이고 사용 목적을 제한하고 민간과 기업의 경제활동 공간을 넓히기 위하여 행정 지출을 중심으로 재정 역할을 축소하게 되었다.

재정은 정부가 세출의 배분과 사용의 방법으로 민간과 기업의 시장 활동을 지원하는 소극적 역할에 머무르게 되면 정부의 고유 업무 영역인 사회 관련 예산 지원을 줄이게 되고 적극적 역할을 하게 되면 사회개발과 복지 등의 사회 지출이 높아지게 된다. 따라서 정부의 재정은 경제 운영에 있어서 정부의 몫과 역할의 범위와 성질을 결정하게 된다. 정부의 재정 활동에 따라 시장경제에 대하여 소극적이 되기도 하고 적극적이 되기도 한다. 재정의 역할이 증대하게 되면 정부 간여의 경제체제가 되고, 축소하게 되면 시장주의적 경제체제가 된다. 정부 간여의 경제체제는 국가주의적 체제가 되기 쉽고 반대로 시장주의적 경제체제는 자유방임체제가 되게 된다.

이 양극의 중간 지점에서 적정한 실용적 균형 관계를 유지하는 것이 자본주의 경제체제이다. 몽 펠르랭 소사이어티가 케인스의 재정 중시 경제를 공산 전체주의 경제와 같은 범주에 넣고 매도하고 타도했던 하이에크와 프리드먼의 신자유경제학은 정부의 재정 축소를 실용성 시각에서가 아니라 이데올로기적 관점에서 문제로 보았기 때문에 케인스 경제학과 신자유주의 경제학은 재정의 확대, 축소 문제를 둘러싼 싸움에 휘말리게 되었다.

케인스는 부족한 총수요를 적자재정과 공공사업 지출로써 보충하여 수요와 시장의 부족에 의한 자본주의 경제의 파행을 막는다는 실용적 관점인데 반하여 프리드먼은 시장 자유를 보호하기 위하여 권력체인 정부의 재정 자금 개입 그 자체를 악으로 규정하리만큼 이데올로기적이었다. 이 같은 이념적 시각에서 그는 시장이 외부의 자금 지원이 필요할 상황이 되면 정부 예산에 의한 재정 자금 공급이 아니고 중앙은행에 의한 금리 인하와 통화량 공급의 금융 대책을 주장했다. 그만큼 신자유주의 경제는 시장의 개인과 기업이 중심이 되는 경제를 전제하고 이의 운영에는 개인과 기업의 자금으로 부족한 부분은 중앙은행에 의한 신용 확대에 의한 간접 개입을 주장하였다. 이들 신자유주의 경제는 정부의 세출 규모의 확대를 방지하기 위하여 세입 재원을 축소하는 것이 첩경이라는 시각에서 세금 징수의 감소 즉 감세 정책을 앞세우고 감세에 있어서도 세금의 한계부담 능력이 높은 고소득층에 혜택을 주는 감세 정책을 통하여 고소득자의 여유 자금이 금융시장 자금으로 흘러 들어가게 하여

'작은 정부, 큰 시장'의 이념을 앞세우게 되었다.

1980년대 레이건 대통령 때의 작은 정부는 세입은 감세로써 줄였지만 세출은 국방 예산 확장 등으로 오히려 늘어나게 되어 미국 재정은 적자재정이 누적하게 되자 세입 증대에 의한 세출 확대가 아니라 정부가 간여하지 못하는 중앙은행이 돈을 풀어 풍부한 민간 금융자본이 정부 국채를 인수케 하는 편법이 기승을 부리고 레이건 대통령의 이 같은 신자유주의 통화론자적 재정 운영의 연장의 후유증이 국가 채무 누적에서 오는 오늘의 '재정 절벽'이라는 미국 경제의 최대 위기를 불러왔고 유럽경제연합이 정치적 통합이 빠진 통화 신용만의 통합이라는 기형 조직에다 경제 침체에 따른 재정 지출을 국채 발행을 통하여 글로벌 금융자본에 의존하는 쉬운 방법에 기댔던 업보가 오늘의 유로존 재정위기의 원인이 되고 있다. 이 같은 재정 위기는 전 세계로 확대되고 있다. 오늘날 중요 세입 재원인 부가세 5퍼센트를 10퍼센트로 인상하는 데서 수없는 정권 교체가 있었음에도 불구하고 아직 해결하지 못하고 있는 일본을 포함하여 선진 자본주의 국가치고 재정 적자 문제가 글로벌 금융이 조성한 글로벌 불황의 상시화와 세계화의 부작위범 不作爲犯 이 되고 있다. 일본은 국내총생산 대비 200퍼센트 내외의 재정 적자가 일반화되는 경향을 보이고 있다. 심각한 세계적 재정 위기의 쓰나미 앞에 놓여 있는 것이다.

정부의 경제 관리 수단이 재정과 금융의 양대 축의 건전한 균형 관계가 무너져 어느 한쪽이 다른 한쪽을 밀어내는 상황으로 전개

될 경우 경제의 안정적 운영이 어려워지고 많은 기능 부전 현상이 뒤따르게 된다. 재정이 금융에 밀려 정부가 재정을 지렛대로 하는 경제 운영에 차질이 생기면 경제 전체가 뒤틀리게 된다. 최근의 세계 경제의 최대 이슈인 일자리 창출 문제만 해도 제조업 등 실물경제의 성장을 뒷받침하는 사회간접자본, 교육 투자, 과학기술 지원, 실업자 재교육과 같은 설비 투자가 부진을 면치 못하는 구조적 문제점을 안고 있다. 일자리 창출의 투자는 주로 민간 기업 투자로써 이루어지는데 민간 기업의 시설 투자는 시장 수요가 뒷받침되고 기업가의 장래 전망에서 투자하고자 하는 야생적 충동 animal spirit 을 느끼게 되고 투자에 필요한 자본 여력이 갖추어질 때 가능하다. 시장 수요가 뒷받침이 되지 못할 때 새로운 수요를 만들어 주고 야생적 충동이 움직일 수 있는 환경을 만들어 주고 부족한 자본 여력을 보충해 주어야 한다. 이 같은 상황에서 정부의 재정 역할이 뒤로 밀리고 야생적 충동을 뒷받침하는 재정 활동이 제대로 안 되고 있는 가운데서 투자 자본의 조달을 뒷받침할 금융이 단기 유통성을 확대하고 금리를 내린다 해도 실물 투자로 연결되지 못하고 손쉽고 수익이 높은 돈놀이로 흘러 오히려 투기 과열을 일으키게 된다.

최근의 경제 불황이 만연함에 따라 미국과 유럽, 그리고 일본의 중앙은행들이 양적 확대의 유동성 공급을 몇 차례나 하고 금리를 0퍼센트에 가까울 정도로 인하하는 등 투자를 자극하고 유도할 각종 시책이 연이어 나오고 있지만 실물 투자 분위기는 살아나지 않고 오히려 투기성 금융 자산의 유통을 확대하면서 투사 유인에 필요한 금융 조치는 다하고 있지만 투자는 좀처럼 일어나지 않고 오히려 금융의 투기화를 증대시키고 있다. 케인스가 말한 '야생적 충동'의 투자가 이루어지기 위하여 시장 논리뿐 아니라 자본의 한계효율에 대한 투자가들의 심리 용기가 함께 있어야 한다. 자본의 한계효율은 투자가의 투자에 대한 장래 수익의 안정과 증대에 대한 심리 상태에 따라 결정되기 때문에 금융에 의한 단기성 유동성 공급 확대와 금리 인하의 금융 조작만으로는 역부족이 된다. 이 같은 가라앉은 투자가의 투자 충동을 자극하기 위해서는 금융기관의 유동성 공급과 금리뿐 아니라 공공 투자·사회 간접 투자·교육 투자와 같은 정부의 재정 투자가 왕성하게 일어나서 사회전체가 들뜬 분위기로 들썩거려야 한다. 이를 위한 개혁과 투자라는 고전적 경제 시책이 되살아나야 한다. 금융에 의한 투자 수요 진작은 싸늘한 한계에 부딪치고 있다.

최근의 잃어버린 20년의 일본 경제가 저금리와 유동성 풍부의 금융 조건이 갖추어 있으나 투자는 좀처럼 일어나지 않고 디플레이션 함정에 빠져 불황의 연속에 처하게 된 이유에 대해 크루그먼은 일본의 금융이 케인스가 말한 '유동성 함정'에 빠져 있다고 진단하고 있다. 미국의 2008년 금융공황이 세 번의 양적 확대 조치를 하고 유럽 중앙은행의 무제한의 국채 매입 결정 등 투자에 필요한 금융 조건은 다 갖추어졌으나 투자를 둘러싼 불확실성 때문에 실물투자로는 연결되지 않고 있다. 풍부한 금융자본이 M&A과 차입 매수와 같은 기업 사냥에 동원됨으로써 투자 분위기는 불확실성 문제를 넘어 손쉬운 금융 투기의 수익을 두고 굳이 시간 걸리고 힘든 실물 장기 투자를 무엇 때문에 하느냐는 분위기에 싸여 있다. 이 같은 불확실성과 맥 빠진 투자 분위기를 두고 아무리 중앙은행에 의한 금융 지원이 양과 금리 면에서 뒷받침해도 투자 촉진이 아니라 카지노 함정에 빠지게 되어 있다. 투자와 연결이 안 되는 풍부한 유통성은 투기 금융이 되어 경제의 흐름이 악순환의 쇠사슬에서 벗어나지 못하고 있다.

정부의 재정 역할의 축소는 이념적인 측면에서는 작은 정부, 큰 시장 구조로 나가는 중요한 수단이 될 수 있으나 이념 평면을 떠나 실질 면에서 보면 한 나라의 경제 자원의 배분을 왜곡시키고 경제 효과 면에서 부정적인 측면이 부각되고 있다. 정부가 재정으로 당연히 수행하여야 할 항만, 도로와 같은 사회간접자본 시설 투자, 교육 시설 투자, 재난 방지 시설 투자와 같은 정부가 해야 할 투자 활동이 축소되거나 방치되는 상태가 재정 지출 감소 때문에 일어난다. 미국의 오늘의 경제가 안고 있는 문제의 하나가 이 같은 기간시설과 사회간접자본 투자 등 정부가 해야 할 투자의 정체로 제조업 생산력이 저하되고 국제경쟁력이 정체되고 있다고 타임지와 CNN의 논설 주간인 파리드 자카리아 Fareed Zakaria가 신랄하게 지적하고 있다. 오늘의 중국 경제의 고도성장의 배경에는 2008년 금융공황의 여진을 정부의 재정 지출에 의한 인프라 투자 활동으로 수습하면서 성장 경제를 이끌고 있다. 민간 시장경제의 성장 발전은 정부 재정에 의한 경제 투자 활성화의 뒷받침이 있을 때이다. 미국 경제의 재정 투자가 중국의 그것에 뒤떨어져 있는 만큼 중국의 경제성장에 뒤처지고 있는 것이다. 한쪽은 정부의 재정에 의한 경제활동이 정체되고 있고 다른 한쪽은 고속도로, 항만 건설 등의 경제 투자가 활발하게 진행되고 있는 상황에서 2퍼센트대 저성장 경제와 10퍼센트대의 고도성장의 차이가 생기게 마련이다.

특히 최근의 민주주의 국가의 정치가 선거 때의 표를 얻기 위한 포퓰리즘의 경쟁으로 세입을 늘리지 않고 각종 인기 있는 정부 지출 증가를 내세우는 정책 경쟁이 봇물처럼 일어나고 있는 상황이 전개되면서 재정 수지의 차질뿐 아니라 재정 자금이 생산과 연계가 없는 복지 소비 지출의 증가로 말미암아 경제의 성장 투자를 위축할 정도를 넘어 성장 동력인 민간기업의 투자 의욕마저 훼손되는 사태를 가져오고 있다. 세입을 넘는 세출 증대는 필연적으로 인플레이션 불황을 일으키고 기업의 생산 투자 의욕을 죽이는 대중영합주의는 기업인의 '야생적 투자 충동'을 꺾는 재앙 요인이 될 수 있다.

일자리를 만들고 고용을 늘리고 국부를 증대하는 길은 기업 활동밖에 없다는 것이 자명한 사실인데 기업 활동의 위축은 경제 위축, 복지 위축, 국부 위축이 되게 마련이다. 경제 거래가 불공정하고 불법적인 것이면 이를 다스리는 법제를 정부가 정비하고 엄격히 민·형사법을 엄격히 실시하는 것이 취할 길인데도 기업들이 지금까지 해 왔던 투자 활동을 폄훼하고 위축시키는 국가권력은 매우 역기능적인 것이 아닐 수 없다. 공산국가이면서 자본주의 경제를 도입·원용하고 있는 중국의 경우는 공산당 독재를 부드럽게 손질하고 정치 개혁을 5세대 지도 체제의 제일 큰 숙제로 내세울 만큼 기업 중심 경제체제를 위하여 정부 권력의 민주화를 내세우고 있는데 비하여 정부의 정치권력이 기업 활동을 폄훼하고 징벌의 대상으로 하려는 경제민주화라는 규제·간섭의 방망이를 내세우는 포퓰리즘적 자본주의 국가들과는 좋은 대비를 이루고 있다. 자본주의 경제는 법치주의의 산물이고 기업 투자 활성화의 체제인 것이다. 법치주의의 원칙과 투자 활성화를 훼손하는 정치권력 제일주의의 남발이 없어야 할 것이다.

정부의 재정 지출이 민간기업 활동을 위축하거나 대체해서는 안 된다는 자본주의 경제 논리의 한계와 제약을 벗어나서는 안 된다. 재정 투자는 시장의 기업이 할 수 없거나 하는 것이 비경제적일 경우에 한하고 원칙적으로 정부는 공공투자와 사회정책적 복지 문제에 있어서 민간 기업이 못하는 부문을 정부가 담당하는 것이 가장 바람직한 분업이 되고 있다. 시장의 기업이 할 수 있고 또 해야 할 일을 정부가 재정 지출로써 대신하는 것은 자본주의 경제의 상궤를 벗어나게 된다. 민간 기업이 할 수 있고 또 하는 것이 바람직한 일에 재정을 통한 정부의 활동이 관여하는 일은 없어야 하지만 반대로 해야 할 일을 세출 재정의 부족으로 하지 못해서는 안 되는 것이 재정 운영의 기본이다. 이 같은 재정의 신축성 있는 활동을 신자유주의 경제에서는 시장 우선의 이념에 묶여 정부의 행정 관리 비용 중심 이상의 시장경제 활동에 정부의 재정 지출을 못하게 하고 금융의 방법으로 대체시킴으로써 재정과 금융의 양다리 가운데 재정 교각을 허물고 금융 교각으로만 경제가 운행되게 함으로써 산업자본주의는 카지노자본주의에 밀려 나가는 형국이 되고 있다.

국가의 재정과 금융이 시장의 경제활동을 지원하고 동시에 견제 감독하는 기능을 제대로 할 때 경제체제·질서는 균형을 갖고 안정적으로 작동하게 된다. 금융에 의한 관여의 경우 금융의 효과에 대한 객관적 평가는 물가 안정과 투자 효과를 통하여 시장에서 감지되어지지만 재정은 정부의 예산 편성으로 지출 항목별 사용 목적이 정부가 국회의 심의 승인을 받은 것인 만큼 그 효과에 대한 국민의 직접 확인이 가능한 만큼 공개된 절차에 따른 국가 활동이다. 따라서 금융이 금융시장의 수익 증대를 위한 공개되지 않은 활동인 반면에 재정은 국가 예산을 통한 공개된 활동이 되기 때문에 민주국가에서의 재정의 역할은 그만큼 투명하게 이루어지며 어느 계층의 수익과 관계되는 지출이 아닌 만큼 투명성이 높은 공적 활동이 된다.

이 같은 재정은 금융과 함께 시장경제를 지원하고 관리하지만 때문에 재정 지출은 언제든지 세출 예산 승인을 통하여 국민의 동의를 얻어 조세 징수가 이루어지는 만큼 금융기관으로부터의 국채 매입에 의한 적자 예산은 최소한으로 하여 국가 채무가 국내총생산 대비 100퍼센트 이내에서 항상 유지될 수 있도록 하는 재정 원칙이 확립되어야 한다. 이를 위하여 재정의 규모는 언제나 민주적 국민 동의 하에 결정되도록 하는 재정 운영 규범이 구비되도록 해야 한다.

28
시장자본주의냐, 국가자본주의냐

시장의 자유경쟁을 최고의 가치로 하는 신자유주이 경제는 케인스주의에 대한 반발이 겹쳐 시장의 수급 경쟁을 최고의 가치로 삼으면서 사회·경제생활의 사회적 측면을 방치하고 오직 경제 세계만을 보는 편협증에서 오는 기능 부전의 병리 현상을 노정하고 있다. 인간의 경제행위는 국가라는 정치 공동체 안에서 그리고 사회라는 생활 공동체 안에서 이루어지는 점에서 경제행위의 원만한 이해는 정치 환경과 사회관계 속에서 이루어지는 생활을 총합적으로 보는 데서 출발한다. 이 같은 자명한 사실을 신자유주의의 이데올로기는 외면하고 시장의 자유경쟁을 통하여 이루어지는 경제 관계만을 보는 편협증 때문에 경제 이외의 여타 사항은 보지 못하는 외눈박이가 되어 가고 있다.

현재의 자본주의 경제는 신자유주의의 애꾸눈 때문에 당연히 함께 보아야 할 것을 생략하고 시장 자유와 시장 경쟁이 경제의 모든 것을 결정한다는 단편적 시각에 사로잡혀 있다. 경제 관계에서 벗어난 개인의 사회생활의 측면이나 경제행위의 사회적 연관성을 사상하고 사회생활 속의 개인을 오직 수익 추구의 단세포 경제동물로 보는 신자유주의 경제는 반공동체적 경제로 지탄받고 있다. 인간의 사회생활 공간을 수익 추구의 시장 경쟁의 외연으로만 보기 때문에 사회생활 속의 개인의 위상은 경쟁에서 이기느냐 지느냐의 물질적 기준에 따라 가치가 매겨지게 된다. 시장 자유의 경쟁 논리는 경쟁의 결과물은 승자가 독식하고 패자는 시장에서 퇴출되고 사회생활에서 낙오하게 되어 있다. 이 같은 승자 독식의 자본주의 경쟁체제는 경쟁 사이클에서 밀려난 사람들의 패자로서의 괴로움과 궁핍에 대해서는 무신경하게 된다. 그만큼 경쟁 논리 지상주의에 사로잡혀 있기 때문이다.

자본주의의 경쟁 논리에 따른 사회적 후유증에 대하여 마셜의 따뜻한 가슴으로 대하는 경제가 아니고 냉정한 논리로 해결하려는 데서 신자유주의 자본주의 경제는 소비자·노동자·빈곤자·낙오자 등 사회 저변층에 대해 냉정함을 감추지 않는다. 자본주의 경제의 경쟁이 날로 심하게 되면서 사회 낙오자가 증가하기 마련이다. 이들 낙오자를 위한 연금과 각종 사회보험과 사회 안전망 그리고 생활 지원 보조나 구호 지원과 같은 사회 복지 등을 국가의 재정으로 보조하고 부담·지원하는 문제에 대하여 신자유주의 자본주의는 세금 삭감과 재정 지출 감소 문제를 빼고는 꿀 먹은 벙어리이다. 사회공동체가 함께 나누는 따뜻함이 없는 것이 글로벌 금융자본이 주도하고 있는 카지노 자본주의의 황량한 모습이 되고 있다. 미국처럼 부자나라에서조차 카지노 자본주의로 세뇌된 신자유주의자들은 아직도 공공보험의 혜택을 받지 못한 4천만 명의 미국인을 대상으로 한 오바마 대통령의 의료보험 확대 반대와 재정 규모 축소 문제로 국론이 분열되고 정치가 양극화하고 있는 미국의 자본주의 경제가 이를 잘 보여 주고 있다. 금융 경제는 번창하고 사회는 빈곤으로 빠지고 있는 오늘의 자본주의 경제의 일반적인 병리 현상은 경제의 사회성 문제를 외면하고 시장의 개인의 경제 이익만을 다루고 있는 애꾸눈 자본주의와 카지노 자본주의의 필연적 결과물이다. 문제는 경제의 사회성 문제를 함께 보는 두 눈을 가진 자본주의와 산업자본주의로 복귀하는 데 있다.

경제의 사회성을 간과하는 신자유주의 경세의 또 다른 중대한 결함은 격차 사회의 출현이다. 자유 시장 경쟁에서 얻은 것은 승자 독식에 따라 개인과 기업이 전부 차지하는 신자유주의 경제 세계는 성공한 소수와 밀려난 다수가 소득 격차의 양극화 차별을 더욱 격화시킨다. 소득 수입의 차별은 소득의 양극화의 격차 사회를 결과하고 사회는 소수의 가진 자와 절대다수의 못 가진 자의 두 계층으로 양단된다. 이 같은 차별적 양단 상황이 극단으로 치달으면서 1퍼센트대 99퍼센트 사회를 고발하는 '월가 점령'의 대치 상태로까지 번지고 있다. 이 같은 소득 격차에 의한 계층 분단의 결과는 극소수의 가진 자와 절대다수의 못 가진 자의 양자 대치가 되면서 그 중간에 있는 중산층의 몰락 현상이다. 중산층이 흔들리면 중산층을 발판으로 하는 자유민주주의는 붕괴될 수밖에 없고 정치는 대결과 투쟁의 대치장이 될 수밖에 없게 된다. 그야말로 1퍼센트대 99퍼센트의 대결장이 되어 간다. 자유민주주의의 정치 외곽이 무너지면 자본주의 경제는 자연히 붕괴될 수밖에 없기 때문에 신자유주의의 격차 사회는 자유민주주의 정치와 자본주의 경제의 몰락으로 가는 길목이 되고 있다. 이 같은 사회 균열의 파도가 오는데도 정부가 경제에 간여하는 것을 반대하는 신자유주의 경제는 금융 조작을 통한 시장 기능에만 매달린 채 정치와 경제 그리고 사회가 함께 붕괴되는 상황 앞에서도 자유경쟁과 승자 독식의 경문만 외우고 있는 모습이다.

이 같은 격차 사회는 소수의 슈퍼리치와 다수의 일반 시민 간의 격차뿐 아니라 대기업과 중소기업 간의 격차로 연결된다. 대기업은 자본 수익의 증대를 위해서는 불공정 하청도 마다하지 않은 탐욕에 집착하여 중·소기업과의 제휴 관계를 수탈적 연계로 바꾸면서 대기업과 재벌 기업의 비대 속에 중소 협력 기업이 빈궁하게 되는 기업계의 양극화 대립 관계 속으로 빠지고 있다. 사회생활 속의 1퍼센트대 99퍼센트의 대립이 업계의 재벌 대기업 대 중소기업의 대립으로 작용한다. 재벌 공화국이니 대기업 공화국이니 하는 풍자가 생기게 마련이다. 이 같은 격차 사회는 자본주의 경제체제의 국가 정치에도 나타나고 있다. 로버트 라이시가 말하는 슈퍼리치들의 로비 정치가 탄생하고 있다.

슈퍼리치의 금융 자본가와 대기업 오너들이 로비스트들을 고용하여 정부의 입법 활동과 정책 수립에 영향을 행사하게 되고 이들 1퍼센트 계급은 거주지도 따로, 교육도 따로, 스포츠도 따로, 쇼핑도 따로, 사교도 따로, 식당과 오락장도 따로 두고 있는 특수계층 caste을 형성하고 있다. 부의 세습이 교육의 차별화를 가져오고 차별 교육은 한 나라의 국민을 두 개의 국민으로 만들어 가고 있다. 이들이 가진 막대한 금융 자산을 헤지 펀드와 같은 투기 금융으로 세계를 상대로 하루 24시간 초과 소득을 올리고 있기 때문에 이들에게는 실물경제의 경기와 상관없이 언제나 호화판 생활을 즐기고 있고 이들의 경계선 밖의 사람들은 실업과 빈곤으로 떨어지고 중산층 붕괴로 인해 민주정치마저 위기 상황으로 내몰리고 있다. 소득격차의 해소의 무기는 정부의 소득 재분배적 세수 증대를 바탕으로 한 재성 활동밖에 없는데 신자유주의 경제는 재정 수단을 무력화시키면서 격차 사회의 심화 확대를 방지하는 정부의 주요한 수단마저 없는 상황이고 보면 1퍼센트대 99퍼센트대립의 격차 사회는 자본주의 경제체제와 질서를 넘어 자유민주주의 정치의 기저까지 뒤흔들고 있는 양상으로 번지고 있다.

악화일로에 있는 자본주의 시스템을 살리는 길은 이 같은 격차사회로 몰아가고 있는 근본 요인을 제거하고 정리하는 길밖에 없다. 미국의 레이거노믹스 Reaganomics와 영국의 대처리즘 Thatcherism의 바람을 몰고 온 네오콘 신자유주의 경제체제와 질서가 득세하게 된 근본 원인은 개인의 시장 자유와 기업의 경쟁 논리를 마치 천부의 권리인 양 앞세우고 있는 데에 있다. 이것이 신성불가침의 천부의 권리가 아니라 시장경제의 안전과 번영을 뒷받침하기 위한 협약 사항 convention이라는 인식을 되살리는 데에서 문제 해결의 단서를 발견할 수 있다. 시장이라는 것은 민주 시민사회의 존립 발전을 위한 경제 장치이고 경쟁이라는 것은 사회생활의 안정과 양립되어야 하는 것이며 승자 독식은 경제생활의 한 가지 양식이라는 인식의 재확인이 필요하다. 이 같은 시장 규칙은 시장이 관행이며 정치 공동체의 규약임을 확인하는 데서 격차 사회로 치닫는 경제 시스템의 운동 법칙의 변경이 있어야 하며 이를 수미일관하게 변화시키고 개혁하는 정부의 시장 관리 정책의 개발이 있어야 한다.

재정 역할까지 제약되면서 정부가 시장 흐름의 관리는커녕 시장 관여도 못하는 상황 속에서 오늘의 자본주의 경제는 격차 사회라는 궁지에 빠져 있다. 격차 사회로 달리는 시장경제의 마차를 정지하고 정부가 올라타서 달리는 말을 채찍질로 방향과 속도를 조절하는 승마술을 발휘하지 않고는 오늘의 자본주의 경제의 위기를 극복하기 어렵다. 격차 사회의 시작은 소득 격차에서 비롯되었고 다음으로 대기업 대 중소기업의 격차 문제가 제기되고 있는 만큼 정부가 나서서 문제를 풀 수 있는 체제를 갖추는 것이 선결문제다.

소득 격차의 해소가 시장에서의 자율 질서 속에서 이루어지지 못할 때 등장하는 것이 정부의 재정이다. 금융을 통한 시장 관여로는 소득 격차의 발생을 방지할 수 없게 된 이상 정부의 재정 개입에 의한 격차 해소가 방법인 것이다. 케인스주의 경제에서는 유효수요의 총량 조절을 재정 투입을 활용하여 시장 수요만으로 충족될 수 없는 유효수요를 보충 공급함으로써 1930년대의 자본주의의 위기를 극복하였다. 그때의 총수요 추가 공급차원의 시장 수요 관여와 달리 오늘의 격차 사회가 앓고 있는 소득 분포의 편차를 시정하기 위한 시장 개입은 격차 분포를 유발하는 개인의 가처분소득의 분포에 변경을 가하는 소득 재분배적 세금 증수를 통해 이루어져야 한다.

세금 부담은 "수입이 있는 곳에 세 부담이 있다."는 격언이 말해주듯 세금 증수의 대상이 될 수입에 대하여 세법에 따라 증수하는 것이 국민의 세 부담의 공평성에서 필요할 뿐 아니라 부과를 하지 않음으로써 국민의 세 부담의 형평성을 훼손하는 상황에서는 공평한 세금 부담 조치를 취하는 것이 조세 부과의 원리·원칙이다. 이 같은 원칙에서 볼 때 일반적인 경제활동의 결과에서 생기는 소득이 새롭게 발생하거나 평균치를 초과하는 신규 소득과 초과 소득에 대하여는 세금 부과는 사회정의의 차원과 함께 경제 형평의 차원에서 실현되어야 한다. 특히 단기 회전의 투기 자본의 수익이 자본 투자의 평균치를 훨씬 넘는 초과 수입이나 신규 수입에 해당하는 소득에 대한 신규 세금 부과는 일반 세율에 의한 부과가 아니라 초과 수입에 대한 고율의 누진세를 부과하는 것이 조세 공평과 경제 형평의 차원에서뿐 아니라 자본주의 체제의 건전한 보전을 위해 필요한 조치이다. 이 같은 특별 세금을 일반적으로 한시적 초과 이윤세라고 한다.

초과 이익에 대한 세금 제도는 미국에서 발달되어 왔다. 멀리 올라가면 1863년 남북전쟁 당시 남부연합 의회 Confederate Congress 와 조지아 주정부에 의해 초과이윤세 excess profit tax가 처음 도입되었고 1917년에 연방정부의 일반 세금으로 확정되어 시행되었다. 이는 1921년에 폐지되었다가 1933년과 1935년 자본증권세 capital stock tax의 보충 입법으로 다시 제정·시행되었다. 1940년과 1943년 기간 동안 제2차 세계대전의 특수 경기 호황의 혜택을 받은 기업체를 대상으로 네 개의 초과이익세법을 도입되었다가 1945년에 폐지되었다. 그리고 한국전쟁의 발발과 함께 1950년 7월 1일에서부터 1953년 12월 31일까지 기간 동안 초과이윤을 낸 기업을 대상으로 한 초과이윤세의 제정·시행이 마지막 입법이었다. 이들 법은 일상적 보통의 경제활동에 비하여 지나치게 많은 초과 영업 소득을 올린 부분에 대하여 작게는 7퍼센트에서 많게는 95퍼센트까지 세금으로 걷어 들여 소득 수입의 형평성을 유지하는 데 목적이 있었다. 제2차 세계대전 중이었던 1942년에는 90퍼센트의 단일 세율에 전후 10퍼센트를 반환하도록 하는 초과이윤세가 도입되었고 이것이 1943년에는 세율 95퍼센트에 전후 10퍼센트를 반환하는 세제로 변경되었다. 한국전쟁 기간인 1950~53년 간 세율은 45퍼센트에서 47퍼센트 사이로 부과하되 회사 영업세와 초과이윤세를 합해 총 70퍼센트까지 징수할 수 있도록 하였다. 이 같은 초과이윤세의 경험을 가진 미국 의회는 1991년에 에너지 정책의 일환으로 40퍼센트의 초과이윤세를 석유회사에 부과하려고 하였고 다른 한편 사회개혁론자들도 평화 시에도 부과 증수할 것을 주장했으나 작은 정부, 낮은 세금에 익숙한 미국 국회의 승인을 받는 데는 성공하지 못했다. 초과이윤세를 반대하는 세력들의 반대 논리는 이 법이 자본 투자를 위축할 것이라는 위험론이었다.

미국의 경우 초과이윤세가 전시의 급격한 호황으로 정상적 영업활동의 평균치 이상의 초과 이익을 챙기는 기업에 대한 형평성 차원의 증세 제도였던 만큼 전쟁이 끝나면 폐지되었다. 오늘날에는 전쟁이 아닌 평시이지만 천문학적 초과 이익을 걷어 들이고 있는 투기성 카지노 금융자본이 문제가 되고 있다. 전쟁이라는 불가피한 특수 경기에서 혜택을 받는 제한적, 한시적 산업·기업의 초과 이익이 아니라 세계를 금융시장화하고 거기에서 실물경제와는 관계없이 단기 투기로 얻어지는 금융업과 금융인의 초과 수익이 문제이다. 이는 전쟁이라는 특수 상황에서 한시적으로 일어나는 실물경제면의 활동이 아닌 평상시에 실물경제와는 직접 관련이 없는 카지노 투기 자본의 활동이라는 점에서 전시 상태의 특수 이익보다 더 엄격한 경제적, 도덕적 잣대로 논의되어야만 한다. 더구나 전시의 초과 이익이 전쟁 기간 중의 필요한 경제활동과 연계된 영업이익이었던 것과 달리 글로벌 금융자본의 초과 이익은 이익을 위한 이익 추구의 투전판투자이고 카지노 도박장의 이익이다. 경제적으로나 정치적으로나 도덕적으로 투기 금융자본의 초과이윤세 징수는 훨씬 높은 정당성을 갖는 것이다.

이 같은 시각에서 볼 때 글로벌 투기 금융자본이 세계 곳곳에서 하루 24시간 게걸스럽게 삼키고 있는 막대한 초과 수익금에 대하여 초과이윤세를 부과함이 마땅하다. 이렇게 함으로써 세수 증대를 노모할 수 있고 재정 활동을 원활히 할 수 있으며 사회 격차 해소와 조세 정의를 실현하는 일석삼조의 효과를 거둘 수 있다.

금융 초과이윤세는 두 가지 측면이 있다. 첫째 측면은 회사의 영업이익에 대한 것이고 다른 하나는 금융기관 중역들의 개인 소득 차원이다. 회사의 초과 영업이익은 금융회사가 예금자나 기업 또는 연·기금과 고용보험, 산재보험 같은 보험료 적립금 등 외부에서 맡긴 돈으로 활동한 영업이익은 제외하고 자본금이나 이익배당 유보금, 레버리지로 조달된 LBO, 차입 자본으로 조성한 자기자금 등을 활용한 투기성 투자로써 얻어지는 일체의 수익금을 과세 대상으로 하고 세율도 60퍼센트에서 90퍼센트의 고율, 즉 애당초 하지 말라는 금지적 제재의 성격을 가진 고율로 책정해야 할 것이다. 회사의 회계장부 일체를 세무 당국에 공개하고 수익금의 성질별 분류도 회계기준에 맞게 회계 처리 방식으로 작성되었음을 확인할 수 있는 투명성과 성실성을 제출자가 공술하는 방법으로 입증하게 하고 세무 당국은 여기에 상응하는 규정을 정비하여 공정하고 깨끗하게 처리되는 세금 징수 체계를 마련해야 한다.

개인의 소득으로 배당된 투자 수익금은 다른 출처의 수익금과 구별하는 신고 제도를 만들어 개인의 금융자산 소득 총액에서 금융회사의 보수, 보너스, 주식 옵션, 퇴직금 등 금융 초과이윤세를 납부하고 있는 금융기관으로부터의 일체의 소득을 망라하여 한계 최고 세율을 60퍼센트 이상 90퍼센트까지로 하고 초과 영업이익금의 부과 대상인 금융 기업으로부터 수입이 아닌 여타 금융 소득 수입은 제외함으로써 고액 소득자 모두를 상대하는 것이 아니고 글로벌 투기 금융자본 운영에서 발생한 금융 소득 수입을 상대로 하는 개인별 초과 소득세가 되게 한다. 이 또한 금지적 제재의 성격을 가진 세제로서 글로벌 투기 금융자본을 계도하는데 목적이 있는 만큼 대상자 결정을 신중하게 하여야 한다. 금융기업체에 대한 초과 영업이익세나 개인에 대한 초과 금융소득세나 그 목적은 글로벌 투기 금융활동을 국내법에 의한 규제와 감시로 투기 금융의 글로벌 활동을 억제하고 대신에 국가별 금융기관에 의한 국제적 협력 체제로 새로운 판을 짜는 일이기 때문에 초과 금융 영업이익이나 초과 금융소득에 대하여 세제적 제약을 가하면서 다른 한편으로는 이들 금융기관의 글로벌 투기 금융을 국내법으로 감시하고 규제할 수 있는 새로운 금융 관련법의 제정을 병행하여야 한다. 이와 같이 하는 것이 최근에 논의되고 있는 개인 금융 소득의 상한선으로 억제하려는 포퓰리즘적 방법보다 시장 자본주의 논리에 맞다고 여겨진다.

글로벌 투기 금융의 초과 이익을 흡수함으로써 한편으로는 이러한 투기 금융을 억제하는 경제정책적 목적을 달성하고 다른 한편으로는 이들 투기 금융의 초과 이익이 가져온 소득 양극화의 사회문제도 함께 다룰 수 있게 함으로써 글로벌 금융자본의 발호와 횡포를 방지하고 경제사회적 안정을 도모하는데 크게 기여하게 된다. 이처럼 중요한 조세 정책의 원용이 절실한 상황인데도 신자유주의 경제는 세금을 감세하고 정부가 해야 할 일을 민간에게 외주를 주거나 위탁 경영에 맡기며 글로벌 투기 금융의 피해는 못 본 체하는 편향된 시각에서 벗어나지 못하고 있다. 이는 정부가 산업 간의 불균형, 소득의 양극화, 사회 계층화의 해소와 같은 사회정책에서 손을 떼고 모든 것을 민간과 기업에 일임하는 잘못된 시장 자유방임주의로서 복잡다단한 갈등과 대립이 첨예화하고 있는 현대사회에서 통할 수 없는 잘못된 시각이 아닐 수 없다. 신자유주의 경제는 이 같은 공동체와 유리된 떠돌이 이기적 개인주의의 시각에서 벗어나지 못하고 개인 지상주의와 시장 만능주의에 빠져 있다.

개인의 초과 수입에서 비롯된 소득 격차 문제는 세금 부과의 방법으로 분배 정의를 세우고 대기업과 중소기업 간의 격차 문제는 소득 격차 해소의 방법과는 달리 기업 간 공정거래 경쟁, 하도급 업체와의 상생, 일자리 나누기, 대기업의 경제력 집중 방지 그리고 기업 상속의 편법 규제와 같은 문제에 대한 정부와 법질서의 역할 문제로 집약될 수 있다.

개인의 초과 이익에 의한 소득 격차와 양극화 나아가 경제 공동체와 민주정치의 붕괴 위기 문제는 개인의 소득 수입의 문제이지만 경제력 집중과 기업 간 불공정거래, 하청업체에 대한 횡포 그리고 기업 재산 상속의 문제는 법인체를 상대로 하는 규범 질서 확립 차원의 것으로서 정부의 경제 운영 관리 강화와 법치주의 확립이라는 경제 행정과 사법 행정에 속하는 문제이다. 이 같은 성질의 경제 행정은 경제민주화 정책으로, 사법 행정은 일반 사법과 달리 신속한 재판 절차 개선으로 접근하여야 한다. 대기업의 경제력 집중은 하도급 계열의 중소기업과의 거래가 공생 관계가 아닌 수탈적 거래

관계 속에 이루어질 때 발생하는 것인 만큼 대기업의 불공정 거래나 착취 관계에 대하여 중소기업이 진정이나 고발을 쉽게 할 수 있게 하고 이 같은 민원을 다루는 전담관을 공정거래 규제를 담당하는 관청에 설치하여 대기업의 불공정 거래나 부당한 거래에 대하여 신속하게 민원을 처리하는 체계를 갖추어 재벌 대기업은 언제나 감시의 대상에 있고 일벌백계의 중벌 제도가 있음을 깨닫게 하는 독립적이며 준엄한 사법제도를 확립해 가야 한다.

이와 함께 정부는 경제민주화 정책 개발을 통하여 재벌 대기업의 경제력 집중의 근원인 자회사 설립과 순환 출자 제도에 대하여 경제력 집중을 방지하는 제도와 법제를 정비하고 재벌 대기업의 기업 확장은 신고제로 하고 사업을 제조업에서 금융업으로 확장해 가고자 하는 경우, 이에 관한 별도의 규정을 만들어 경제력 집중을 방지해야 한다. 다만 경제민주화 관련 정책이 기업의 투자 의욕을 죽이는 일이 없도록 고용을 창출하는 기업 투자에 대해서는 적극 장려하는, 견제와 장려가 조화로운 결합을 이루는 권력 질서와 행정 체제를 갖추는 것이 긴요하다.

기업 상속을 일반 상속세법의 관점에서 다루는 것은 바람직하지 않다. 기업의 특수성과 창의성의 승계 그리고 경제민주화 정책이 조화를 이룰 수 있도록 상속세법을 새로 정비해야 한다. 기업의 특수성과 브랜드 가치는 일반 재산 가치와는 달리 평가하고 가계 승계도 유지할 수 있는 특수 규정을 두되 경제민주화를 바라는 국민 감정과 상충하지 않도록 하는 정교한 행정 시스템의 확립이 있어야 한다.

이는 결코 쉽지 않은 과제이다. 개인의 소득 수입은 일반적인 재산 가치이기 때문에 초과이윤세의 부과는 보편성 원칙에 따라 전반적으로 시행하면 된다. 하지만 기업 가치는 개인의 재산 가치를 넘어 사회 가치이기 때문에 사회 가치를 보존하는 방향으로 상속 문제가 다루어야 한다. 기업 상속이 사회 가치의 상속이 아니고 가족 간 재산권 상속의 성격을 띠게 될 때는 일반 상속법에 따라 법이 집행이 되어야 함은 물론이다. 상속세법도 사회 가치 체제로서의 기업의 상속과 개인 사유재산으로서의 기업 상속을 엄격히 구분하는 법제도를 마련하여야 한다. 전자에 대하여는 유연하게 대하고 후자에 대하여는 엄격하게 다루도록 하는 것이 원칙이다.

자본주의 경제학과 자본주의 경제가 처해 있는 이상의 문제들을 하나씩 해결하여 자본주의 체제·질서가 다시 1950~60년대 자본주의의 황금기라고 일컬어지던 시대의 자본주의로 복귀하는 길 말고는 다른 대안이 없는 것이 오늘 우리가 처해 있는 현실이다. 무릇 사회제도란 변화와 혁신을 통하여 미지의 미래 세계로 나아감으로써 발전을 이루게 된다는 것이 사회적 통념 conventional wisdom 이지만, 자본주의 경제체제·질서는 미래 미지의 신질서와 제도의 탐색이 아니라 현재의 잘못된 것을 고치고 수정하여 예전 자본주의의 정상 상태와 기능을 회복함으로써 새로운 발전을 모색할 수 있는 것이다. 인류는 지난 400년간 여러 가지 체제를 개발하고 실험해 보았지만 자본주의를 뛰어넘어 새로운 체제로 가려는 시도는 하나같이 다 실패했다. 현재로선 다른 어떤 시도도 성공할만한 가능성을 보여 주고 있는 것이 없다. 기능 부전 상태에 빠져 있는 자본주의를 정상 상태로 회생시키는 것보다 나은 대안이 없는 상황이다. 따라서 현재의 인간 지혜로는 찾아내지 못한 객관적 현실 제약을 인정하는 것이 오늘의 경제학 연구와 경제 운영의 올바른 길이라고 인정할 수밖에 없다고 하겠다.

다만 자유 자본주의의 저쪽 지평선에 떠오르고 있는 중국식 사회주의 시장경제인 국가자본주의가 어디로 갈 것인가에 따라 자본주의의 모습은 하나가 아니라 두 개가 될 공산이 있다. 일찍이 덩샤오핑은 중국의 공산 사회주의로서는 13억 중국 인민을 먹여 살릴 수 없다는 절박한 정치 현실을 직시했다. 시장 자본주의를 공산당 독재의 사회주의에 접목하여 성장 발전하는 길밖에 없다고 판단한 그는 공산 정치체제를 공산당 일당독재의 틀을 유지하면서 내용 면에서는 지도부의 집단체제, 10년 임기의 단임 제도, 공산당 내의 경쟁적 충원 제도, 5년 앞서 후임 체제의 공포 등 공개적인 권력 구조로 변화시키는 가운데 서구의 자유 자본주의를 접목 결합하는 인류 역사상 처음 있는 시도를 했다. 대약진으로 집약되는 공산경제 개발 시기인 1960년대에 작게는 3천만 명, 많게는 5천만 명이 아사했던 것으로 추정되는 중국이 덩샤오핑의 개혁 개방이 성공을 거두면서 그로부터 40여 년이 지난 오늘 세계 제2의 경제대국으로 변모해 있는 것이다.

이 같은 경제 자본주의와 정치 사회주의의 결합물인 중국 국가자본주의가 앞으로 어떻게 되어갈지에 지금 세계인의 이목이 집중되어 있다. 양자 간의 병존 관계가 언제까지 지속될 것인지, 어느 한 쪽으로 쏠린다면 어느 쪽이 득세하게 될 것인지? 막 출범한 제5세대 시진핑 체제가 어떤 선택을 하게 될 것인지? 궁금한 것이 한두 가지가 아니다. 시진핑이 정권 인수 첫 연설에서 연설문의 10분의 1 이상을 할애하여 정치 민주화를 내용으로 하는 정치 개혁 추진을 강조한 점에 비추어 볼 때, 향후 중국 사회주의 정치체제가 자본주의 경제체제로 바짝 접근해 가지 않겠는가 하고 조심스럽게 예측해 볼 수 있다. 일당 체제의 정치와 자유 자본주의를 무리 없이 양립시키는 데 성공한 싱가포르 수준의 사법·행정·선거제도·지방정부의 직접주민투표제 등을 내용으로 담겠다는 것이 시진핑의 정치 개혁 구상이 될 공산이 매우 높다. 중국의 현 체제가 공산당 독재 없이는 유지될 수 없는 상황이고 보면 일당 지배의 정치와 자유주의 경제를 혼합한 리콴유의 싱가포르 정치·경제체제가 전 세계적으로 아무런 저항감 없이 받아들여지고 있는 상황을 시진핑 지도부가 지향하고 있지 않을까 추측된다. 이렇게 볼 때 중국식 국가자본주의는 지금까지 서구 자본주의와 여러 면에서 구별되는 싱가포르 리콴유식 자본주의로 발전해 갈 가능성이 매우 높아 보인다. 만일 그 같은 상황이 전개된다면 G20 가운데 EU 의장국과 G7을 뺀 12개 신흥 산업국가들의 경제체제는 서구 자본주의와 중국 자본주의가 서로 경합하는 경쟁적 자본주의 시대로 진입하게 될 것이다. 그렇다고 이것이 자본주의를 대체하는 새로운 경제체제의 도래를 의미하는 것은 아니며 서로 다른 정치질서를 가진 두 개의 자본주의 시대가 도래하는 것일 뿐이다. 이에 대한 역사의 판결을 기다리는 지혜가 필요하다.